高等院校财经类应用型专业系列教材

电子商务综合实训

主 编 王 艳

天津大学出版社
TIANJIN UNIVERSITY PRESS

图书在版编目(CIP)数据

电子商务综合实训 / 王艳主编. -- 天津 : 天津大学出版社, 2023.5

高等院校财经类应用型专业系列教材

ISBN 978-7-5618-7444-8

Ⅰ. ①电… Ⅱ. ①王… Ⅲ. ①电子商务－高等学校－教材 Ⅳ. ①F713.36

中国国家版本馆CIP数据核字(2023)第063476号

出版发行	天津大学出版社
地　　址	天津市卫津路92号天津大学内(邮编:300072)
电　　话	发行部:022-27403647
网　　址	www.tjupress.com.cn
印　　刷	天津泰宇印务有限公司
经　　销	全国各地新华书店
开　　本	185mm×260mm
印　　张	14.5
字　　数	362千
版　　次	2023年5月第1版
印　　次	2023年5月第1次
定　　价	42.00元

本书编委会

主　编　王　艳

副主编　石　妍　安　刚

前　言

党的二十大报告提出，“加快发展数字经济，促进数字经济和实体经济深度融合。”电子商务作为数字经济的组成部分，已成为连接企业生产端和居民消费端、畅通国内国际双循环的重要力量。在全面建设社会主义现代化国家的背景下，电子商务人才的需求迅猛增长，因此，如何培养高技能、应用型人才，对高等教育是一个新的挑战。高校对应用型电子商务专业人才的技能培养越来越受到重视。纵观我国电子商务教学现状，所使用的教材偏重于电子商务的理论基础介绍，而对于电子商务最为重要的实践操作环节涉及较少，使学生在课堂中难以掌握电子商务的相关操作技能。为弥补这一缺陷，本书定位于电子商务技能实操和职业素养的提升，侧重于对学生电子商务实际操作技能的训练。通过电子商务综合实训，使学生掌握电子商务理论、方法及技能，能够培养学生运用所学知识设计和制定电子商务各个环节的解决方案的实践能力，以适应社会发展的需要。

《电子商务综合实训》一书结构清晰，实践性强，可作为电子商务相关课程的教材或参考书。适合于高校应用型本科电子商务专业及经济管理类、计算机类专业的学生使用，也可作为自学参考书及培训教材。

由于作者学识所限，书中难免会有错误和不当之处，恳请读者不吝赐教和批评指正，使本书不断完善。

前言

目　　录

第二部分　电子商务实训测试题

电子商务综合实训概述

《电子商务综合实训》以学生职业能力、应用型人才培养为目标，以岗位职业技能需求为导向，融入思政教育元素，培养学生的家国情怀、职业能力和诚信经营、遵纪守法等素养。本书由校企合作编写，注重理论与实践相结合，采用互联网+手段开发教材，以培养学生的电子商务实操技能为主线，涵盖了电子商务运作的基本模式和过程中的主要环节。每个实训项目均以企业实际应用为主线，从培养学生今后走上工作岗位所需的职业技能出发，将综合技能训练和相关理论知识有机结合起来，思想引领，定位准确，内容新颖，做到了教、学、做相统一，培养学生的基础操作能力、职业素养和可持续学习能力，塑造学生正确的价值观。

电子商务综合实训是利用教学网络环境和社会对电子商务知识的商业化应用进行观察、了解、参与、模拟、再现、修改、评价、总结和创新等的教学活动。教师可通过教学模拟环境和网络环境使学生理解专业知识、剖析专业知识、认知专业知识，通过电子商务企业经营实操使学生了解、参与和分析电子商务活动，从而帮助学生掌握电子商务的经营规律和工作原理，加深对电子商务技术应用的理解，掌握新时代电子商务的发展趋势，在实践中学会发现需求、提出商业设想和找到解决关键问题的方法。通过实训使学生领会电子商务活动的基本思路和主要流程，积累对电子商务活动的各个过程从分析、构建到实现等环节的具体实践经验，通过实训更加深入、具体地掌握所学的电子商务专业知识，在实践过程中理解电子商务的各个环节和具体的实现过程。课程以理论为依托，密切联系社会经济实际，旨在使学生掌握基础知识，培养学生的动手能力和职业岗位技能。教师可采取项目式进行教学，将党的二十大精神有机融入教育教学之中。

第一部分　电子商务基础实训

电子商务教学实验系统基础操作

实验：电子商务教学实验系统认知

实验概述

电子商务教学实验系统是具有教学资料、考试中心、虚拟银行、物流中心、CA（certificate authority，证书授权）认证中心、EDI（electronic data interchange，电子数据交换）中心等模块的模拟电子商务环境的平台。在本实验中，主要让学生初步了解该系统的架构、模块，为后面的实验操作打下基础。

实验目标

（1）熟悉电子商务教学实验系统的注册和登录。
（2）熟悉电子商务教学实验系统的模块。
（3）熟悉电子商务教学实验系统的功能。

实验任务

（1）在系统服务器启动以后，按照老师的要求注册学生账号，待老师开通账号以后登录。
（2）成功登录以后，熟悉系统的界面和模块。
（3）通过在线考试模块练习有关本实验知识点的习题，巩固实验效果。

实验步骤

在系统服务器启动以后，进入系统主界面，如图 0-1 所示。

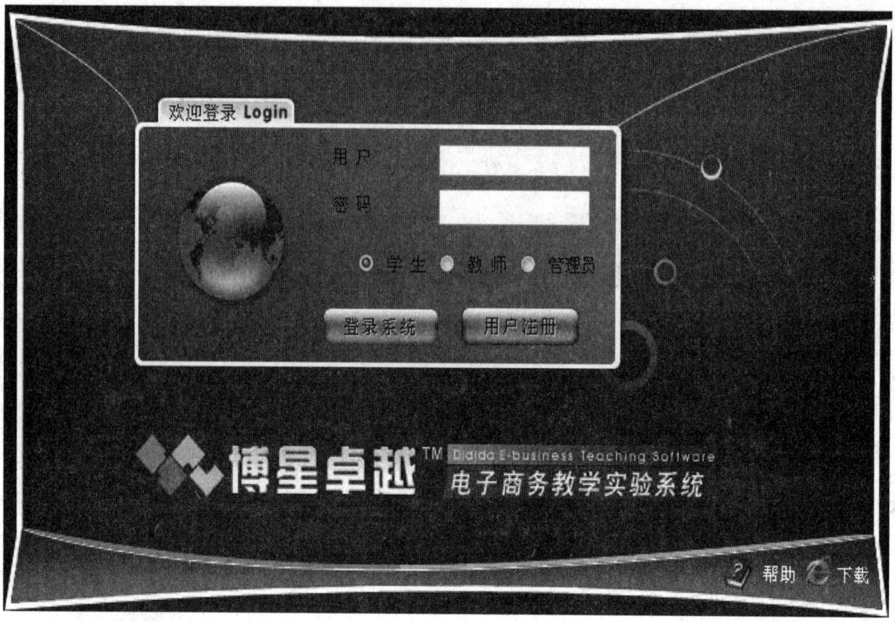

图 0-1

第一次进入系统的学生请点击“用户注册”,然后点击“学生注册”,设置登录名、密码,填写真实姓名、学号,选择班级,点击“确定”即可注册成功,如图 0-2 所示。

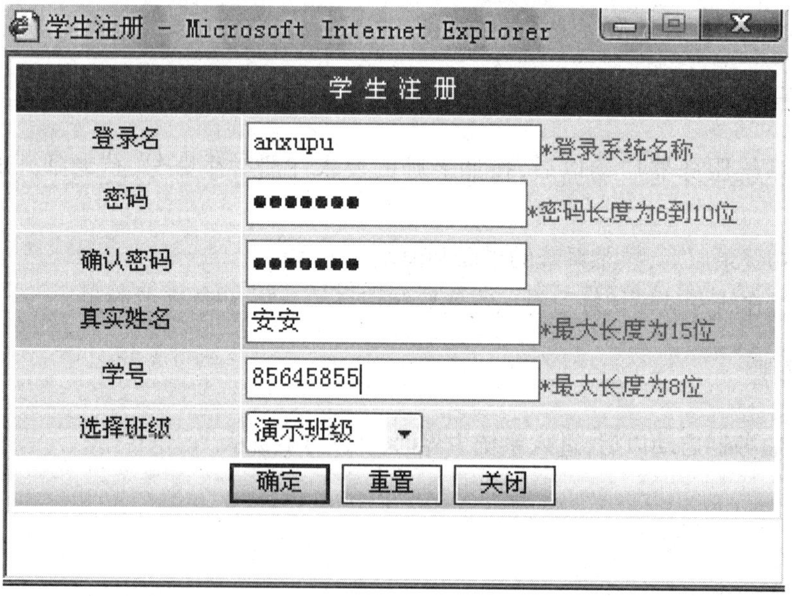

图 0-2

注册成功以后等待老师开通账号,开通后就可以在主界面登录了,登录后进入图 0-3 所示的页面。

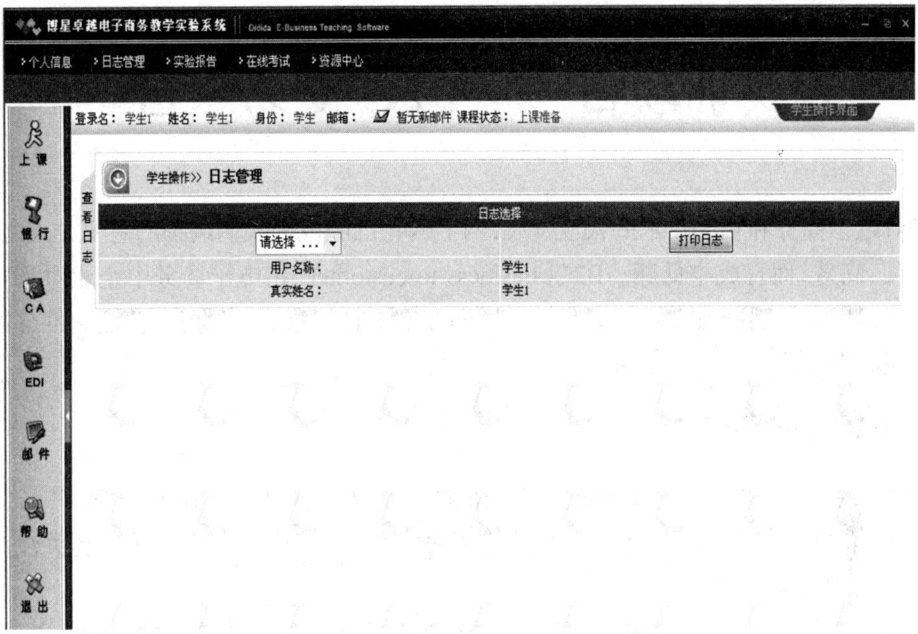

图 0-3

界面的上方有个人信息、日志管理、实验报告、在线考试和资源中心，左侧有上课、银行、CA、EDI 等。

当老师部署好一节课的时候，学生点击“上课”进入课堂。个人信息中包含注册的时候填写的信息，也可以在此处修改自己的密码。在日志管理处可以查询自己的操作日志，以确定这节课的每一项任务是否完成。上完课后，学生在实验报告处填写这节课的实验报告，以备老师批阅。

实验考核

（1）点击“在线考试”，练习有关本实验知识点的习题。

（2）点击“实验报告”填写相应的内容并提交老师。

实验总结

本实验是最简单、最基础的实验，涉及的内容比较少，旨在让学生熟悉系统的基本模块和操作，为以后的实验做好准备。同学们可以自己多看看系统的模块，并熟悉其功能。

实训项目一　B2C 交易平台

随着电子商务和相关技术的快速发展，网上购物已经成为人们购物的主要方式之一，其不仅方便、高效，而且成本低廉。B2C（business-to-customer）指电子商务中企业对消费者的交易方式，其利用互联网进行全部贸易活动，即在网上将信息流、资金流、商流和部分物流完整地连接起来。

一、B2C 企业的优势

（1）市场广阔。电子商务的特点是不受地域限制，哪里有网络，哪里就有客户。

（2）扩张速度快。电子商务可以突破传统的资产、时空限制，运营商可以更关注商业本质，快速实现大范围覆盖。

（3）扩张成本低。和传统商业不同，电子商务只需要进行一次基础性建设投资，后续扩张不需要再进行投资，扩张成本低。

二、B2C 运营的核心因素

1. 营销策略

电子商务运营企业的营销策略及其执行对企业的发展有决定性影响，准确定位目标市场、确立自己的竞争优势和解决之道是电子商务运营企业成功的基础。

2. 用户体验

B2C 的短板是服务人员无法和客户进行面对面的接触与沟通，客户缺乏对产品的切身体验，平台和服务给予客户的体验对购买决策有决定性影响。

用户体验包括以下几个方面：

（1）购买时的体验（包括响应速度、视觉感受、栏目设置、引导流程）；

（2）购买后的体验（包括物流速度、进度查询、服务反馈）；

（3）对客户的关怀（包括定期回访、持续营销）。

3. 物流配送

物流是 B2C 的关键环节，及时、快速地交货能带给客户安全感，提高客户的忠诚度。

三、B2C 运营系统的必备功能

1. 可靠、友好的商城系统

客户通常在打开产品链接的几秒钟内就可以做出是否继续浏览的决定，可靠、友好的商城系统和富有个性的界面能够有效提高转化率。

2. 功能强大的业务处理系统

应以订单为核心，快速进行订单确认、配货、发货等业务过程，同时要让客户能动态监控整个处理过程。

3. 客户关怀与维护系统

维护老客户比开发新客户具有更高的成本效益。通过电子邮件（期刊）、手机短信等方式维护良好的客户关系，可以让老客户感受到自己时刻受到关注。

四、B2C的主要商业模式

目前，发展较成熟的B2C商业模式有门户网站、电子零售商、内容提供商、交易经纪人、社区服务商等。

1. 门户网站

门户网站是提供某类综合性互联网信息资源并提供有关信息服务的应用系统。从广义上讲，门户网站是搜索的起点，其向用户提供易用的个性化界面，帮助用户找到相关信息。门户网站的赢利主要来自广告费、定制费、交易佣金。目前，国内的大型门户网站有新浪、搜狐、网易等。

2. 电子零售商

电子零售商是在线的零售店，这种零售模式具有能为消费者省时间、省金钱，能便捷地传递信息等优点。国外的亚马逊和国内的当当网、京东商城、凡客诚品都是电子零售商的成功代表。

3. 内容提供商

内容提供商是通过信息中介商向最终消费者提供信息、数字产品和服务等，或者直接为信息需求者提供定制信息的信息生产商。内容提供商将市场定位于信息内容（如数字新闻、音乐等），因此信息内容是该商业模式的关键因素。内容提供商的赢利主要来自内容订阅费、广告费。

4. 交易经纪人

交易经纪人是为个人处理交易活动的网站，多用于金融服务、旅游服务、职业介绍服务等行业，如招商银行、工商银行的网上银行，携程旅行网、途牛旅游网、中华英才网、前程无忧等网站。交易经纪人的赢利方式主要是对交易收取佣金，广告费是其另一个收入来源。

5. 社区服务商

社区服务商是数字化在线社区，有相似兴趣或有需求的人们可以通过其交易、交流、共享信息。社区服务商的关键价值在于提供了快捷、方便、一站式的服务平台，人们可以在这里关注他们最感兴趣、最关心的事情。社区服务商的赢利主要来自信息订阅费、交易佣金、会员费、广告费。

五、B2C 平台的赢利模式

1. 服务费

在一些平台上购买商品，除了要按商品价格付费外，还要向平台支付一定的费用。如在Peapod 上购物，消费者需额外支付订货费和服务费，但是该平台仍有很多顾客，原因如下：顾客觉得方便；可以使用优惠券，节省开支；可以通过比较购买商品；可以减少计划外购物，买到自己真正需要的商品；节约时间。

2. 会员费

一些平台会根据服务范围向会员收取费用，如 QQ（一种流行的中文网络即时通信软件）。

六、B2C 平台的功能

销售管理：主要管理销售订单，还有广告计划、促销活动等与销售有关的工作。

客户管理：主要管理客户信息，并对客户资源进行分配等。

采购管理：包括对供应商的管理、对供应商商品的管理和对采购计划、采购订单的综合管理。

库存管理：包括设置库存警戒线，对库存商品进行调拨和盘点。

财务管理：主要是财务方面的业务，如预收款、预付款和与供应商、快递公司、客户进行结算。

综合管理：主要对单据进行分配和审批。

统计报表：根据媒体商品、媒体档案、投放计划收入的实际情况汇总得到合作媒体的相关数据，实现预算功能。

快递管理：对快递公司的资料进行编辑，对快递单据进行处理。

呼叫管理：主要对呼叫中心的座席工作人员进行管理。

消息管理：管理即时通信信息，及时与用户联系、沟通。

基础管理：对系统的一些基础数据进行管理，如对部门、员工、仓库、商品进行增删改查，对商品定价、银行账户、媒体资料进行编辑。

权限管理：为每个用户设置不同的权限，通过设置权限组可以给同一个部门或者具有相同职责的员工统一分配相同的权限。

系统管理：包括对系统参数进行设定，更改密码，配置座席工作人员，对热键设置进行管理。

系统帮助：更换用户、用户手册、退出等。

同学们可以模拟申请入驻开设商店、网上购物、后台进销存管理等 B2C 实际操作，从而了解网上购物的流程和网上商店的运营、维护、管理等。B2C 中有商户和消费者两种角色，同学们可以分别以这两种身份模拟 B2C 电子商务活动。

实验：B2C 购买流程

实验概述

电子商务广义的定义为使用各种电子工具从事商务活动，从这个定义来看，有电子工具参与的商务活动才能够被称为电子商务。本实验就是让学生利用系统中的后台工具建置一个 B2C 网站，并通过浏览网站、注册用户、购买商品等操作熟悉 B2C 购买流程。

实验目标

(1)了解电子商务网站的布局。

(2)了解怎样注册商城用户，并体验商城的各项功能。

(3)了解怎样根据类别查找商品。

(4)了解怎样购买商品，体会电子交易。

实验任务

(1)注册商城用户。

(2)登录进入商城主界面，了解网站的布局。

(3)查看商品类别，并根据类别查找商品。

(4)购买商品，体会电子交易。

(5)通过在线考试模块练习有关本实验知识点的习题，巩固实验效果。

实验步骤

进入商城主界面，如图 1-1 所示。

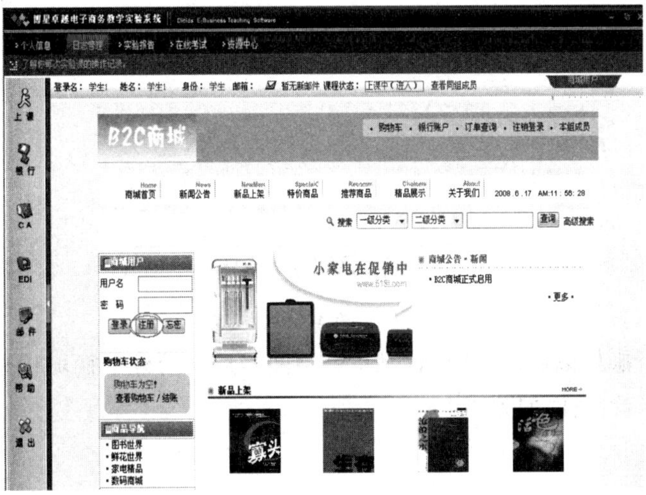

图 1-1

点击“注册”进入图 1-2 所示的页面，进行用户注册。

图 1-2

注册银行账户后，才能进行用户注册。点击“注册银行账户”进入图 1-3 所示的页面。

图 1-3

成功注册银行账号以后，待银行管理员开通账号后方可注册商城用户。成功注册商城用户后返回首页登录，页面如图 1-4 所示。

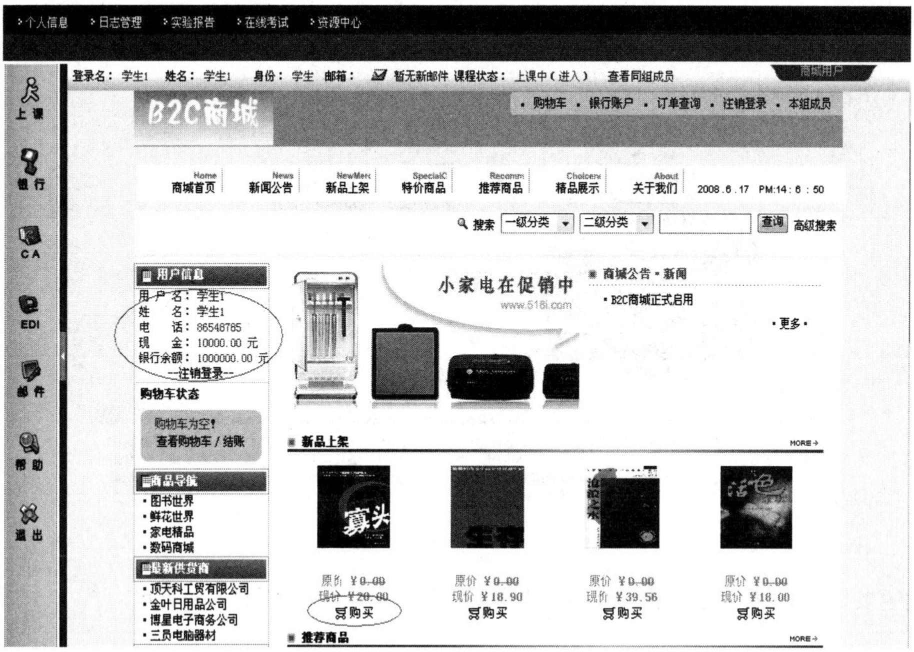

图 1-4

这个 B2C 网站的主界面上占大部分地方的是商品展示区，分为新品上架、推荐商品、特价商品、精品展示等区域。这样的布局便于消费者再次进行购买。

主界面上还有商品导航（图 1-5），消费者可以根据商品类别查找自己要购买的商品。这个商城的商品类别有图书世界、鲜花世界、家电精品、数码商城，每个大类下又有不同的小类，如图书世界分为经济、管理、小说等小类，在购买时可以根据分类找到相应的商品。

图 1-5

点击“图书世界”，进入图 1-6 所示的页面。

图 1-6

选中一本书,点击名称进入这本书的详细介绍页面,如图 1-7 所示。

商城首页 >> 图书世界 >> 考试
高考风向标.物理
计量单位： 本
规格型号： 本
上架日期： 2004-07-07 00:00:00.0
商品产地： 光明日报出版社
原价： ¥ 0.0
现价： ¥ 15.0
我要购买
放大
>> 商品介绍 <<
全新编写，新大纲、新课标要求尽收其中，预测趋势，涵盖2004年考试说明和高考题！为了转变传统的封闭的学科观念，让学生有较强的独立思考能力和敢于创新的思想品质，强化学科能力，提高备考质量，给考生提供新颖、优质的训练试题，同时也全面反映“3+X”高考对各学科的最新考查特点及要求，我们特组织编写了这套“高考风向标考点解读与演练”丛书。

图 1-7

确定要购买这本书后点击“我要购买”进入购物车,页面如图 1-8 所示。

购 物 车

商品名称	规格	数量	数量修改	单价	小计	取消	订购时间
高考风向标.物理	本	1	[修改]	15.0	15.0	[删除]	2004-08-16 13:29:53.0
--商品合计--							15.0
继续购买		订单查询		收银台付账		清空购物车	

图 1-8

在购物车中可以修改商品数量,然后可以继续购买、查询订单或直接到收银台付账。如果不想购买此商品了,可以点击“删除”从购物车中删除此商品。点击“收银台付账”即可进入图 1-9 所示的支付页面。

收 银 台

请选择支付模式：

[手动支付模式]　　**[自动支付模式]**

图 1-9

手动支付模式的操作步骤如下。点击“手动支付模式”即可进入手动支付页面,如图 1-10 所示。

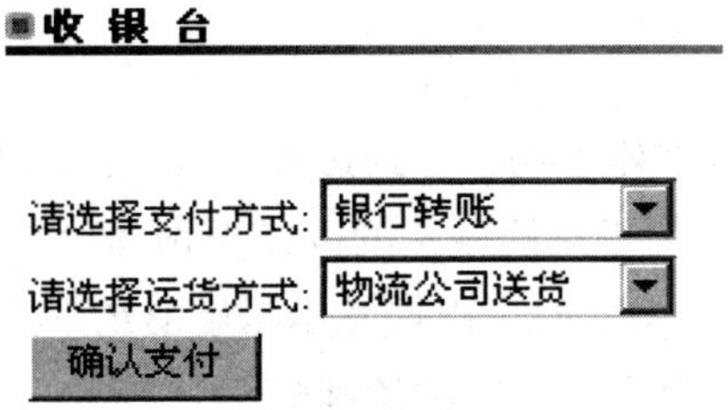

图 1-10

选择支付方式为“银行转账”,运货方式为“物流公司送货”,然后点击“确认支付”进入银行转账页面,如图 1-11 所示。

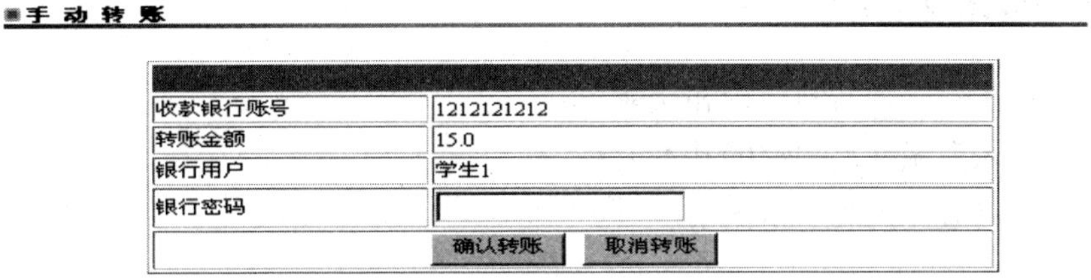

图 1-11

输入银行密码后点击“确认转账”,待商城处理订单后由物流公司送货。

自动支付模式的操作步骤如下。点击“自动支付模式”即可进入自动支付页面,如图 1-12 所示。

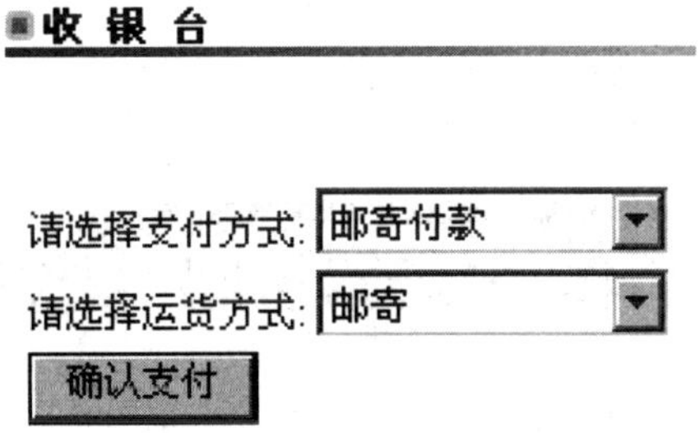

图 1-12

选择支付方式为“邮寄付款”,运货方式为“邮寄”,然后点击“确认支付”,消费者需要到邮局将货款邮寄给商城,商城处理订单后向消费者邮寄其所购买的商品。至此,购买完成 。

实验考核

(1)点击“日志管理”查看自己的实验完成情况。

(2)点击“实验报告”填写相应的内容并提交老师。

(3)系统会自动对学生所完成的操作进行打分,老师也可以进行修改。

实验总结

在现实中,B2C 网站已经非常普遍了。通过本实验我们发现,网站的前台显示可以随时对后台的处理做出响应,十分便于对商城中的商品类别、商品名称等信息进行管理,从而将商城部署成自己期望的样子。本实验可以使学生了解 B2C 网站的后台是如何搭建的,同时体会网上购物的过程,加深对电子商务网站的理解。

案例:B2C 任务

一、任务要求和目的

(1)熟悉京东商城网站的架构和功能。
(2)掌握京东商城网上购物的基本流程。
(3)在京东商城上购买一本图书。

二、任务内容与步骤

1. 熟悉京东商城网站

(1)浏览京东商城主页,如图 1-13 所示。
(2)掌握购物指南、购物车等功能。
(3)熟悉图书、手机等分类和热销商品、特价商品等广告。

图 1-13

2. 进行用户注册

(1)没有注册的同学登记有关信息注册成为京东用户。

（2）注册后登录进入京东商城，查看自己的账户情况和账户管理功能。

3. 搜索自己感兴趣的商品

（1）通过商品分类、搜索栏查找自己感兴趣的商品，如在搜索栏中键入“电子商务概论教材”进行搜索。

（2）查看搜索结果，找到自己感兴趣的商品后点击其链接进入商品详情页面，查看该商品具体的描述、图片、评价等信息。

（3）对于选中的决定购买的商品，关注收藏或直接加入购物车，可以随时查看、修改、删除购物车中的商品。

4. 填写订单信息

（1）在购物车中点击“去结算”进入结算页。

（2）填写、选择收货人信息、支付方式、配送方式等信息。

（3）确定信息无误后提交订单。

5. 订单确认

（1）在我的订单中可以查看订单情况，在订单付款前可以进行取消订单等操作。

（2）如果确定要购买，点击“付款”，选择适合自己的支付方式进行付款，然后等待发货和收货。

三、注意事项

（1）网上单证都是标准化的格式，必须严格按要求填写，否则电子商务系统无法接收和识别。

（2）如果选择在线支付，必须先开通网上支付功能。

四、任务总结

根据任务情况写出任务总结，内容包括任务操作过程和任务体会，最好根据自己的任务操作过程分析一下目前网上购物的优势和存在的问题。

实训项目二　B2B 交易平台

B2B(business-to-bussiness)指电子商务中企业对企业的交易方式,即企业之间通过互联网进行产品、服务、信息的交换。

一、B2B 平台的赢利模式

1. 会员费

企业通过第三方电子商务平台参与电子商务交易,必须注册成为 B2B 网站的会员,每年要交纳一定的会员费才能享受网站提供的各种服务,目前会员费已成为我国 B2B 网站最主要的收入来源。

2. 广告费

广告费是门户网站的主要收入来源,也是 B2B 网站的主要收入来源。如阿里巴巴网站的广告根据其在首页上的位置和广告类型来收费,中国化工网有弹出广告、漂浮广告、banner 广告(横幅广告)、文字广告等多种广告形式供用户选择。

3. 竞价排名

企业为了促进产品的销售,都希望在 B2B 网站的信息搜索中使自己的排名靠前,而网站在确保信息准确的基础上,会根据会员交费的不同对排名做相应的调整。阿里巴巴网站的竞价排名是诚信通会员专享的搜索排名服务,当买家在阿里巴巴网站上搜索供应信息时,竞价企业的信息将排在搜索结果的前列,从而被买家第一时间看到。如中国化工网的搜索平台建立在全球最大的化工网站的化工专业搜索平台的基础上,同时采用竞价排名的方式确定企业排名。

4. 增值服务

B2B 网站通常除了为企业提供贸易供求信息以外,还会提供一些独特的增值服务,包括企业认证、独立域名、行业数据分析报告、搜索引擎优化等。如现货认证就是针对电子行业提供的一种特殊的增值服务,因为电子采购商通常比较重视库存这方面,针对电子行业推出的谷歌排名推广服务就是搜索引擎优化的一种。所以可以根据行业的特殊性去深挖客户的需求,然后提供具有针对性的增值服务。

5. 线下服务

线下服务主要包括展会、期刊、研讨会等。通过展会,供应商和采购商可以面对面地交流,一般的中小企业比较青睐这种方式。期刊的内容主要是行业资讯等信息,也可以植入广告。囊括环球资源的展会现已成为重要的赢利模式。

6. 商务合作

商务合作包括广告联盟,政府、行业协会合作,传统媒体合作等。广告联盟通常是网络广告联盟,亚马逊已经通过这种方式取得了不错的成效。做得比较成熟的广告联盟有百度联盟、谷歌联盟等。

7. 按询盘付费

区别于传统的会员包年付费模式,在按询盘付费模式下从事国际贸易的企业不是按照时间来付费,而是按照海外推广的实际效果,也就是海外买家的有效询盘来付费。询盘是否有效由企业自行判断,主动权掌握在企业手中。B2B 市场尽管发展势头良好,但还是存在着发育不成熟的方面,表现为 B2B 交易的许多先天性优势,如在线价格协商和在线协作等还没有充分发挥出来,因此传统的会员包年付费平台越来越受到以 ECVV(伊西威威)为代表的按询盘付费平台的冲击。按询盘付费有四大特点:零首付、零风险;主动权、消费权;免费推、针对广;及时付、便利大。广大企业不用冒投入几万、十几万元,一年都收不回成本的风险,零投入就可享受免费全球推广,获得询盘并确认询盘的真实性和有效性后,只需在线支付单条询盘费用就可以获得与海外买家直接谈判成单的机会,主动权完全掌握在自己手里。

二、B2B 平台的优势

1. 降低采购成本

建立企业间电子商务系统,实现网上自动采购,可以减少交易双方为进行交易投入的人力、物力和财力。另外,采购方企业可以整合企业内部的采购体系,统一向供应商采购,获取批量采购折扣。如大型连锁超市通过网络统一进行采购、配送,通过批量采购节约了大量的采购费用。

2. 降低库存成本

企业通过与上游的供应商和下游的顾客建立企业间电子商务系统实现以销定产、以产定供,实现物流的高效运转和统一,最大限度地控制库存。如联想公司通过允许顾客网上订货实现业务流程的高效运转,大大降低了库存成本。

3. 缩短周转时间

企业可以通过与供应商、顾客建立统一的电子商务系统实现供应商与顾客直接沟通和交易,减少周转环节。如波音公司的零配件是从供应商那里采购的,而这些零配件很大一部分是供它的顾客航空公司维修飞机使用的,为减少中间的周转环节,波音公司通过建立电子商务网站实现其供应商与顾客直接沟通,大大缩短了零配件的周转时间。

4. 增加市场机会

企业通过与潜在的客户建立网上商务关系,可以覆盖难以通过传统渠道覆盖的市场,增加市场机会。如戴尔公司通过网上直销开发的新客户 20% 来自中小企业,通过与这些企业建立企业间电子商务系统,大大降低了双方的交易费用,增大了中小企业客户网上采购的利益动力。

三、B2B 交易流程

第一步,客户向销售商订货,首先要发出“用户订单”,该订单应包括产品名称、数量等有关信息。

第二步,销售商收到“用户订单”后,根据订单的要求向供货商查询产品情况,发出“订单查询”。

第三步,供货商收到并审核完“订单查询”后,给销售商返回对“订单查询”的回答,如有无货物等。

第四步,销售商在确认供货商能够满足“用户订单”的要求的情况下,向运输商发出有关货物运输情况的“运输查询”。

第五步,运输商收到“运输查询”后,给销售商返回对“运输查询”的回答,如有无能力完成运输,运输的日期、线路、方式等。

第六步,在确认运输无问题后,销售商即刻针对“用户订单”给客户一个满意的回答,同时给供货商发出“发货通知”,并通知运输商运输。

第七步,运输商接到“运输通知”后开始运输,同时客户向支付网关发出“付款通知”,支付网关和银行结算票据。

第八步,支付网关向销售商发出交易成功的“转账通知”。

四、B2B 的主要商业模式

1. 面向制造业或商业的垂直 B2B

垂直 B2B 可以分为两个方向,即上游和下游。生产商、零售商可以与上游的供应商形成供货关系,如戴尔公司与上游的芯片和主板制造商就是通过这种方式合作的。生产商与下游的经销商可以形成销货关系,如思科公司与其分销商就是通过这种方式合作的。简单地说,这种模式的 B2B 网站类似于企业在网上开设的虚拟商店,企业通过这样的方式大力宣传自己生产的产品、经销的商品,让更多的客户快捷、直观、全面地了解自己生产的产品、经销的商品,促成交易。

2. 面向中间交易市场的水平 B2B

水平 B2B 将各个行业中相近的交易过程集中到一个场所,为采购方和供应方提供交易的机会,如阿里巴巴网站、TOXUE 外贸网、环球资源网等。这类网站既不是生产产品的企业,也不是经销商品的企业,它只提供一个平台,在网上将销售商和采购商汇集在一起,采购商可以在网站上查询销售商和商品的有关信息。

实验一:B2B 交易流程

实验概述

B2B 是企业对企业的交易方式,因为我们平时大都是作为个人体验网上交易的,所以对这种交易方式的练习有所欠缺。教学实验系统涵盖了 B2B 交易方式的要点,涉及 B2B 流程的前台购买和后台处理。通过本实验,同学们可以全面、系统地了解 B2B 交易方式,体验真实的 B2B 交易流程。

实验目标

(1)了解 B2B 交易方式的意义。

(2)掌握 B2B 交易流程。

(3)思考 B2B 交易方式与 B2C 交易方式的区别。

实验任务

(1)登录电子商务教学实验系统,按照分配的小组,参考实验说明书进行实验。

(2)各小组配合,根据日志提示完成 B2B 交易流程。

(3)填写实验报告并提交老师。

实验步骤

在进行 B2B 交易模拟实验之前,需要做一些准备工作。

1. 企业用户销售方

企业用户销售方要在商城中进行操作,就要注册商城用户和银行账户。B2B 商城主界面如图 2-1 所示。

图 2-1

企业用户后台页面如图 2-2 所示。

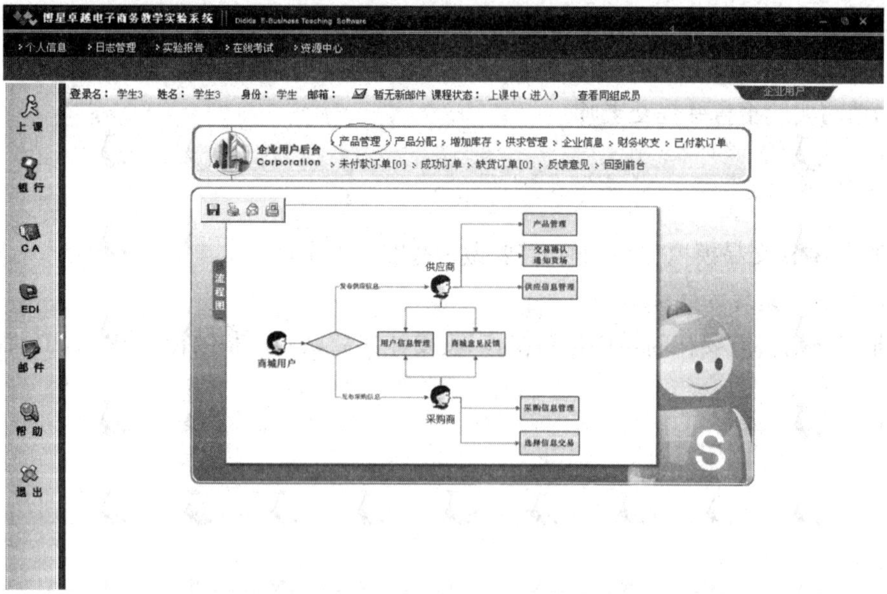

图 2-2

点击“产品管理”，查看所有产品，如果没有产品，系统会提示添加产品，按照提示添加产品并修改产品库存即可。

点击“产品分配”，将添加好的产品分配给同组已经注册好的货场。如图 2-3 所示，先在商品列表处选择要分配的商品，选择好以后，货场列表中会列出该小组的所有货场，选择想要分配的货场即可将商品分配到该货场中供其销售。形象一点来说，这个过程在现实生活中就是将商品放到商场里，以供消费者购买。

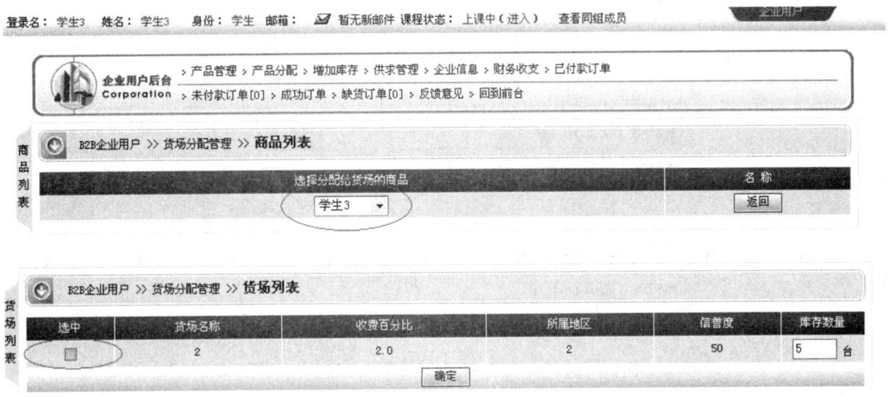

图 2-3

用户可以随时调整供往货场的商品的数量。点击“增加库存”，进入图 2-4 所示的页面，点击商品后面的“增加”即可增加分配给货场的商品。

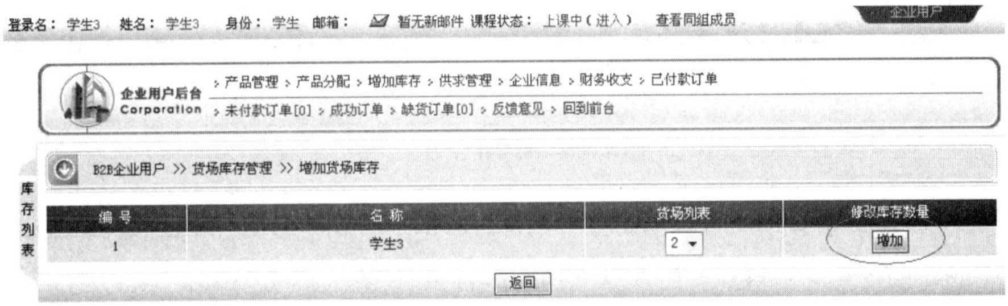

图 2-4

把商品分配好以后，点击“供求管理”发布供应信息。只有发布了供应信息，购买者才能在商城中购买该商品。供求信息页面如图 2-5 所示。

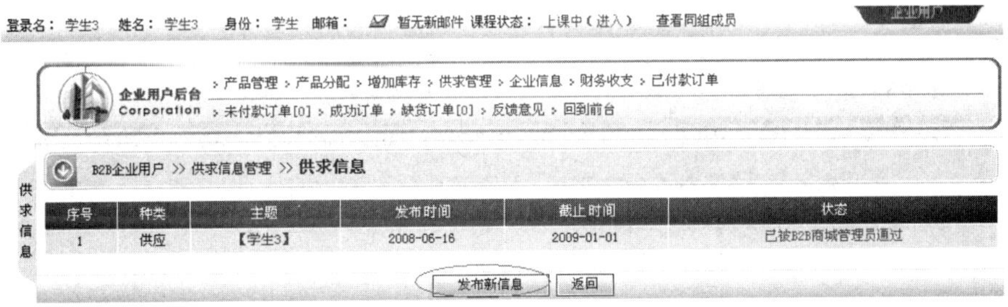

图 2-5

点击“发布新信息”发布新的信息，如图 2-6 所示。

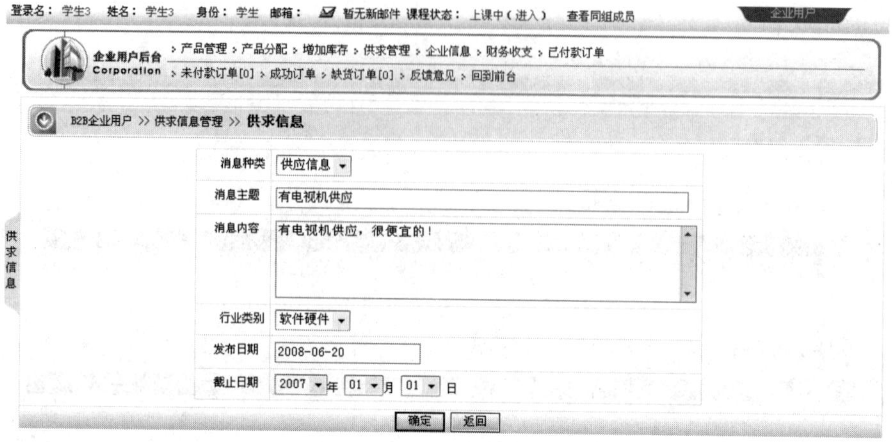

图 2-6

点击“确定”，进入图 2-7 所示的页面。

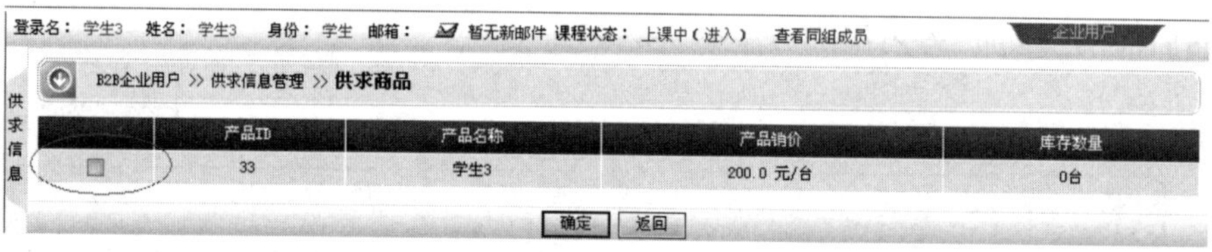

图 2-7

在该页面勾选要发布的信息后点击“确定”将信息发布出去。信息发布以后需要同小组的商城管理员审核，只有通过审核的信息才能在商城首页中显示。

2. 商城管理员

商城管理员登录以后点击“供求管理”审核企业用户提交的信息，如图 2-8 所示。

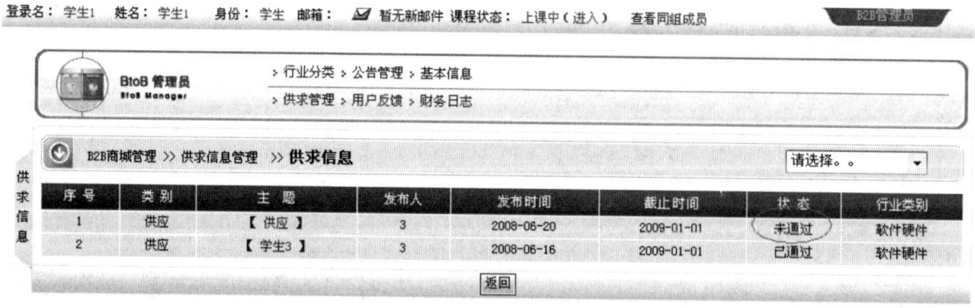

图 2-8

点击供求信息的主题即可查看该信息的详情并进行审核。

这些工作做完以后，企业用户购买方就可以登录购买商品了。

3. 企业用户购买方

企业用户购买方要在商城中进行操作，也要注册商城用户和银行账户。在商城首页的供求信息处可以看到被商城管理员审核通过的信息，如图 2-9 所示。

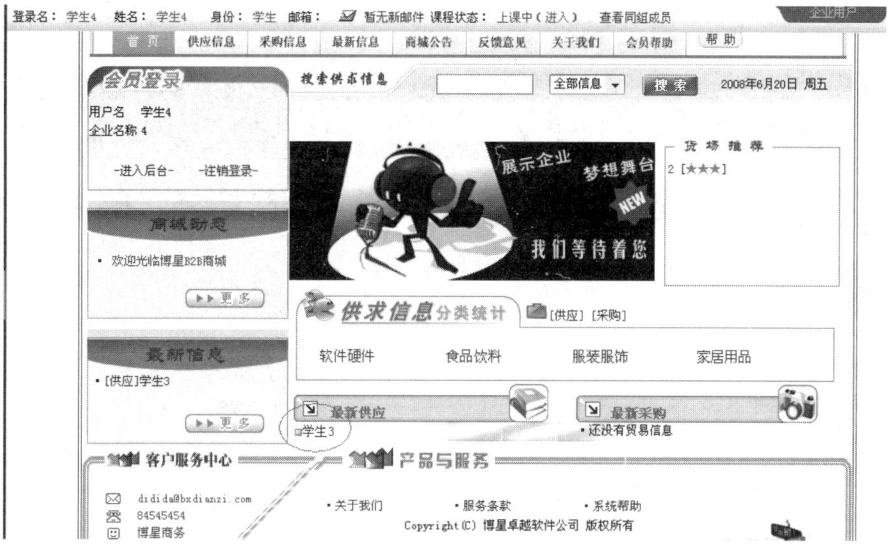

图 2-9

点击供应信息可以查看信息详情，如图 2-10 所示。

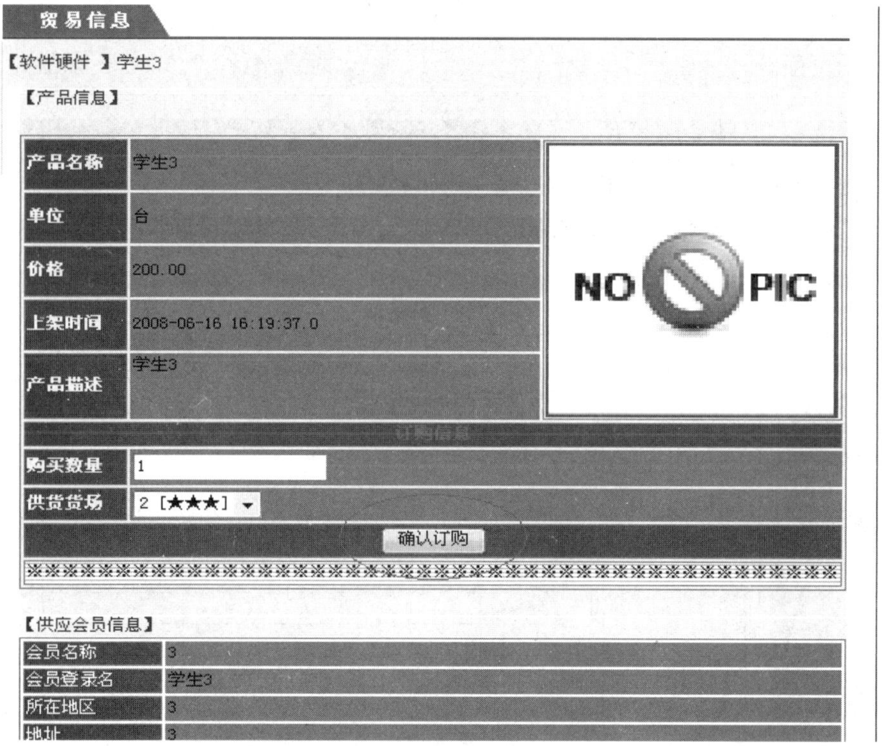

图 2-10

点击"确认订购"即可订购商品。订购以后系统会自动给该供应信息的发布者发送一封邮件，提醒其进入 EDI 模块进行下一步操作。

企业用户销售方在 EDI 模块中点击"电子合同"进入电子合同管理页面，如图 2-11

所示。

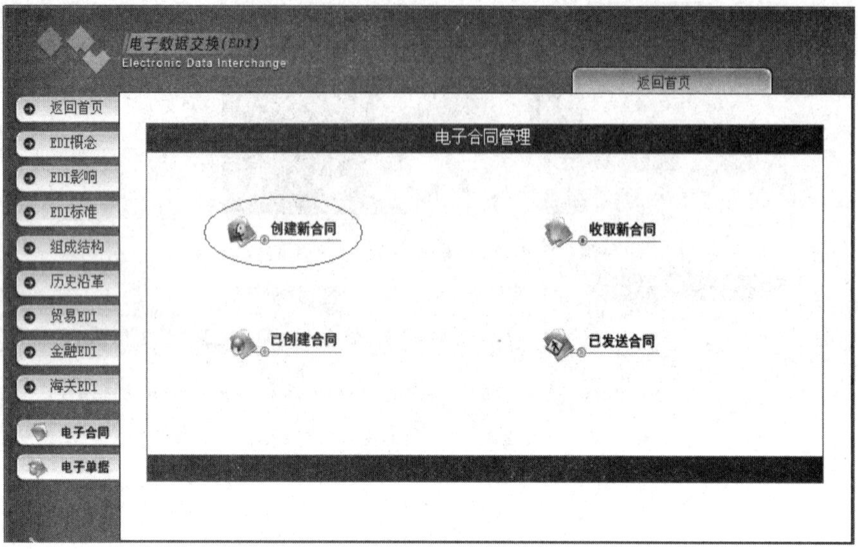

图 2-11

点击“创建新合同”创建一个新的合同以后，系统会提示是否发送，选择发送后进入图 2-12 所示的页面。

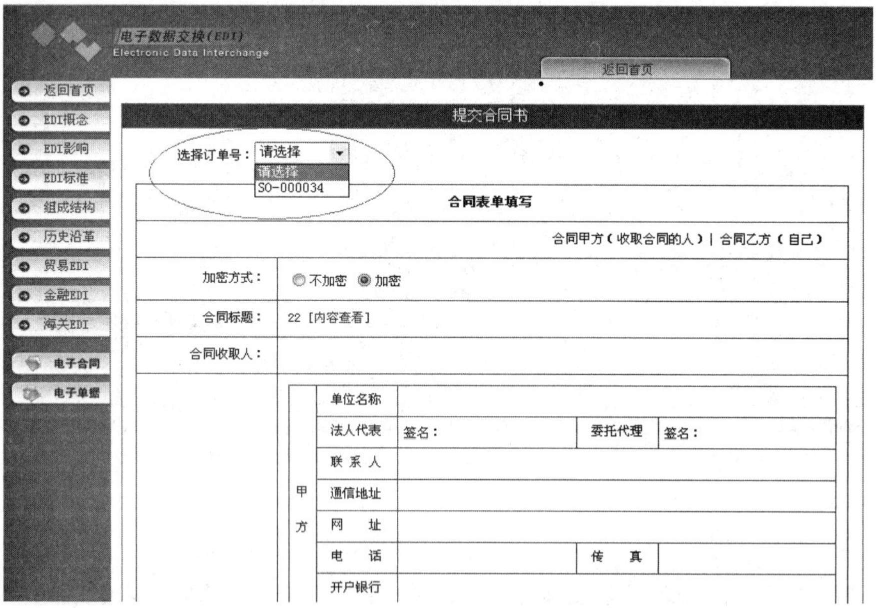

图 2-12

系统会列出订单号，选择订单号，填写相应的信息以后发送合同，成功发送以后系统会给企业用户购买方发送一封邮件，提醒其进入 EDI 模块收取合同。

企业用户购买方在 EDI 模块中点击“电子合同”进入电子合同管理页面，如图 2-13

所示。

图 2-13

点击“收取新合同”收取企业用户销售方发送的合同，回复以后该订单即转到合同中的商品所在的货场进行处理。

4. 货场用户

货场用户要在商城中进行操作，也要注册商城用户和银行账户。货场用户登录以后就可以看到新转过来的订单，如图 2-14 所示。

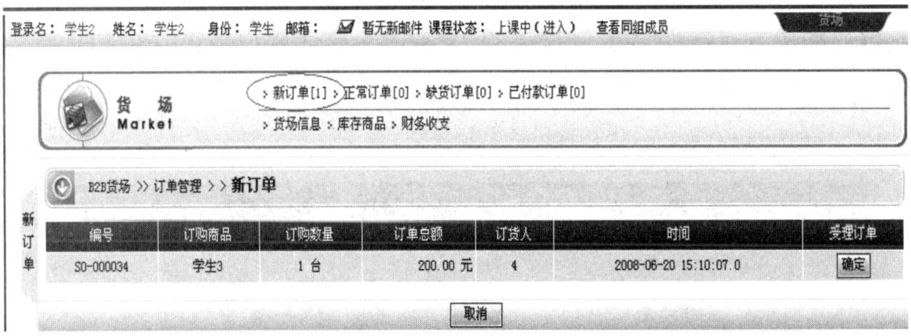

图 2-14

点击“确定”进行受理，订单即变为正常订单，可点击“正常订单”进行查看，如图 2-15 所示。

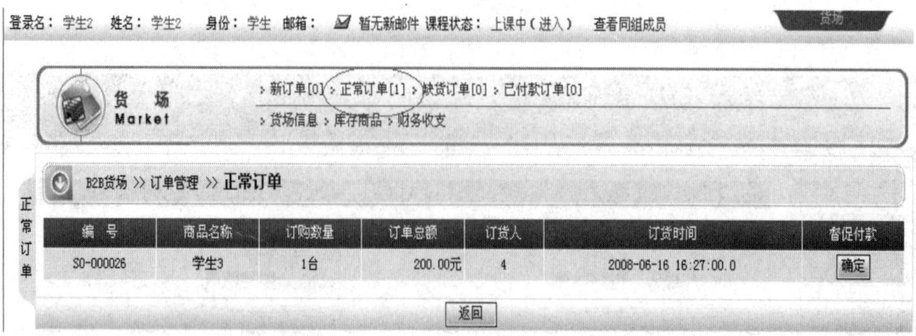

图 2-15

点击“确定”督促企业用户购买方付款，订单即转到企业用户购买方处，如图 2-16 所示。

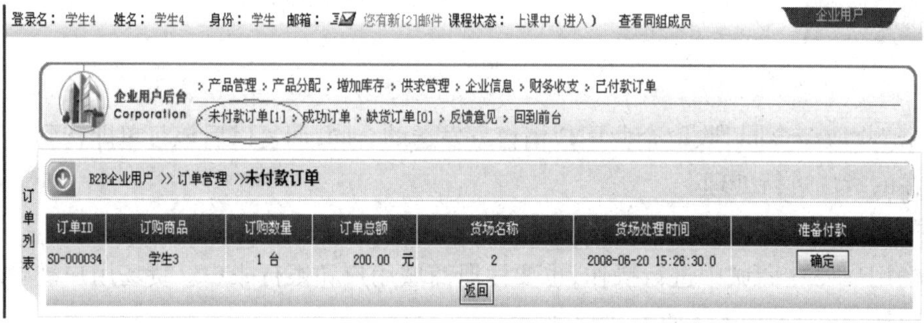

图 2-16

企业用户购买方点击“确定”进行付款，付款以后企业用户销售方在 EDI 模块中点击“电子单据”进入电子单据管理页面，如图 2-17 所示。

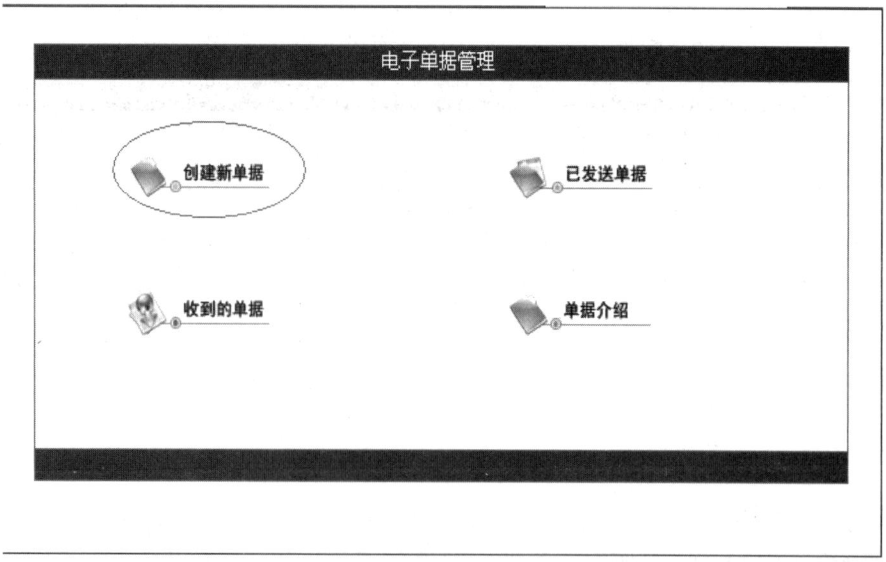

图 2-17

点击“创建新单据”，进入图 2-18 所示的页面。

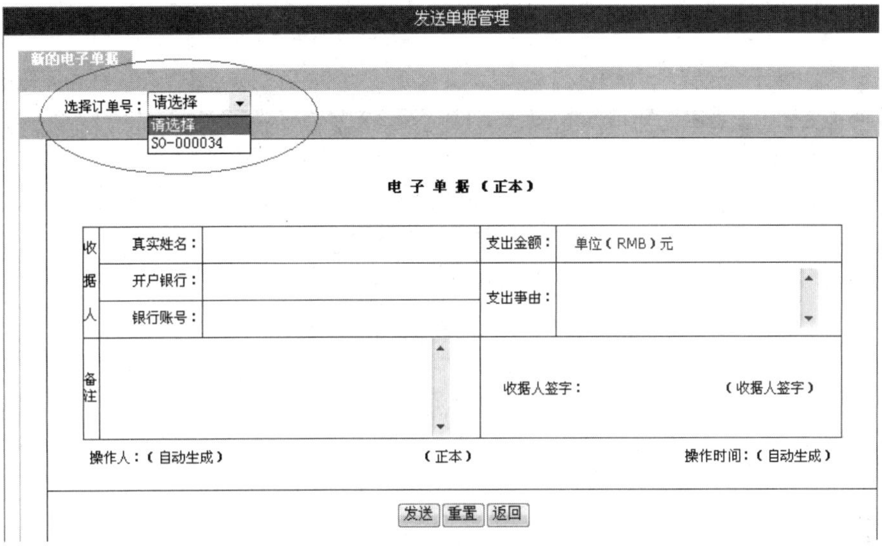

图 2-18

系统会列出订单号，选择订单号并填写单据以后点击“发送”。单据发送成功以后货场用户即可在已付款订单中看到该订单，如图 2-19 所示。

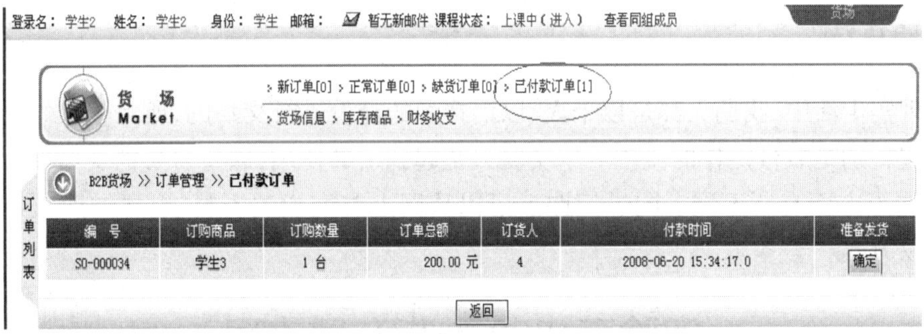

图 2-19

货场用户点击“确定”发货，发货成功以后企业用户购买方就可以查看发票回执并等待收货了，在产品列表中也可以看到该商品的信息，如图 2-20 所示。

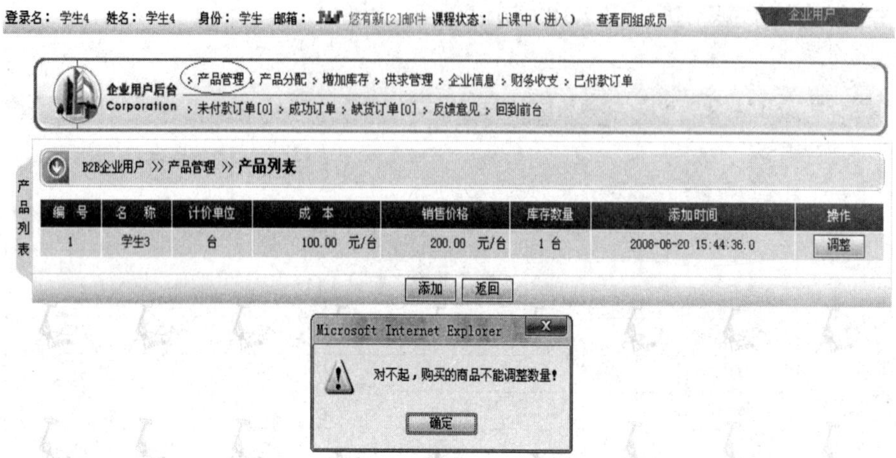

图 2-20

至此，B2B 交易流程完成。

实验考核

(1)点击“日志管理”查看自己的实验完成情况。
(2)点击“实验报告”填写相应的内容并提交老师。
(3)系统会自动对学生所完成的操作进行打分，老师也可以进行修改。

实验总结

在现实生活中，我们大都是以个人、以消费者的身份进行交易的，所以很难体会到 B2B 交易流程特别是后台操作的流程。本实验只是起到引导作用，因为真实的交易流程可能在付款模式等方面有所不同。同学们课后可以从网上查询相关资料，以更加深入地了解理解 B2B 交易方式。

实验二：B2B 缺货交易流程

实验概述

B2B 缺货交易流程是 B2B 正常交易流程的延伸。缺货在现实中很常见，本实验能够让学生了解缺货时商家如何处理、订单如何流转，以应用到实际操作中。本实验以一个小组的配合为主要实验方式，让学生体会商城缺货时各部门之间是如何配合的，缺货交易流程是如何完成的。

实验目标

(1)了解 B2B 缺货交易流程的意义。

(2)掌握 B2B 缺货交易流程。

(3)思考 B2B 缺货交易流程与 B2B 正常交易流程的区别与联系。

实验任务

(1)登录电子商务教学实验系统,按照分配的小组,参考实验说明书进行实验。

(2)各小组配合,根据日志提示和实验指导书完成 B2B 缺货交易流程。

(3)填写实验报告并提交老师。

实验步骤

在进行 B2B 缺货交易模拟实验之前,需要做一些与 B2B 正常交易流程类似的准备工作。

1. 企业用户销售方

企业用户销售方要在商城中进行操作,就要注册商城用户和银行账户。B2B 商城主界面如图 2-21 所示。

图 2-21

企业用户后台页面如图 2-22 所示。

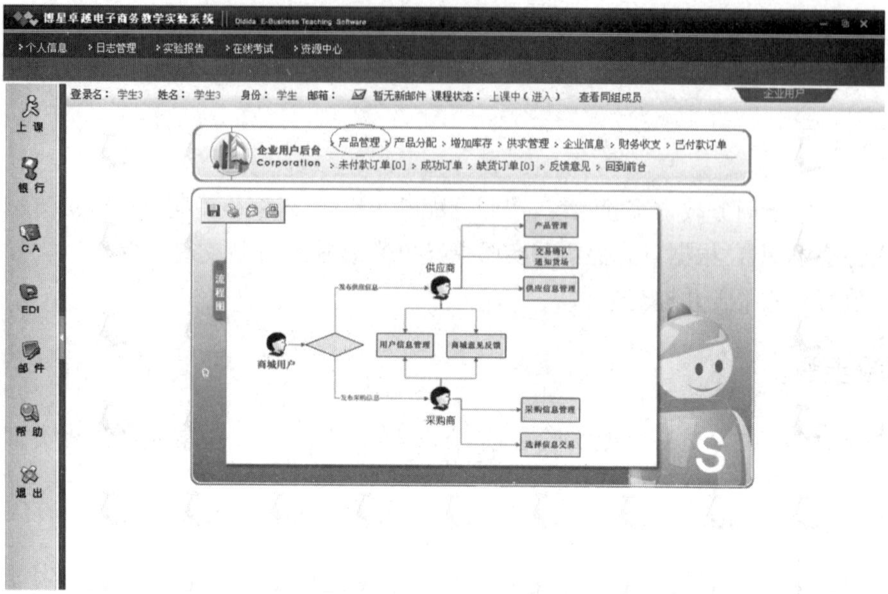

图 2-22

点击“产品管理”，查看所有产品，如果没有产品，系统会提示添加产品，按照提示添加产品并修改产品库存即可。

点击“产品分配”，将添加好的产品分配给同组已经注册好的货场。如图 2-23 所示，先在商品列表处选择要分配的商品，选择好以后，货场列表中会列出该小组的所有货场，选择想要分配的货场即可将商品分配到货场中供其销售。形象一点来说，这个过程在现实生活中就是将商品放到商场里，以供消费者购买。

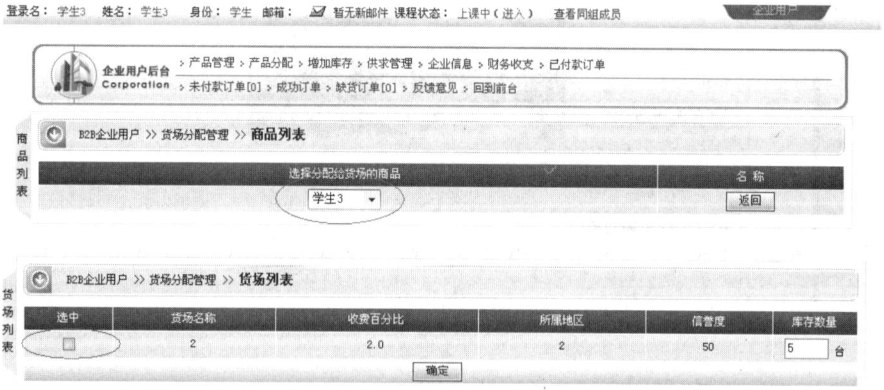

图 2-23

用户可以随时调整供往货场的商品的数量。点击“增加库存”，进入图 2-24 所示的页面，点击商品后面的“增加”即可增加分配给货场的商品。

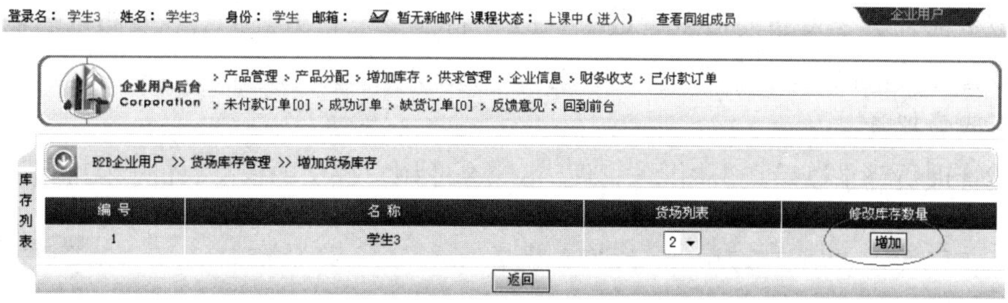

图 2-24

把商品分配好以后，点击“供求管理”发布供应信息。只有发布了供应信息，购买者才能在商城中进行购买。供求信息页面如图 2-25 所示。

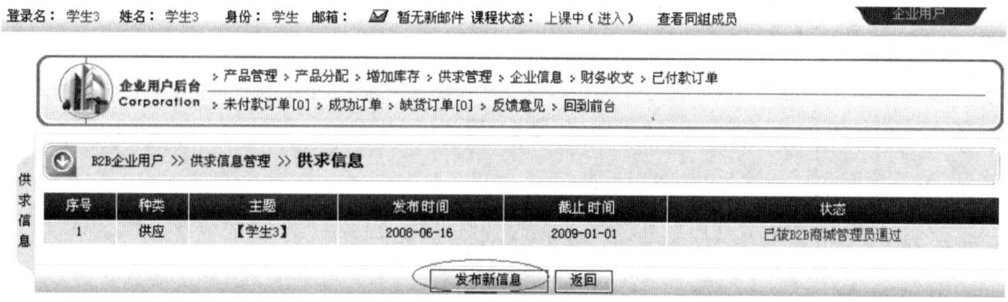

图 2-25

点击“发布新信息”发布新的信息，如图 2-26 所示。

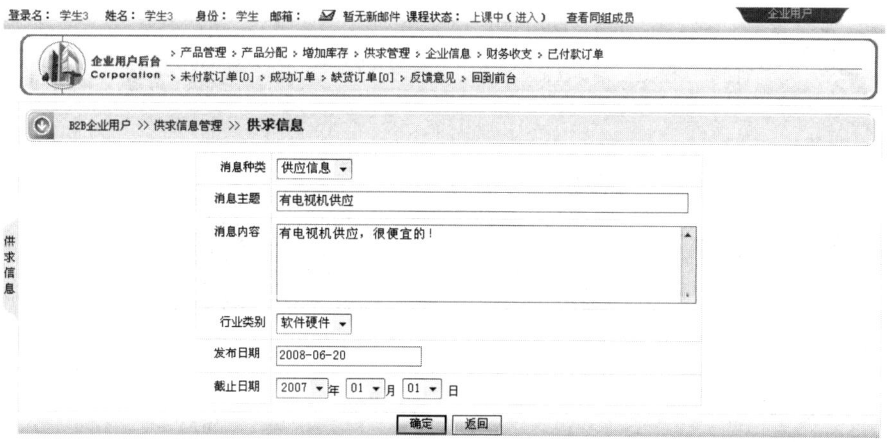

图 2-26

点击“确定”，进入图 2-27 所示的页面。

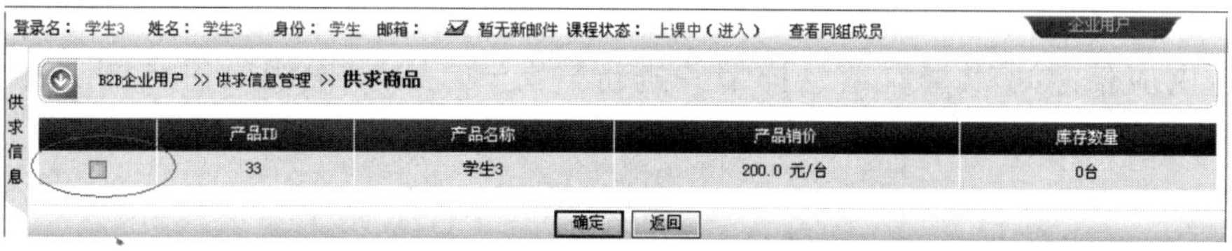

图 2-27

在该页面勾选要发布的信息后点击“确定”将信息发布出去。信息发布以后需要同小组的商城管理员审核，只有通过审核的信息才能在商城首页中显示。

2. 商城管理员

商城管理员登录以后点击“供求管理”审核企业用户提交的信息，如图 2-28 所示。

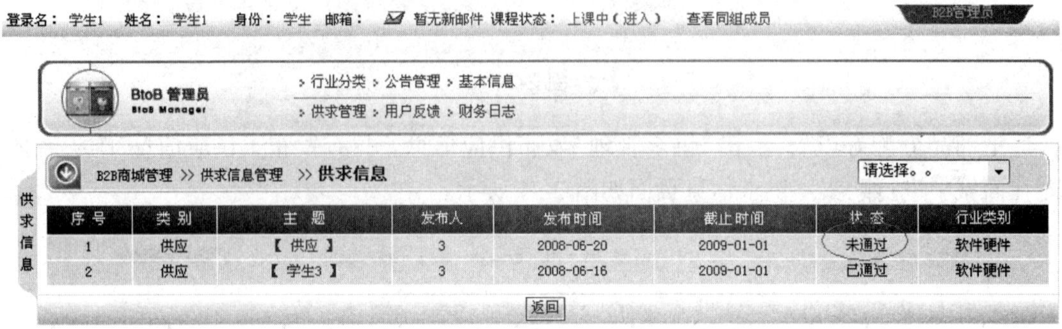

图 2-28

点击供求信息的主题即可查看该信息的详情并进行审核。

这些工作做完以后，企业用户购买方就可以登录购买商品了。

3. 企业用户购买方

企业用户购买方要在商城中进行操作，也要注册商城用户和银行账户。在商城首页的供求信息处可以看到被商城管理员审核通过的信息，如图 2-29 所示。

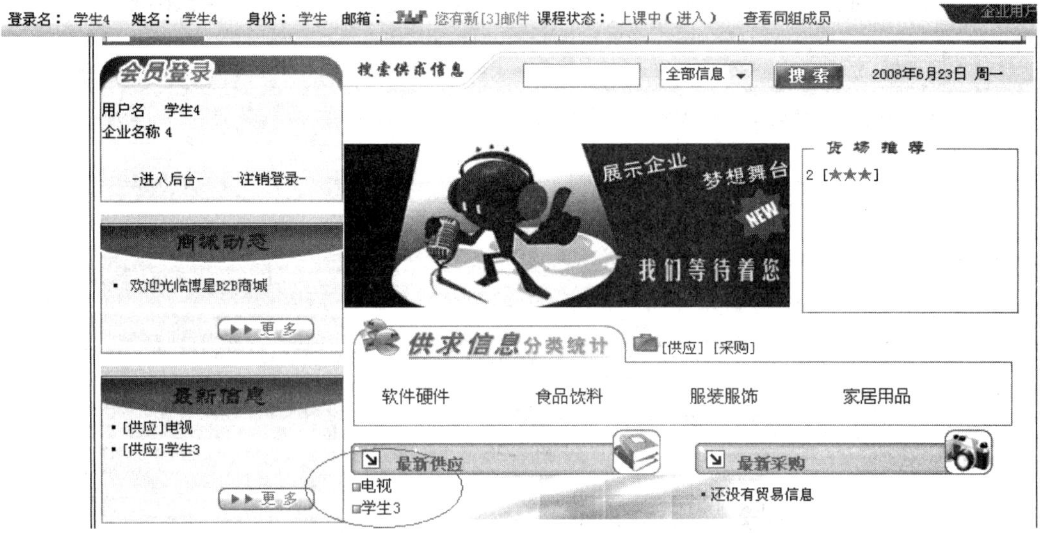

图 2-29

点击供应信息可以查看信息详情并进行购买，如点击“电视”，进入图 2-30 所示的页面。

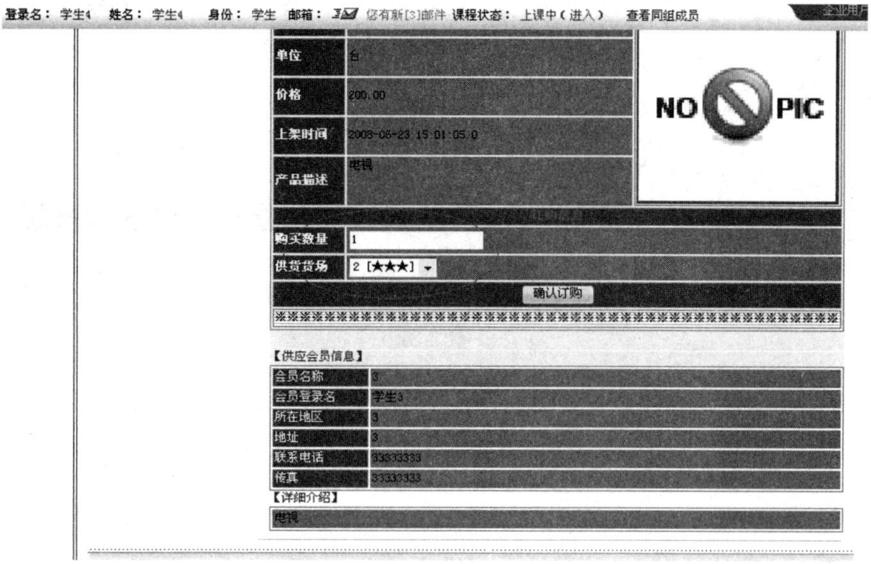

图 2-30

缺货交易流程与正常交易流程的不同就是从这里开始的。如果企业用户销售方的库存数量小于企业用户购买方的购买数量,将产生缺货订单,系统会提示购买成功,并且给该供应信息的发布者发送一封邮件,提醒其进入 EDI 模块开具合同并发送。

企业用户销售方创建新合同并发送,企业用户购买方收取新合同并回复,该订单即转到合同中的商品所在的货场进行处理。

4. 货场用户

货场用户要在商城中进行操作,也要注册商城用户和银行账户。货场用户登录以后就可以看到新转过来的订单,如图 2-31 所示。

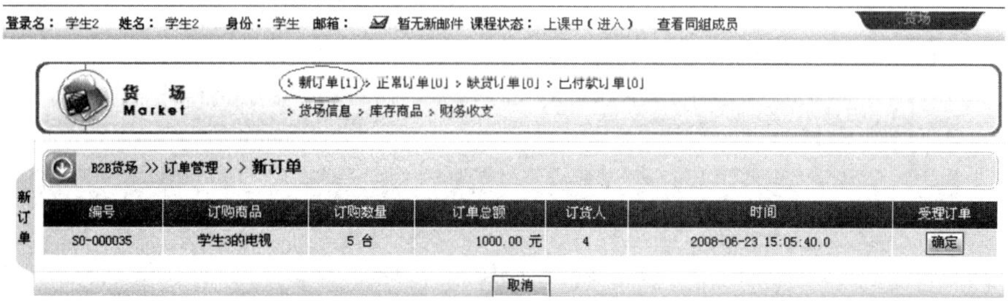

图 2-31

点击"确定"进入订单处理页面,如图 2-32 所示。

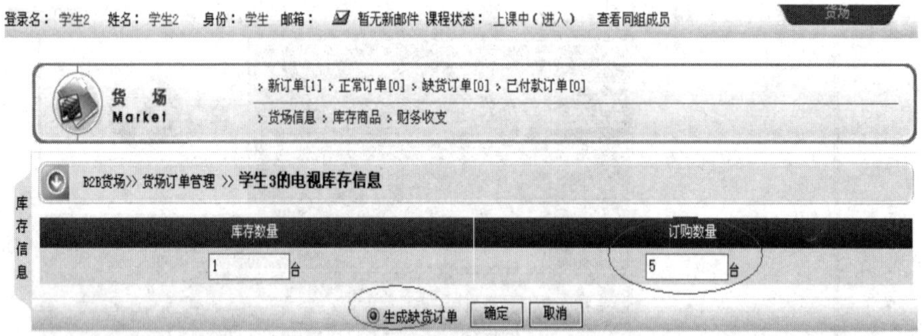

图 2-32

如图 2-32 所示，订购数量是 5 台，而库存数量为 1 台，系统自动判断出缺货，点击“确定”生成缺货订单，然后点击“缺货订单”进行处理，如图 2-33 所示。

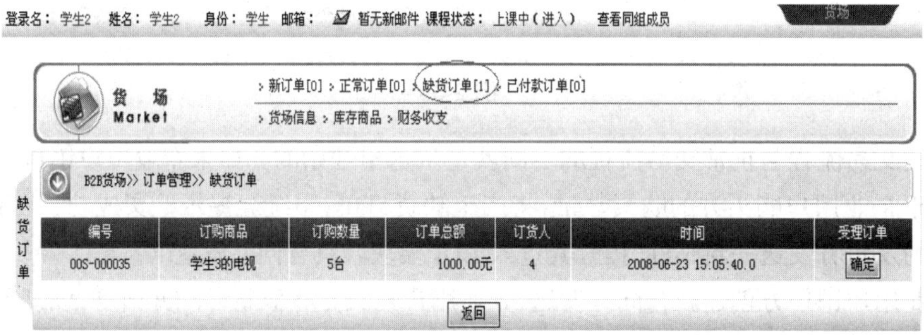

图 2-33

点击“确定”，进入图 2-34 所示的页面。

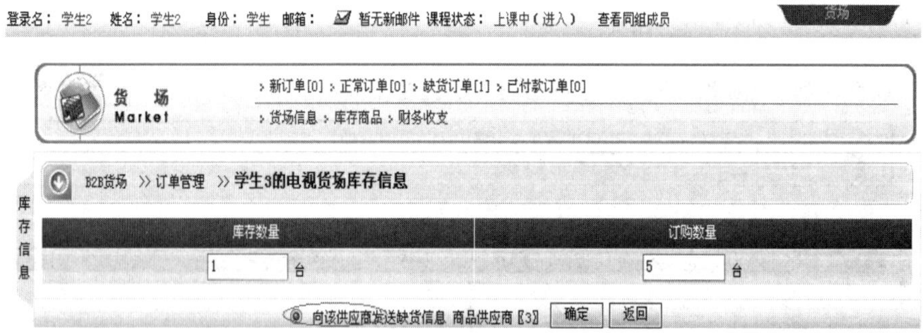

图 2-34

点击“确定”向商品供应商（企业用户销售方）发送缺货信息，提醒其向货场增加商品库存至企业用户购买方要买的数量。

企业用户销售方可在缺货订单里看到此订单，如图 2-35 所示。

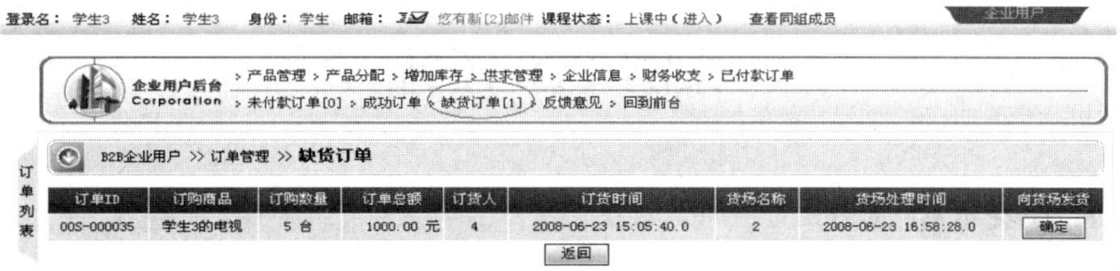

图 2-35

点击“确定”处理此订单，进入图 2-36 所示的页面。

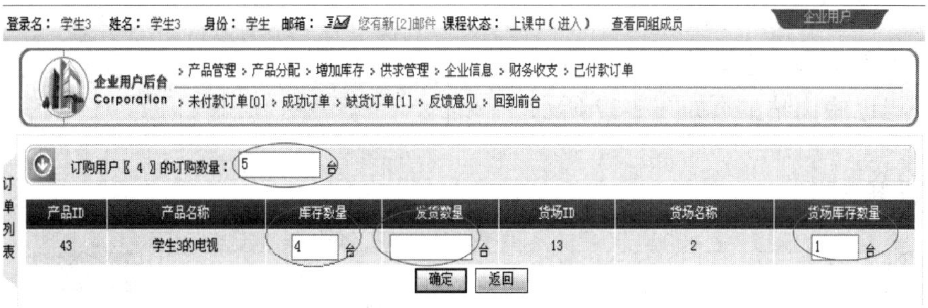

图 2-36

这个页面会显示客户订购数量、库存数量、货场库存数量，可以根据这几个数量填写向货场发货的数量。

企业用户销售方向货场发货以后，货场用户后台会再次显示这个订单，此时这个订单就是正常订单了，后面的处理就和正常交易流程一样了，同学们可以参照上一个实验进行操作。

实验考核

（1）点击“日志管理”查看自己的实验完成情况。

（2）点击“实验报告”填写相应的内容并提交老师。

（3）系统会自动对学生所完成的操作进行打分，老师也可以进行修改。

实验总结

B2B 缺货交易流程是基于 B2B 正常交易流程发展起来的。在现实生活中缺货的情况很多，处理方法也很多，本实验中的流程是一种在缺货时还能出售商品的方案。同学们可以通过实验体会每个部门是如何操作的，订单是如何流转的，从而更好地将理论知识应用于实践。

案例:B2B 任务

一、任务要求和目的

(1)熟悉阿里巴巴中国站的功能。
(2)熟悉阿里巴巴中国站的操作。

二、任务内容与步骤

1. 熟悉阿里巴巴中国站主页

阿里巴巴中国站主页如图 2-37 所示。

图 2-37

(1)熟悉阿里巴巴中国站的主要框架。
(2)熟悉阿里巴巴中国站所提供的产品与服务。

2. 注册会员

(1)填写会员名、登录密码、手机号码等信息,注册会员。
(2)用会员名和密码登录。

3. 熟悉阿里旺旺

(1)下载阿里旺旺。
(2)添加 10 个联系人。

4. 查找一条供求信息

(1)搜索一件商品(如:袜子,如图 2-38 所示)。
(2)选择批发或代发,填写订购数量。
(3)选择立即订购、加入采购车或跨境铺货,还可以询价。

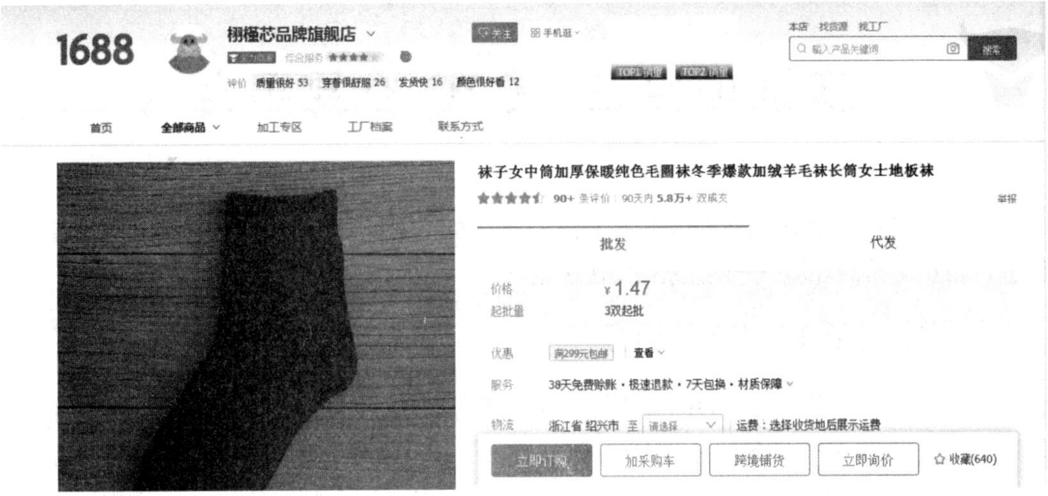

图 2-38

(4)用支付宝进行支付结算。

(5)填写邮寄地址,进行物流配送。

(6)确认收货,进行售后服务及评价。

三、任务总结

根据任务情况写出任务总结,内容包括:阿里巴巴中国站采购的操作流程;如何利用阿里巴巴中国站进行商品采购与销售推广。

实训项目三　C2C 交易平台

C2C 电子商务是在消费者与消费者之间进行的商务模式，它通过 Internet 为消费者提供进行相互交易的环境——网上拍卖、在线竞价。

一、C2C 电子商务平台的功能

C2C 电子商务平台首页商品和店铺的自助推荐功能，支持拍卖模式，支持在线充值，支付宝按钮支付，商品支持多图片，四级分类设置，同时 C2C 电子商务网站管理系统拥有虚拟币、用户收费店铺、商品登录收费、求购信息平台、新闻发布、友情链接、交易提醒邮件、交易信用评价、站内短信、信息脏话过滤、后台分权限管理等功能。C2C 电子商务平台旨在为广大网民朋友提供一个网络公平竞价交易的商务平台。

二、盈利模式

1. 会员费

会员费也就是会员制服务收费，是指 C2C 网站为会员提供网上店铺出租、公司认证、产品信息推荐等多种服务组合而收取的费用。由于提供的是多种服务的有效组合，比较能适应会员的需求，因此这种模式的收费比较稳定，客户交纳第一年费用，第二年到期时需要客户续费，续费后才可以享受网站下一年的服务，不续费的会员将恢复为免费会员，仅享受少量服务，不再享受多种服务。

2. 交易提成

交易提成不论什么时候都是 C2C 网站的主要利润来源。因为 C2C 网站是一个交易平台，它为交易双方提供机会，就相当于现实生活中的交易所、大卖场，从交易中收取提成是其市场本性的体现。

3. 广告费

企业将网站上有价值的位置用于放置各类型广告，根据网站流量和网站人群精度标定广告位价格，然后再通过各种形式向客户出售。如果 C2C 网站具有充足的访问量和用户黏度，广告业务会非常大。但是 C2C 网站出于对用户体验的考虑，均没有完全开放此业务，只有个别广告位不定期开放。

4. 搜索排名竞价

C2C 网站商品的丰富性决定了购买者搜索行为的频繁性。搜索的大量应用就决定了商品信息在搜索结果中排名的重要性。由此便引出了根据搜索关键字竞价的业务。用户可以为某关键字提出自己认为合适的价格，最终由出价最高者竞得，在有效时间内该用户的商品可获得竞得的排位。只有卖家认识到竞价为他们带来的潜在收益，才愿意花钱使用。

5. 支付环节收费

支付问题一向是制约电子商务发展的问题，直到阿里巴巴推出了支付宝才在一定程度上促进了网上在线支付业务的开展。买家可以先把预付款通过网上银行打到支付公司的个人专用账户，待收到卖家发出的货物后，再通知支付公司把货款打入卖家账户，这样买家不用担心收不到货还要付款，卖家也不用担心发了货而收不到款，而支付公司可以按成交额的一定比例收取手续费。

三、C2C 的发展潜力

从理论上来说，C2C 模式是最能够体现互联网精神和优势的，其数量巨大、地域不同、时间不一的买方和同样规模的卖方通过一个平台找到合适的对家进行交易，在传统领域要实现这样大的工程几乎是不可想象的。同传统的线下市场相比，它不再受到时间和空间限制，节约了大量的市场沟通成本，其价值是显而易见的。从实际操作来说，C2C 具有两方面可操作性。

1.C2C 能够为用户带来真正的实惠

C2C 电子商务不同于传统的消费交易方式。过去卖方往往具有决定商品价格的绝对权力，而消费者的议价空间非常有限，拍卖网站的出现，则使得消费者也有决定产品价格的权力，并且可以通过消费者相互之间的竞价结果，让价格更有弹性。因此，通过这种网上竞拍，消费者在掌握了议价的主动权后，其获得的实惠自然不用说。

2.C2C 能够吸引用户

打折永远是吸引消费者的制胜良方。由于拍卖网站上经常有商品打折，对于注重实惠的中国消费者来说，这种网站无疑能引起消费者的关注。对于有明确目标的消费者（用户），他们会受利益的驱动而频繁光顾 C2C；而那些没有明确目标的消费者（用户），他们会为了享受购物过程中的乐趣而流连于 C2C。如今 C2C 网站上已经存在不少这样的用户。他们并没有什么明确的消费目标，他们花大量时间在 C2C 网站上游荡只是为了看看有什么新奇的商品，有什么商品特别便宜。对于他们而言，这是一种很特别的休闲方式。因此，从吸引“注意力”的角度来说，C2C 的确是一种能吸引消费者“眼球”的商务模式。

在该任务中，我们可以以卖家或买家的身份在前台进行拍卖或竞拍；也可以以管理者的身份在后台登录对 C2C 网站进行运营管理。本任务模拟了 C2C 模式的网上拍卖网站，我们通过在网上拍卖过程中的实践操作，深刻了解 C2C 模式电子商务的内涵和本质以及该种模式的前台业务流程及后台管理。

实验一：C2C 一口价流程

实验概述

电子商务教学实验系统中的 C2C 子系统一口价流程，依照真实的交易模式来设计，与拍卖流程相同，舍去了真实流程中很多验证身份环节，如注册拍拍就需要上传身份证，进行各种安全验证，这种流程不适合作为教学来使用。本次实验使用的电子商务教学系统只提取了 C2C 一口价的核心操作流程，使学生能够在进行很少操作的情况下，理解 C2C 一口价的流程，从而为真实环境中的学习打下基础。

实验目标

（1）了解 C2C 一口价流程的含义。

（2）熟悉 C2C 一口价流程。

（3）分析 C2C 拍卖流程和 C2C 一口价流程的区别与联系。

实验任务

（1）登录电子商务教学系统，按照分配的小组，参考实验说明书进行实验。

（2）各小组配合，根据日志提示进行 C2C 一口价流程。

（3）完成实验流程，填写实验报告，并提交给老师。

实验步骤

1. 出售方

当老师部署好一节课程时，学生登录系统主界面后，点击上方的“上课中（进入）”进入课堂，进入 C2C 商城，点击主页面的“注册”进行注册，然后登录，进入如图 3-1 所示界面。

图 3-1

点击“进入我的后台”进入后台以后，点击界面上方的“卖东西”添加要拍卖的商品，如图 3-2 所示。

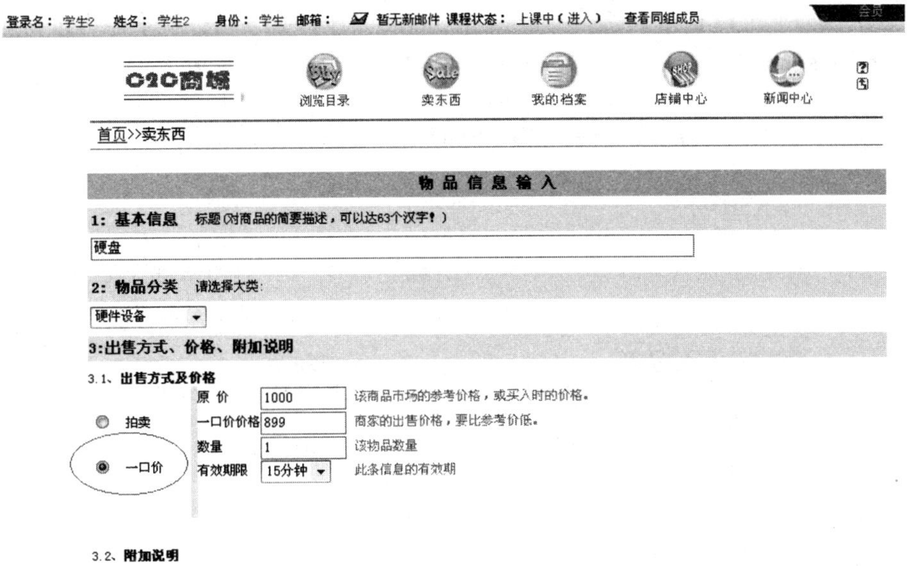

图 3-2

填写商品的名称,选择出售方式为一口价,填写价格等信息,点击本页面底下的“确定”按钮,即添加一口价商品成功,随后可以继续上传商品。

2. 购买方

商品添加成功后会显示在前台页面,购买方登录系统主界面后,同样需要注册 C2C 会员,然后登录,登录后可以看到有人发布的商品信息,点击商品名称进行一口价购买,界面如图 3-3 所示。

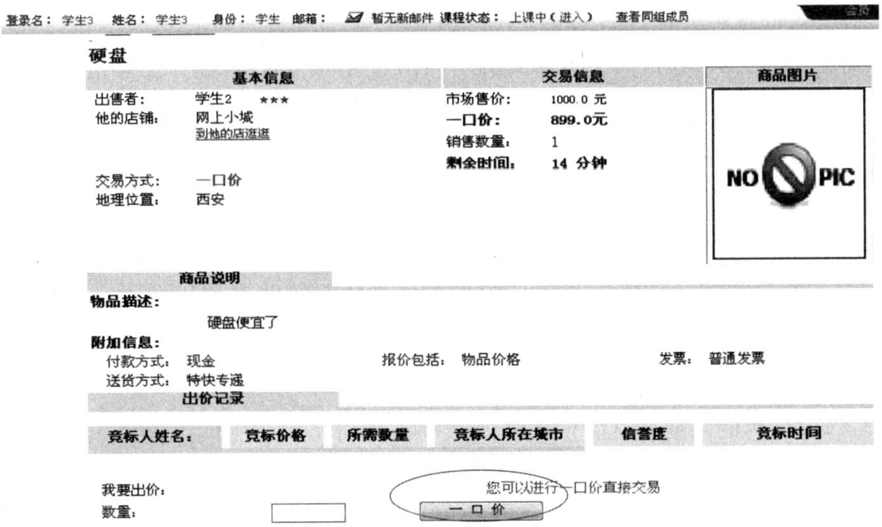

图 3-3

在一口价页面中,显示了商品的一口价价格以及剩余时间,在输入框中输入数量,点击“一口价”,一口价信息发送成功。

在这个页面上可以看到该商品销售剩余的时间,时间到了以后,就不能再进行购买了。点击“我的档案”可以查看一口价购买结果,如图 3-4 所示。

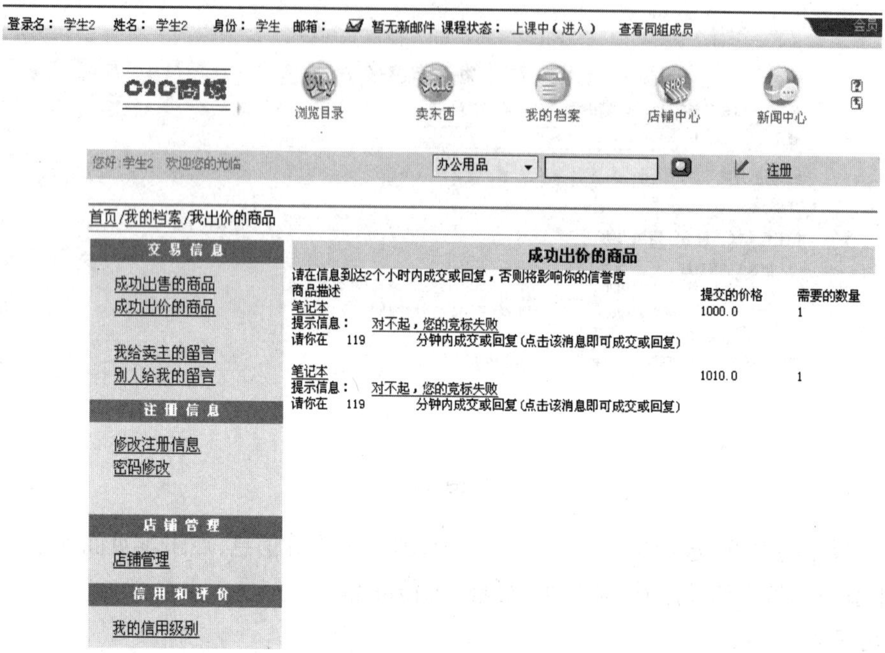

图 3-4

实验考核

(1)通过查询日志查看自己实验的完成情况。

(2)学生完成实验以后,填写主界面的实验报告并提交老师,以备老师批阅。

(3)系统会自动对学生所完成的操作进行打分,老师也可以进行修改。

实验总结

电子商务教学实验系统中的 C2C 子系统一口价流程,是网上除了拍卖流程以外,另一种较多的个人交易模式。一口价流程与拍卖流程有相同的地方,那就是参与交易的双方都是个人,当然也有区别,拍卖流程的价格是不确定的,它只存在一个低价,至于最终成交价格是多少,那要根据拍卖的效果来看,而效果又取决于商品的质量。一口价,是卖家会出一个价格,没有讨价还价的余地。这两种交易方式都各有利弊,希望同学们课后仔细体会。

实验二：掌握 C2C 拍卖流程

实验概述

电子商务教学实验系统中的 C2C 子系统拍卖交易流程，模拟了现实中 C2C 网站上拍卖的方式，但是由于网站上考虑到安全问题，将信用和保密、认证等流程设计得比较复杂，如果按照那种方式来进行练习，会占用大量时间且会将时间浪费在烦琐的申请过程当中。不能让学生体会 C2C 拍卖的特点，故本系统中提取了 C2C 交易的重点交易过程，让学生在最简洁的操作练习中便领悟了 C2C 拍卖的精髓。

另外，同样是为了让学生体会 C2C 网站后台处理流程，我们特意设计了 C2C 管理员这个角色供学生实验。

实验目标

（1）了解 C2C 拍卖流程的含义。

（2）熟悉 C2C 拍卖流程。

实验任务

（1）登录电子商务教学系统，按照分配的小组参考实验说明书进行实验。

（2）各小组配合，根据日志提示进行 C2C 拍卖流程。

（3）完成实验流程，填写实验报告并提交给老师。

实验步骤

1. 拍卖方

当老师部署好一节课程时，学生登录系统主界面以后，点击上方的“上课中（进入）”进入课堂。进入 C2C 商城，点击主页面的“注册”进行注册，然后登录，进入如图 3-5 所示界面。

点击“进入我的后台”进入后台以后，点击界面上方的“卖东西”添加要拍卖的商品，如图 3-6 所示。

填写商品的名称，选择出售方式为拍卖，填写价格等信息，点击本页面底下的“确定”，添加拍卖商品成功，并且可以继续上传商品。

图 3-5

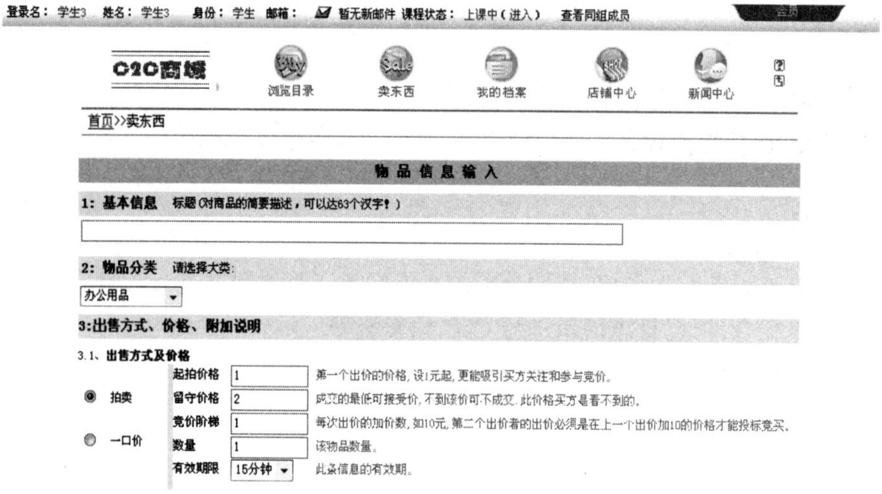

图 3-6

2. 竞拍方

商品添加成功后会显示在前台页面，竞拍方登录系统主界面后，同样需要注册 C2C 会员，然后登录。登录后可以看到有人发布的商品信息，点击“商品名称”进行竞拍，界面如图 3-7 所示。

在竞拍页面中，显示了商品的起拍价格、竞价阶梯、销售数量以及剩余时间，还有竞拍记录供竞拍者参考，在输入框中输入价格、数量，点击“竞拍”，竞拍信息发送成功。

在这个页面上可以看到该商品拍卖剩余的时间，时间到了以后，系统会自动判断，竞拍价格高于留守价格的竞拍者，系统会选择出价最高的一个竞拍者竞拍成功。竞拍者点击“我的档案”可以查看竞拍结果，如图 3-8 所示。

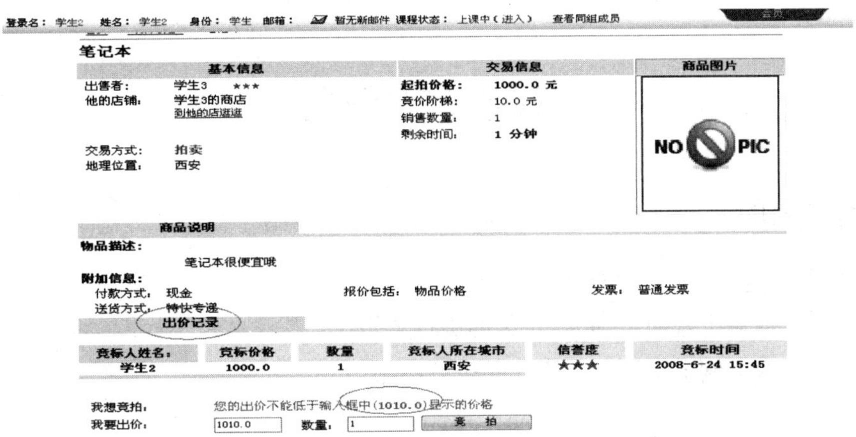

图 3-7

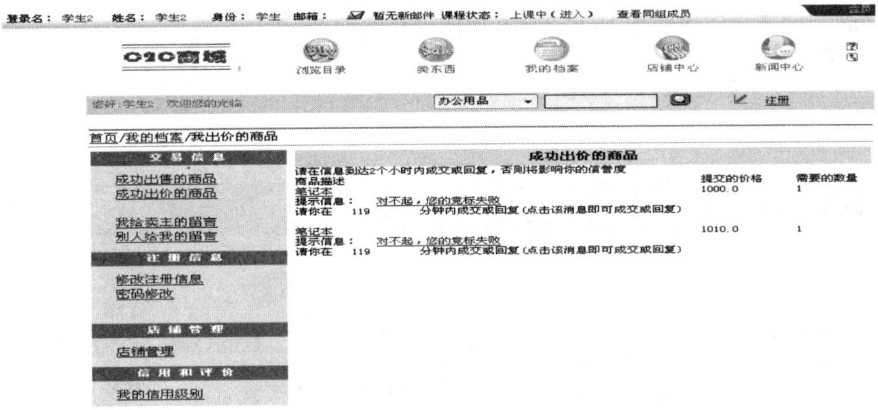

图 3-8

实验考核

（1）通过查询日志查看自己实验的完成情况。

（2）学生完成实验以后，填写主界面的实验报告并提交老师，以备老师批阅。

（3）系统会自动对学生所完成的操作进行打分，老师也可以进行修改。

实验总结

C2C 拍卖，现实中这种交易模式很普遍，可以说是作为个人消费者接触比较多的一种网上交易模式，而且不止在网上，经常有很多大商场也会对一些商品进行现场拍卖。电子商务的兴起就是得益于网络，所以说网上的 C2C 拍卖会越来越普及。大家可以登录真实的网上环境，如拍拍网之类的个人交易模式网站，体会一下真实 C2C 拍卖模式的流程，可以发现真实的拍卖对于安全验证、网上交易等安全流程做得很到位，这也是由网上交易模式的性质所决定的。大家通过这次 C2C 拍卖流程的操作对 C2C 拍卖模式有了一定的了解，今后可以通过更加深入的学习，对中国电子商务交易存在的问题，提出自己的设想，贡献自己的力量。

案例:C2C 任务

一、任务目的

(1)熟悉淘宝网架构和功能。

(2)尝试开通淘宝普通店铺,并对店铺进行装修。

(3)尝试在淘宝网上购买两件不同品类的商品。

二、任务内容与步骤

1. 浏览淘宝网首页

打开淘宝网首页(www.taobao.com),如图 3-9 所示。

图 3-9

(1)熟悉淘宝网的基本框架。

(2)熟悉淘宝普通店铺、旺铺与淘宝商城的区别。

2. 注册淘宝会员

(1)使用常用邮箱。

(2)激活账号。

3. 注册支付宝会员

(1)输入注册淘宝会员时的邮箱,登录密码为注册淘宝会员时的密码。

(2)建议登录以后将支付宝登录密码改成和淘宝登录不一样的密码,如图 3-10 所示。

图 3-10

4. 淘宝旺旺

(1)下载淘宝旺旺。

(2)添加几个商家为好友并发送留言信息,简述自己的情况。

5. 一般搜索

(1)用一般搜索查询存储空间。

(2)将范围限定在陕西买家、全新产品、用支付宝支付。

(3)可尝试用旺旺和你感兴趣的卖家联系,询问问题。

6. 开通自己的淘宝普通店铺

(1)单件拍卖或竞拍发布 10 件宝贝(如二手装饰品)。

(2)开通普通店铺。

(3)进入我的淘宝店铺后台,对店铺初步装修(店铺名称、店标、店铺公告、推荐宝贝、店铺类目、友情链接、店铺最新留言等)。

7. 比较普通店铺与旺铺的区别

略

三、任务总结

根据任务情况写出任务总结,内容包括作为卖家在淘宝网上开通普通店铺的流程,以及怎样进行网上购物的流程。

实训项目四　网上银行

一、网上银行含义

网上银行也称网络银行、在线银行,是指利用网络及相关技术处理传统的银行业务,以及支持电子商务网上支付的新型银行。它实现了银行与客户之间安全、方便、友好、实时的连接,可向客户提供开户、销户、查询、对账、行内转账、跨行转账、信贷、网上证券、投资理财以及其他贸易或非贸易的全方位银行业务服务。可以说,网上银行是在网络上的虚拟银行柜台。

二、网上银行的特点

1. 全面实现无纸化交易

以前使用的票据和单据大部分被电子支票、电子汇票和电子收据所代替;原有的纸币被电子货币,即电子现金、电子钱包、电子信用卡所代替,原有纸质文件的邮寄变为通过数据通信网络进行传送。

2. 服务方便、快捷、高效、可靠

通过网上银行,用户可以享受到方便、快捷、高效和可靠的全方位服务。任何需要使用网上银行服务的时候,都不会受时间、地域的限制,即实现了 3 A 服务(Anywhere, Anyhow, Anytime)。

3. 经营成本低廉

由于网上银行采用了虚拟现实信息处理技术,网上银行可以在保证原有业务量不降低的前提下,减少营业点的数量。

4. 简单易用

网上 E-mail 通信方式也非常灵活方便,便于客户与银行之间及银行内部的沟通。

三、网上银行的优势

1. 低成本和价格优势

(1)组建成本低。一般而言,网上银行的创建费用只相当于传统银行开办一个小分支机构的费用。

(2)业务成本低。从银行一笔业务的成本来看,手工交易约为 1 美元, ATM 和电话交易约为 25 美分,而互联网交易仅需 1 美分,只是手工交易单位成本的 1%。

(3)价格优势。由于网上银行运营成本比较低,可将节省的成本与客户共享,通过提供较传统银行高的存款利率、低收费、部分服务免费等方法争夺客户和业务市场。不仅如此,通过网络电子确认系统，还可避免诈骗和损失。

2. 互动性与持续性服务

网上银行系统与客户之间，可以通过电子邮件、账户查询、贷款申请或档案更新等途径实现网络在线实时沟通。客户可以在任何时间、任何地方通过因特网得到银行的金融系统服务。银行业务不受时空限制，每天可向客户提供24小时不间断服务。

3. 私密性与标准化服务

网上银行通过私码与公码两套加密系统对客户进行隐私保护。网上银行提供的服务比营业网点更标准、更规范，避免了因工作人员的业务素质高低及情绪好坏所带来的服务满意度的差异。

4. 服务全球化

网上银行是一个开放的体系，是全球化的银行。网上银行利用因特网能够提供全球化的金融服务，可以快捷地进行不同语言文字之间的转换，为银行开拓国际市场创造了条件。传统银行通过设立分支机构开拓国际市场，而网上银行只需借助因特网，便可以将其金融业务和市场延伸到全球的每个角落，把世界上每个公民都当作自己的潜在客户去争取。网上银行无疑是金融运营方式的革命，它使得银行竞争突破国界变为全球性竞争。

四、目前常用的认证介质

1. 密码

密码是每一个网上银行必备的认证介质，要使用安全好记的密码。但是，密码非常容易被木马软件盗取或被他人偷窥。

2. 文件数字证书

文件数字证书是存放在电脑中的数字证书，每次交易时都需用到，如果你的电脑没有安装数字证书是无法完成付款的，已安装文件数字证书的用户只需输入密码即可。

未安装文件数字证书的用户在安装证书时需要验证用户的大量信息，相对比较安全。但是，文件数字证书不可移动，对经常使用不同电脑的用户来说不方便（支付宝等虚拟账户的验证要用手机，而网上银行一般要去银行办理）；而且文件数字证书有可能被盗取，所以也不是绝对安全的。

3. 动态口令卡

动态口令卡是一种类似游戏的密保卡样子的卡。卡面上有一个表格，表格内有几十个数字。当进行网上交易时，银行会随机询问你某行某列的数字，如果能正确地输入对应格内的数字便可以成功交易，反之则不能。

动态口令卡可以随身携带、轻便，不需要驱动，使用方便，但是如果木马病毒长期在你的电脑中，其可以渐渐地获取你的口令卡上的很多数字，当获知的数字达到一定数量时，你的资金便不再安全，而且如果在外使用，也容易被人拍照。

4. 动态手机口令

当你尝试进行网上交易时，银行会向你的手机发送短信，如果你能正确地输入收到的短信则可以成功付款,反之则不能。

动态手机口令不需安装驱动,只需随身携带手机即可,不怕偷窥,不怕木马病毒,相对安全。但是手机必须随身携带,手机不能停机(手机停机,无法付款),不能没电,不能丢失。而且有时通信运营商的服务质量差、信号不好,导致短信迟迟没到,影响效率。

5. 移动口令牌

移动口令牌可在一定时间换一次号码。付款时只需按移动口令牌上的键,就会出现当前的代码。一分钟内在网上银行可以凭这个编码付款。如果无法获得该编码,则无法成功付款。

移动口令牌不需要驱动,不需要安装,只要随身携带就行,不怕偷窥,不怕木马病毒。口令牌的编码一旦使用过就立即失效,不用担心付款时输的编码被其他人看到。

6. 移动数字证书

移动数字证书,各家银行的叫法不同,如工行叫 U 盾,农行叫 K 宝,建行叫网银盾,光大银行叫阳光网盾,在支付宝中的叫支付盾。它存放着你个人的数字证书,并不可读取。同样,银行也记录着你的数字证书。

当你尝试进行网上交易时,银行会向你发送由时间字串、地址字符串、交易信息字符串、防重放攻击字符串组合在一起进行加密后得到的字符串 A,你的 U 盾将根据你的个人证书对字符串 A 进行不可逆运算得到字符串 B,并将字符串 B 发送给银行,银行端也同时进行该不可逆运算,如果银行运算结果和你的运算结果一致便认为你合法,交易便可以完成,如果不一致便认为你不合法,交易便会失败。

理论上,不同的字符串 A 不会得出相同的字符串 B,即一个字符串 A 对应一个唯一的字符串 B,但是字符串 B 和字符串 A 无法得出你的数字证书,而且 U 盾具有不可读取性,所以 任何人都无法获取你的数字证书。并且银行每次都会发不同的防重放字符串(随机字符串)和时间字符串,所以当一次交易完成后,刚发出的 B 字符串便不再有效。综上所述,理论上 U 盾是绝对安全的。

网上银行任务主要功能是模拟网上银行系统,并为我们提供一个模拟的网上银行网站,让我们通过任务能够了解电子支付账号的申请及支付的过程、个人网上银行和企业网上银行的账户管理、存款业务、转账业务、账务查询等服务,使整个电子商务教学系统得以模拟网上支付流程及账户的管理过程。

实验:网上银行初步实践

实验概述

网上银行是信息时代的产物。它的诞生,使原来必须到银行柜台办理业务的客户,通过互联网便可直接进入银行,随意进行账务查询、转账、外汇买卖、银行转账、网上购物、账户挂失等业务,客户真正做到足不出户办妥一切银行业务。网上银行服务系统的开通,对银行和客户来说,大大提高了工作效率,让资金创造最高效益,从而降低生产经营成本。

实验系统中设计了网上银行这个模块,目的是让同学们体验网上银行快速便捷的优点,以便更深刻地理解电子商务交易中使用的网上银行的功能。同时,因为网上交易不同于现实交易的安全性,我们也必须考虑网上银行未来的发展,如安全性、隐私性等。这些都是同学们在实验中和实验后应该考虑的问题。

实验目标

(1)理解网上银行的有关含义。

(2)会使用本系统提供的转账、存钱等功能进行操作。

实验任务

因为网上银行模块是依赖于电子商务交易存在的,所以我们进行本次实验,必须进入课堂才能体会网上银行的含义与优势。我们以 B2C 课程为例。

(1)登录系统并进入课堂。根据操作流程要求申请 B2C 银行账号。

(2)使用系统中提供的功能进行银行服务体验。

(3)商城用户购买商品,体验网上银行的方便快捷。

实验步骤

登录本系统主界面后,进入课堂(以 B2C 为例)。进入 B2C 商城以后,首先要注册 B2C 银行账号,同学们可以点击系统主界面的银行模块注册 B2C 银行账号,如图 4-1 所示。

图 4-1

点击“注册”注册银行账号,注意选择 B2C 账号。注册以后,等待老师开通,开通后即可登录进行各项操作。登录成功的界面如图 4-2 所示。

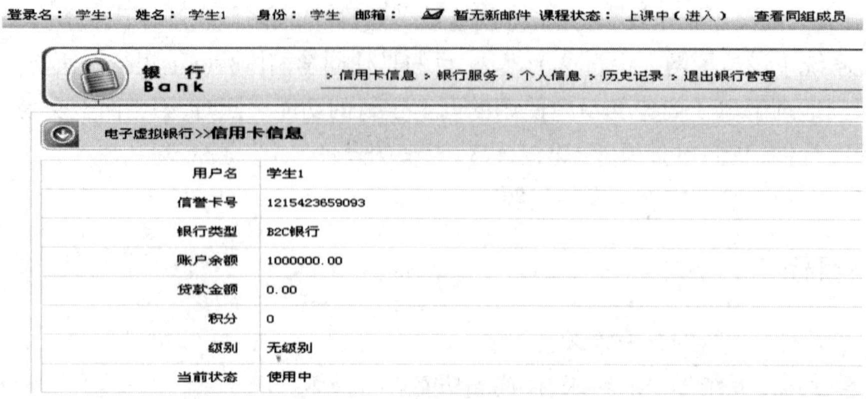

图 4-2

点击上方的“银行服务”进入图 4-3 所示界面。

图 4-3

如上图，在此处可以进行存款、转账、取现等服务，贷款是需要信用额度的，跟现实中的道理是一样的。学生提交了各项操作申请以后，等待老师通过，具体的操作也是很简便的。上图中的个人信息处可以查看到个人账户信息并修改密码。历史记录可以查看历史操作记录。

学生的商城用户角色注册账号并登录商城，购买商品，通过网上银行付账，体验网上银行的方便快捷。

实验考核

(1)学生登录系统,根据实验指导书的步骤进行实验。

(2)完成实验以后,进入考试中心进行本次实验的练习,巩固实验效果。

实验总结

网上银行的产生和发展,推动了银行业务流程的再造,优化了经营过程,降低了交易成本,一定程度上改变了金融活动参与各方的信息不对称状况,为网络经济的发展提供了更有效的支持和更大的发展空间。但同时,银行业务的虚拟化使银行机构的传统角色发生了进一步的变化,使金融风险更具复杂性和蔓延性。网上银行突破了传统银行业的经营模式、价值观念和管理方法。

发展网上银行,是国际银行业新的竞争力角逐。现代网络技术进一步打破了经济金融活动的地域边界和行业界线,加快了经济金融的全球化和国际化进程,给银行提供了一个全新的经营平台。发展网上银行是对我国银行业传统的相对低效的经营管理方式进行再造,提高整体竞争力,加快国际化进程,实现银行业的跨越式发展的良好机遇。

通过这次实验,同学们能够体会网上银行不仅方便快捷而且高效的优点。但是网上银行依然有很多发展瓶颈,如在全开放的环境下,如何处理在交易过程中遇到的法律、商标、语言、知识产权服务和交易合约等问题;如何尊重保护消费者的隐私,服从国家政府审计及其他规定。这些问题都是同学们在课后应该考虑的。

实训项目五　电子商务物流

电子商务物流配送是物流配送企业采用网络化的计算机技术和现代化的硬件设备、软件系统及先进的管理手段,针对客户的需求,根据用户的订货要求,进行一系列分类、编码、整货、配货等理货工作,按照约定的时间和地点将确定数量和规格要求的商品传递到用户的活动及过程。这种新型的物流配送模式带来了流通领域的巨大变革,越来越多的企业开始积极搭乘电子商务快车,采用电子商务物流配送模式。

随着电子商务的进一步推广与应用,物流能力的滞后对其发展的制约越来越明显。物流的重要性对电子商务活动的影响被越来越多的人所注意。但是,电子商务与物流究竟是什么关系,却很少有人去探究。目前对这个关系把握最宏观的一个观点是"物流是电子商务的重要组成部分。当然,它有一定道理,但并不确切。这是基于以下两点:第一,电子商务最本质的成功是将商流处理信息化,信息处理电子化。电子商务简而言之,就是在网上进行商品或服务的买卖。这种买卖,是商品或服务所有权的买卖,也就是商流。有的观点认为商流要靠物流支持,所以说"物流是电子商务的重要组成部分"。第二,网络经济将商流、资金流信息化,将信息流电子化,把商务、广告、订货、购买、支付、认证等实物和事务处理虚拟化、信息化,可以说是虚拟经济。而物流是实体的位置转移,说"实"是"虚"的组成部分,怎么看也是不恰当的,而把这种关系说成是"虚实相应"可能更为合适。这里补充一点,商流可以包括服务(此处的"服务"不包含物流服务)所有权的转移,而服务的真实"交付",即消费,并不是物流的内容,但这也是一种"虚实相应"关系,把服务消费与实物位移合并在一起,与电子商务称"虚实相应"才真正恰当。从上面的论述可以看出,物流与电子商务的关系极为密切,物流对电子商务的实现很重要,电子商务对物流的影响也肯定极为巨大。物流在未来的发展与电子商务的影响是密不可分的,可以这样理解这种关系:物流本身的矛盾促使其发展,而电子商务恰恰提供了解决这种矛盾的手段。反过来,电子商务本身矛盾的解决,也需要物流来提供手段,新经济模式要求新物流模式。

一、电子商务对物流的影响

由于电子商务与物流间密切的关系,电子商务这场革命必然对物流产生极大的影响。这个影响是全方位的,从物流业的地位到物流组织模式再到物流各作业、功能环节,都将在电子商务的影响下发生巨大的变化。

(一)电子商务对物流业的影响

1. 物流业的地位大大提高

电子商务是一次高科技和信息化的革命。它把商务、广告、订货、购买、支付、认证等实物和事务处理虚拟化、信息化,使它们变成脱离实体而能在计算机网络上处理的信息,又将信息处理电子化,强化了信息处理,弱化了实体处理。这必然导致产业大重组,原有的一些行业、企业将逐渐压缩乃至消亡,将扩大和新增一些行业、企业。产业重组的结果,可能实际上使得社会上的产业只剩下两类行业:一类是实业,包括制造业和物流业;另一类是信息业,包括服务、金融、信息处理业等;在实业中,物流企业会逐渐强化。

物流企业会越来越强化,是因为在电子商务环境里其必须承担更重要的任务:既要把虚拟商店的货物送到用户手中,而且还要从生产企业及时进货入库。物流公司既是生产企业的仓库,又是用户的实物供应者。物流企业成了代表所有生产企业及供应商对用户的唯一最集中、最广泛的实物供应者。物流业成为社会生产链条的领导者和协调者,为社会提供全方位的物流服务。可见,电子商务把物流业提升到了前所未有的高度,为其提供了空前发展的机遇。

2. 供应链管理的变化

(1)供应链短路化。在传统的供应链渠道中,产品从生产企业流到消费者手里要经过多层分销商,流程很长,由此造成了很多问题。现在电子商务缩短了生产厂家与最终用户之间供应链上的距离,改变了传统市场的结构。企业可以通过自己的网站绕过传统的经销商与客户直接沟通。虽然目前很多非生产企业的商业网站继续充当了传统经销商的角色,但由于它们与生产企业和消费者都直接互联,只是一个虚拟的信息与组织中介,不需要设置多层实体分销网络(包括人员与店铺设施),也不需要存货,因此仍然降低了流通成本,缩短了流通时间,使物流径路短路化。

(2)供应链中货物流动方向由"推动式"变成"拉动式"。传统的供应链由于供销之间的脱节,供应商难以得到及时而准确的销售信息,因此只能对存货管理采用计划方法,存货的流动是"推动式"的。它有几个明显的缺点:第一是缺乏灵活性,销路好的商品,其存货往往可得性差,销路不好就会积压;第二是运转周期长;等等。在电子商务环境下,供应链实现了一体化,供应商与零售商、消费者通过因特网连在了一起,通过无源光纤网络(PON)等供应商可以及时且准确地掌握产品销售信息与顾客信息。此时存货管理采用反应方法,按所获信息组织产品生产和对零售商供货;存货的流动变成"拉动式",完全可以消除上述两个缺点,并实现销售方面的"零库存"。

3. 第三方物流成为物流业的主要组织形式

第三方物流是指由物流劳务的供方、需方之外的第三方去完成物流服务的物流运作方式。鉴于目前第三方物流在实践中的成功发展,有人预言它将是电子商务时代物流业方面的最大变化。

第三方物流将在电子商务环境下得到极大发展,原因有以下两点。

(1)跨区域物流。电子商务的跨时域性与跨区域性,要求其物流活动也具有跨区域或国际化特征。电子商务按其交易对象可分为 B2C 和 B2B。在 B2C 形式下,如 A 国的消费者在 B 国的网上商店用国际通用的信用卡购买了商品,若要将商品送到消费者手里,对于小件商品(如图书),可以通过邮购;对于大件商品,则是通过速递公司完成交货。目前,这些流通费用一般均由消费者承担,对于零散用户而言流通费用显然过高。如在各国成立境外分公司和配送中心，利用第三方物流，由用户所在国配送中心将货物送到用户手里，可大大降低流通费用，提高流通速度。在B2B形式下，大宗物品的跨国运输是极为繁复的，如果有第三方物流公司能提供一票到底、门到门的服务，可大大简化交易，减少货物周转环节，降低物流费用。网上商店一般都是新建的企业，不可能投资建设自己的全球配送网络，甚至全国配送网络都无法建成，所以他们对第三方物流的迫切要求是很容易理解的。

（2）电子商务时代的物流重组需要第三方物流的发展。电子商务时代，物流业的地位大大提高，第三方物流将发展成为整个社会生产企业和消费者的“第三方”。

（二）电子商务对物流各作业环节的影响

1. 采购

传统的采购极其复杂。采购员要完成寻找合适的供应商、检验产品、下订单、接取发货通知单和货物发票等一系列复杂烦琐的工作。而在电子商务环境下，企业的采购过程会变得简单、顺畅。

近年来，国际上一些大的公司已在专用网络上使用电子数据交换（Electronic Data Interchange，EDI），以降低采购过程中的劳务、印刷和邮寄费用。通常，公司可由此节约5%~10%的采购成本。

因特网与之相比可进一步降低采购成本。与专用增值网相比，大公司能从因特网的更低传输成本中获得更多收益。因特网也为中小型企业打开了一扇大门。中小企业通过因特网采购，可以接触到更大范围的供应商，因而也就产生了更为激烈的竞争，但另一方面降低了采购成本。

2. 配送

（1）配送业地位强化。配送在其发展初期，主要是以促销手段的职能来发挥作用。据有的学者研究，供大于求的买方市场格局才是推行和发展配送的适宜环境。这说明在电子商务产生之前，配送存在的根本原因是为了促销。而在电子商务时代，B2C的物流支持都要靠配送来提供，B2B的物流业务会逐渐外包给第三方物流，其供货方式也是配送制。没有配送，电子商务物流就无法实现，电子商务也就无法实现，电子商务的命运与配送业连在了一起。同时，电子商务使制造业与零售业实现“零库存”，实际上是把库存转移给了配送中心，因此配送中心成为整个社会的仓库。由此可见配送业的地位是大大提高了。实际上，对于电子商务交易方式本身来说，买方通过轻松点击完成了购买，买方势必要把货物配送到家，否则买方选择这种交易方式的意义何在呢？所以，从某种程度上说，电子商务时代的物流方式就是配送。

（2）配送中心成为商流、信息流和物流的汇集中心。原来，物流、商流和信息流是“三流分立”的，而信息化、社会化和现代化的物流配送中心把三者有机地结合在一起。从事配送业务离不开“三流”，其中信息流最为重要。实际上，商流和物流都是在信息流的指令下运作的。畅通、准确、及时的信息才能从根本上保证商流和物流的高质量与高效率。

实验：电子商务物流模拟实验

实验目标

(1)掌握国内物流操作流程。
(2)学会制定物流策略。
(3)学会用本系统进行生产和营销模拟。

实验内容

班级被分成小组，小组中每个学生被分成各种角色去模拟国内物流的各个环节。

实验步骤

一、公司设立

1. 注册银行账号，确认公司信息

学生进入系统后，如果教师部署了他所在班级的课程，学生主界面上方会显示“上课中，请点击进入”。点击“进入”后，如果还没有进行公司确认，系统出现如图 5-1 所示的提示界面。

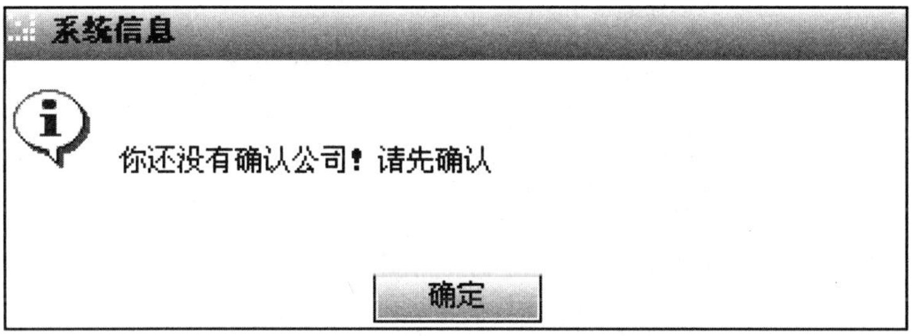
系统信息
你还没有确认公司！请先确认
确定

图 5-1

接下来注册银行账号，等待教师审核通过，然后选择“公司确认”确认公司信息。

2. 安装 CA 证书

1)进入 CA 认证中心

登录系统后点击左侧树形菜单中的“CA 认证”，如图 5-2 所示。

图 5-2

2)申请数字证书

点击“申请数字证书”进入申请界面,如图 5-3 所示。

图 5-3

点击“个人数字证书申请”,如图 5-4 所示。

图 5-4

填写好表单后,点击“提出申请”,页面自动跳转到证书下载页面,如图 5-5 所示。

图 5-5

现在可以下载个人证书了，我们把证书下载到本地计算机中。

3）导入个人证书

根据页面提示完成操作，如图 5-6 所示。

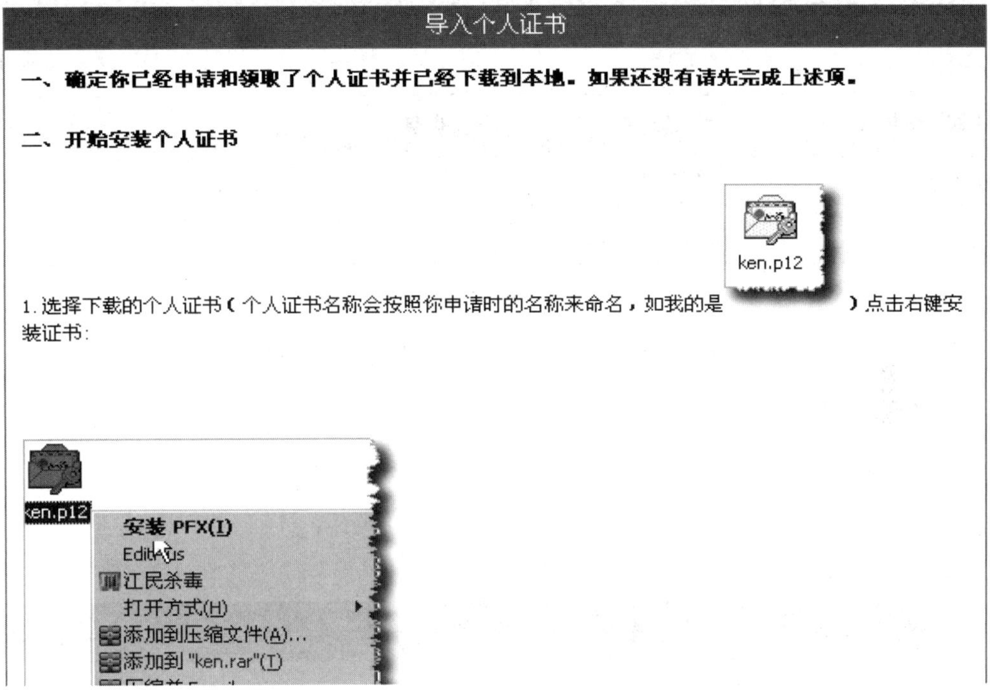

导入个人证书
一、确定你已经申请和领取了个人证书并已经下载到本地。如果还没有请先完成上述项。
二、开始安装个人证书
ken.p12
1.选择下载的个人证书（个人证书名称会按照你申请时的名称来命名，如我的是　）点击右键安装证书:
ken.p12
安装 PFX(I)
江民杀毒
打开方式(H)
添加到压缩文件(A)...
添加到 "ken.rar"(T)

图 5-6

同学们思考一下，如果不确认公司信息可以再继续操作吗？为什么需要确认公司信息？为什么要安装 CA 证书？

3. 小组信息查看

然后学生可以查看本组的角色分配情况，如图 5-7 所示。

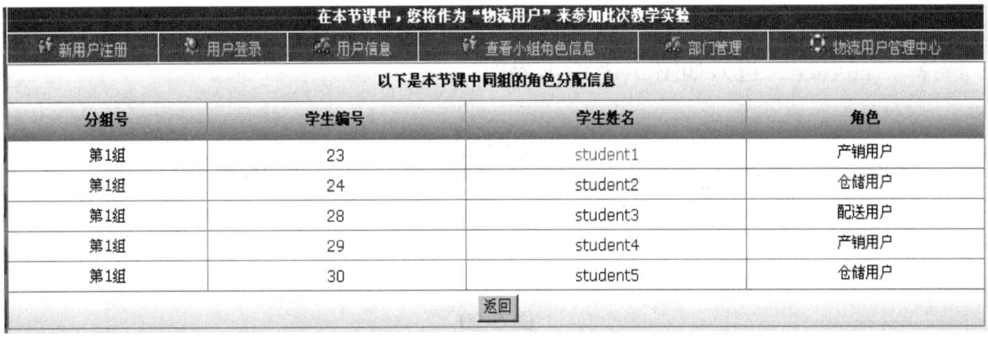

在本节课中，您将作为"物流用户"来参加此次教学实验

新用户注册　用户登录　用户信息　查看小组角色信息　部门管理　物流用户管理中心

以下是本节课中同组的角色分配信息

分组号	学生编号	学生姓名	角色
第1组	23	student1	产销用户
第1组	24	student2	仓储用户
第1组	28	student3	配送用户
第1组	29	student4	产销用户
第1组	30	student5	仓储用户

返回

图 5-7

这些是由教师分配好的，学生可以随时查看这个信息，以便在角色合作的时候快速找到自己的合作伙伴。

本次实验是小组合作的模式，在这种模式下，学生在完成上述操作后点击“部门管理”可以查看自己所属的部门，如图 5-8 所示。

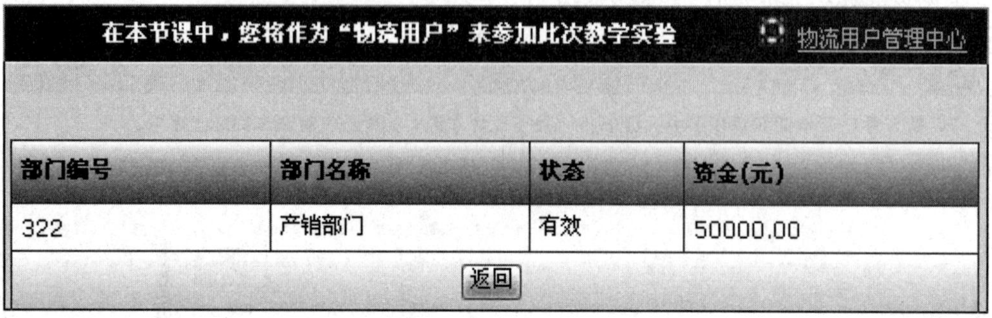

图 5-8

系统已经根据教师分配的角色自动为每个学生创建了相应的部门。

二、公司管理

1. 产销用户

1）生产产品

进入“物流用户管理中心”，如图 5-9 所示。

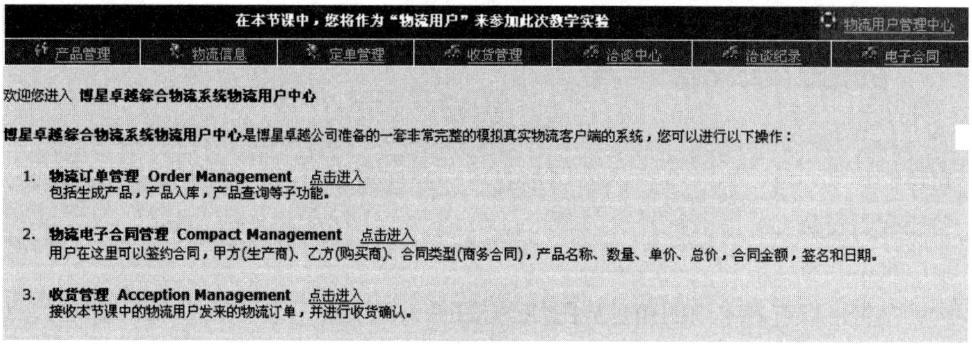

图 5-9

选择“产品管理”，进入如图 5-10 所示界面。

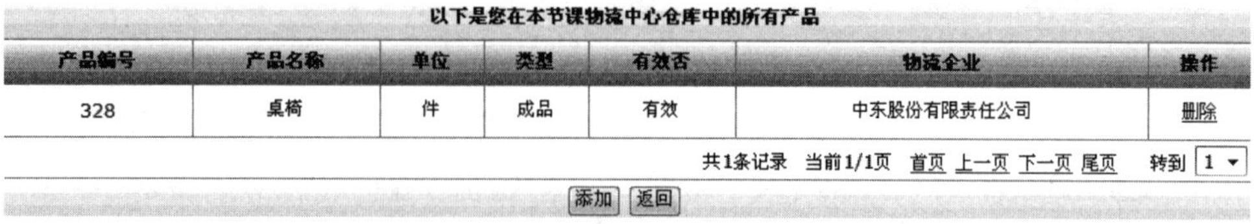

图 5-10

选择“添加”，进入如图 5-11 所示界面。

图 5-11

添加产品方式分为“选择”和“个人添加”，“选择”即是选择管理员或用户添加过的产品，“个人添加”可以添加新产品。填写完之后点击“确定”，产品添加成功。

2）发布物流信息

产品要想销售出去就得发布物流信息，在“物流用户管理中心”选择“物流信息”后点击“发布”按钮，进入如图 5-12 所示界面。

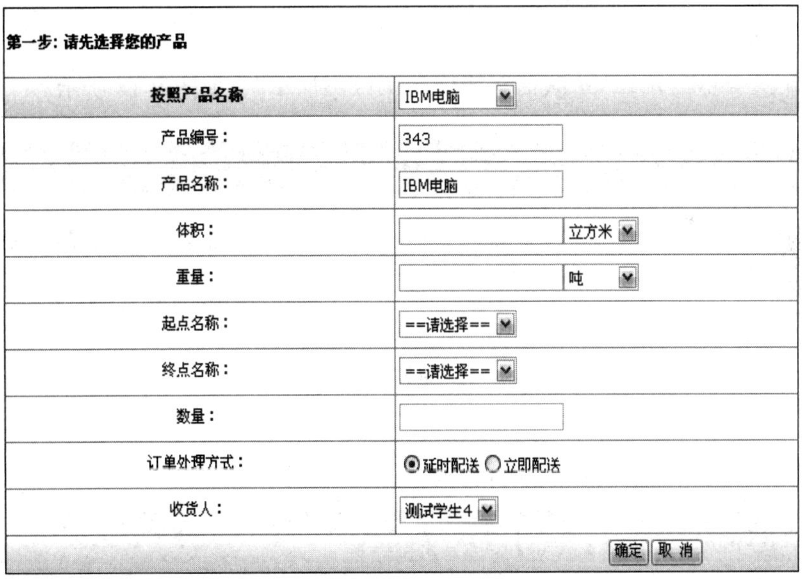

图 5-12

填写各项数据，其中收货人可选择其他产销用户，点击“确定”，货源成功发布。

同学们请思考“延时配送”和“立即配送”有什么不同？其实这两种方式的不同之处就在于要不要仓储用户参与。我们不妨先选择“延时配送”。

2. 仓储用户

1）仓库基本信息管理

选择“仓库基本信息”，在“库存设置”里设置仓库的基本信息，如图 5-13 所示。

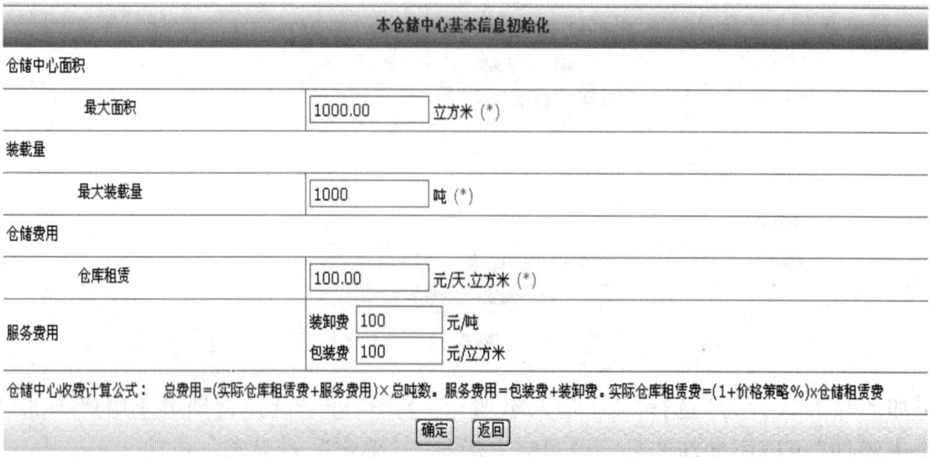

图 5-13

在这里我们设置了仓储中心的面积、装载量等数据后，点击“确定”，基本信息设置完成。再选择“仓储策略”，可以增加不同的仓储策略。

3. 配送用户

1)组建车队

进入“配送中心”，选择“车队信息管理”，可以添加车队，如图 5-14 所示。

车队名	车队类型	车辆数	是否有效	编码	备注信息	创建时间	空闲车辆数	操作
仍然	物流公司自有	2	有效	1231	123	2008-07-21	2	修改/删除

图 5-14

2)添加车辆

车队添加好之后，需要为车队配备车辆，如图 5-15 所示。

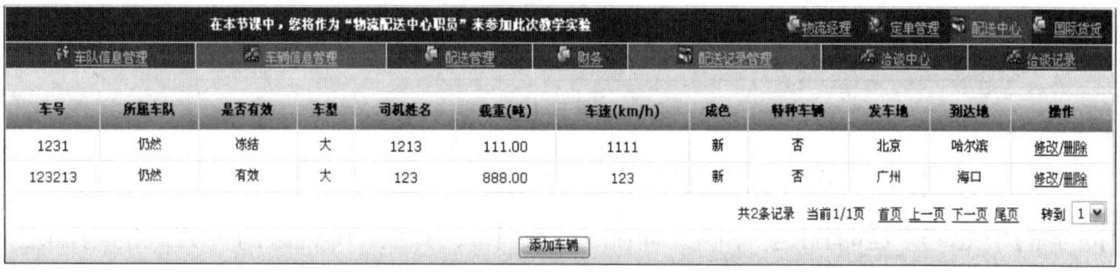

车号	所属车队	是否有效	车型	司机姓名	载重(吨)	车速(km/h)	成色	特种车辆	发车地	到达地	操作
1231	仍然	冻结	大	1213	111.00	1111	新	否	北京	哈尔滨	修改/删除
123213	仍然	有效	大	123	888.00	123	新	否	广州	海口	修改/删除

图 5-15

在添加车辆时，要根据产销用户的需要来选择发车地和到达地。

三、产销用户与配送用户签订配送合同

1. 业务洽谈

产销用户在发布物流信息后，选择学生主界面的“信息平台”，在“最新货源信息”中，可以

看到刚才发布的货源,其他同组学生登录成功后也可以在此看到该货源。当配送用户选择货源名称时,可以针对该货源进行洽谈。双方点击“洽谈”后就可进行洽谈了。如图 5-16 所示。

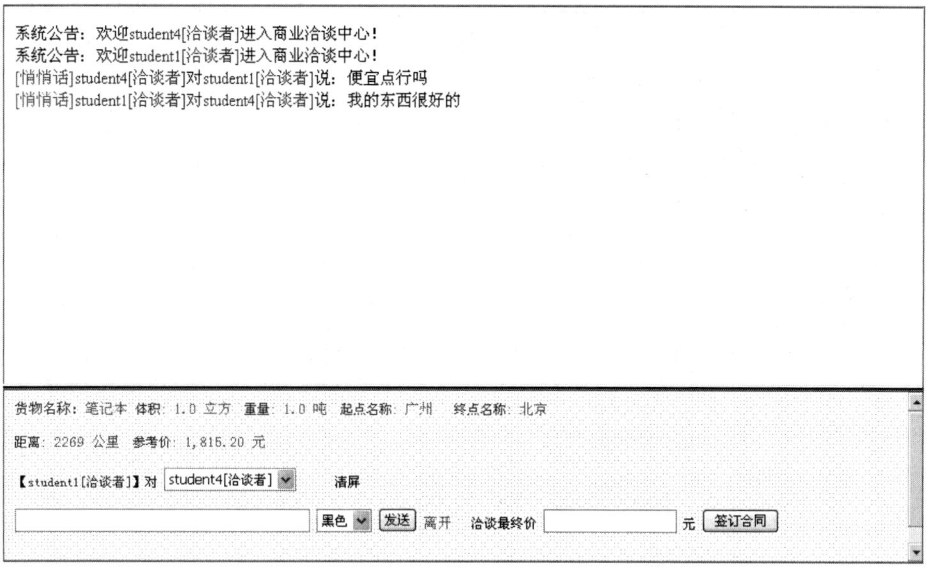
系统公告：欢迎student4[洽谈者]进入商业洽谈中心!
系统公告：欢迎student1[洽谈者]进入商业洽谈中心!
[悄悄话]student4[洽谈者]对student1[洽谈者]说：便宜点行吗
[悄悄话]student1[洽谈者]对student4[洽谈者]说：我的东西很好的
货物名称：笔记本 体积：1.0 立方 重量：1.0 吨 起点名称：广州 终点名称：北京
距离：2269 公里 参考价：1,815.20 元
【student1[洽谈者]】对 student4[洽谈者] 清屏
黑色 发送 离开 洽谈最终价 元 签订合同

图 5-16

2. 签订合同

洽谈完毕后,就可以签订合同。签订合同的前提是首先装有 CA 证书,否则系统会提示用户申请认证。产销用户首先签(只有产销用户的界面才有签订合同),如图 5-17 所示。

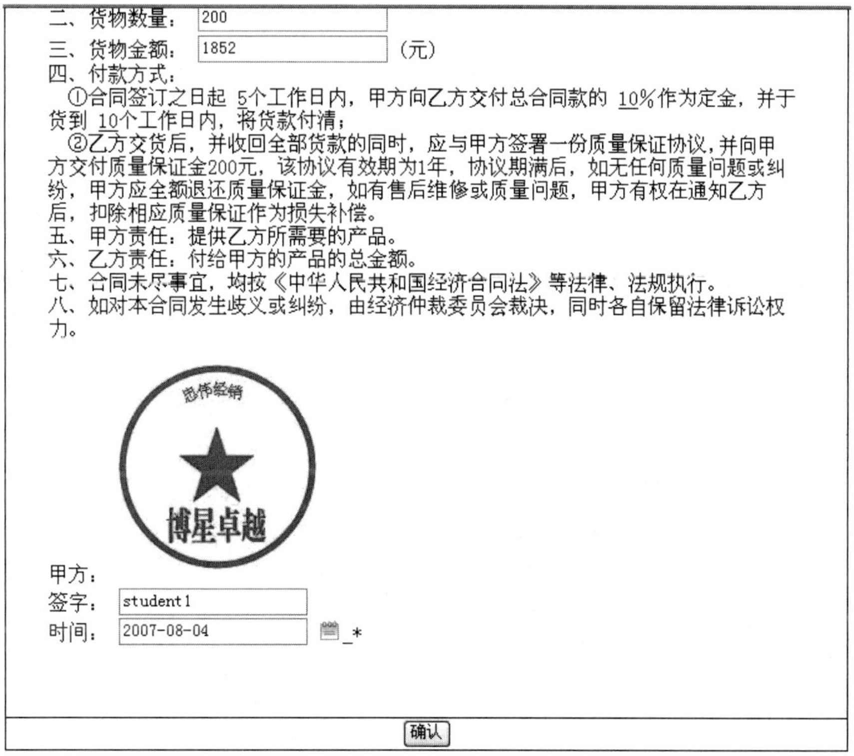
二、货物数量：200
三、货物金额：1852（元）
四、付款方式：
①合同签订之日起 5个工作日内，甲方向乙方交付总合同款的 10%作为定金，并于货到 10个工作日内，将货款付清；
②乙方交货后，并收回全部货款的同时，应与甲方签署一份质量保证协议，并向甲方交付质量保证金200元，该协议有效期为1年，协议期满后，如无任何质量问题或纠纷，甲方应全额退还质量保证金，如有售后维修或质量问题，甲方有权在通知乙方后，扣除相应质量保证作为损失补偿。
五、甲方责任：提供乙方所需要的产品。
六、乙方责任：付给甲方的产品的总金额。
七、合同未尽事宜，均按《中华人民共和国经济合同法》等法律、法规执行。
八、如对本合同发生歧义或纠纷，由经济仲裁委员会裁决，同时各自保留法律诉讼权力。
博星卓越
甲方：
签字：student1
时间：2007-08-04 *
确认

图 5-17

模拟真实物流商业运作为主的教学产销用户还可以不用洽谈就直接选择配送用户新建合同。选择操作界面的“电子合同”,点击“新建合同”,如图 5-18 所示。

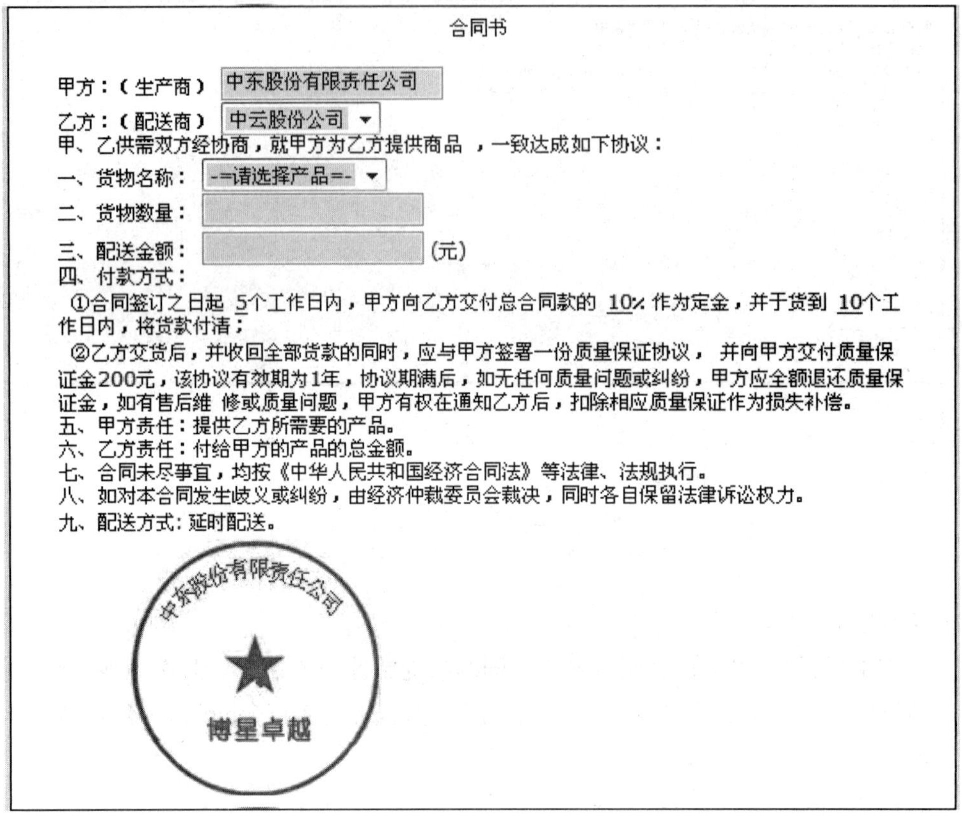
合同书

甲方:(生产商) 中东股份有限责任公司

乙方:(配送商) 中云股份公司

甲、乙供需双方经协商,就甲方为乙方提供商品 ,一致达成如下协议:

一、货物名称: -=请选择产品=-

二、货物数量:

三、配送金额: (元)

四、付款方式:

①合同签订之日起 5个工作日内,甲方向乙方交付总合同款的 10% 作为定金,并于货到 10个工作日内,将货款付清;

②乙方交货后,并收回全部货款的同时,应与甲方签署一份质量保证协议, 并向甲方交付质量保证金200元,该协议有效期为1年,协议期满后,如无任何质量问题或纠纷,甲方应全额退还质量保证金,如有售后维 修或质量问题,甲方有权在通知乙方后,扣除相应质量保证作为损失补偿。

五、甲方责任:提供乙方所需要的产品。

六、乙方责任:付给甲方的产品的总金额。

七、合同未尽事宜,均按《中华人民共和国经济合同法》等法律、法规执行。

八、如对本合同发生歧义或纠纷,由经济仲裁委员会裁决,同时各自保留法律诉讼权力。

九、配送方式:延时配送。

图 5-18

配送用户在产销用户签订合同后,选择“电子合同”可以查看到未处理的合同,如图 5-19 所示。

交易产品	合同甲方	合同乙方	交易产品数目	交易金额	生产商签字时间	操作
电脑	中东股份有限责任公司	中云股份公司	2	44444	2007-12-12 14:44:41	签约 | 废除合同
共1条记录 当前1/1页 首页 上一页 下一页 尾页 转到 1						
返回						

图 5-19

选择“签约”,签约的前提是有 CA 认证,如果没有 CA 认证,系统会提示用户申请 CA 认证,进入签约界面,如图 5-20 所示。

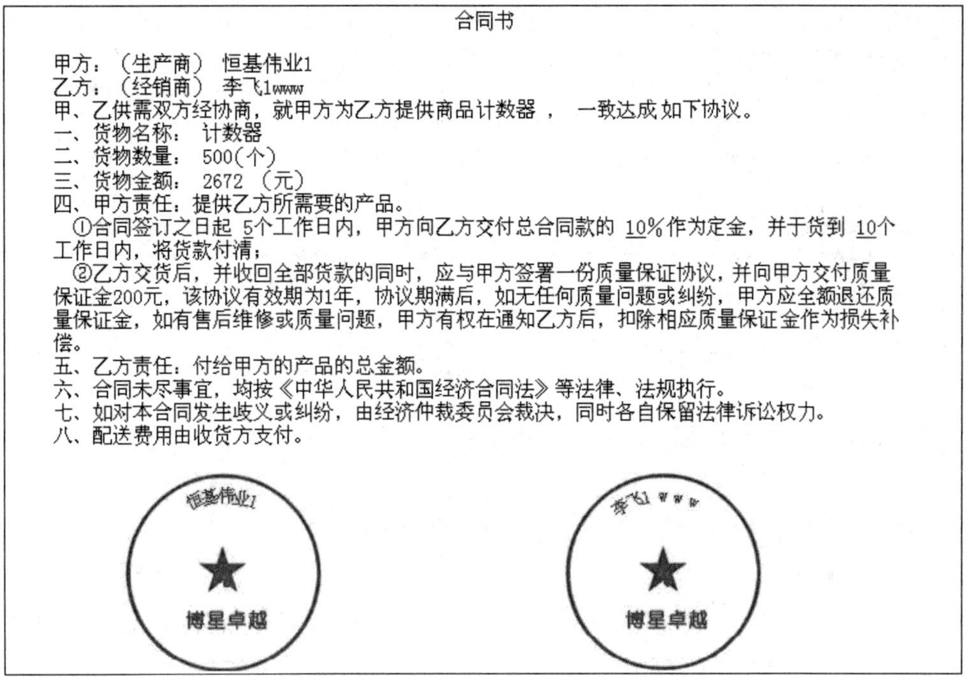

合同书

甲方：（生产商）　恒基伟业1
乙方：（经销商）　李飞1www
甲、乙供需双方经协商，就甲方为乙方提供商品计数器　，　一致达成如下协议。
一、货物名称：　计数器
二、货物数量：　500(个)
三、货物金额：　2672　（元）
四、甲方责任：提供乙方所需要的产品。
①合同签订之日起 5个工作日内，甲方向乙方交付总合同款的 10%作为定金，并于货到 10个工作日内，将货款付清；
②乙方交货后，并收回全部货款的同时，应与甲方签署一份质量保证协议，并向甲方交付质量保证金200元，该协议有效期为1年，协议期满后，如无任何质量问题或纠纷，甲方应全额退还质量保证金，如有售后维修或质量问题，甲方有权在通知乙方后，扣除相应质量保证金作为损失补偿。
五、乙方责任：付给甲方的产品的总金额。
六、合同未尽事宜，均按《中华人民共和国经济合同法》等法律、法规执行。
七、如对本合同发生歧义或纠纷，由经济仲裁委员会裁决，同时各自保留法律诉讼权力。
八、配送费用由收货方支付。

图 5-20

合同签订完毕后，配送用户选择“订单管理”，如图 5-21 所示，点击“添加”生成订单。

以下是您在本节课中的所有订单							按订单状态查询：全部订单	
订单编号	货物名称	体积(立方米)	重量(吨)	运输起点	运输终点	状态	是否国内货	操作
本节课中，您暂无订单信息！								
共0条记录　当前1/1页　首页　上一页　下一页　尾页　　转到 1								
添加　返回								

图 5-21

四、配送用户将货运到仓储中心

如果产销用户选择的是“延时配送”方式，此时，配送用户选择“信息平台”，在“最新企业信息”里选择部门名称为“仓储部门”的公司，如图 5-22 所示。

最新企业信息

物流企业名称	物流企业地址	联系方式	传真	法人代表	网址	部门名称
忠伟经销	中国西安	029-88376387	029-88376387	student1	www.didida.com.cn	产销部门
兴隆产销	中国西安	029-88376387	029-88376387	student4	www.didida.com.cn	产销部门
德兴仓储	中国西安	029-88376387	029-88376387	student2	www.didida.com.cn	仓储部门

更多>>

最新产品信息

产品编号	产品名称	单位	有效否	公司名称	法人代表	联系电话
232	笔记本	台	有效	忠伟经销	student1	029-88376387

更多>>

图 5-22

点击一个仓储部门后，进入图 5-23 所示界面。

物流企业信息

物流企业名称:	测试学生2
联系方式:	029-88376387
传真:	029-88376387
法人代表:	测试学生2
网址:	www.didida.com.cn
部门名称:	仓储部门

查找订单　返回

图 5-23

点击“查找订单”，就可以查看到自己在此节课中所有的订单，如图 5-24 所示。

以下是您在本节课中的所有订单

订单编号	货物名称	体积	重量	运输起点	运输终点	运输种类	状态
BX35104170	化肥	1.00	123.00	广州	海口	急件	仓储中心查找中

共1条记录　当前1/1页　首页 上一页 下一页 尾页　转到 1

【打印本页】

返回

图 5-24

点击“订单编号”查看订单信息，如图 5-25 所示。

订单信息	
订单编号	BX35104170
货物名称	化肥
体积	1.00 立方
重量	123.00 吨
起点名称	广州
终点名称	海口
状态	仓储中心查找中
物流企业名称	测试学生2
仓储策略选择	☐ 121 [应用价格策略:12%/吨]

转交　返回

图 5-25

点击“转交”,至此,订单已交给仓储用户。

五、仓储用户将货物存入仓库

在“物流经理”下,选择“入库管理”,找到订单,如图 5-26 所示。

在本节课中，您将作为“物流仓储中心职员”来参加此次教学实验　物流经理　进入仓储中心　仓库基本信息　国际货贷

入库管理　单据管理

以下是本节中要入库的商品信息　查看库房使用情况

序号	订单编号	产品名称	体积	重量	数量	货主	订单生成时间	操作
332	BX39740929	博星	100.00	100.00	999	测试学生4	2008-08-08 16:50:02	入库

返回

图 5-26

点击“入库”,产生入库审核单据,如图 5-27 所示。

货物入库单审核

审核时间: 2007年08月28日　　编号: BX-1

货主名称:	中东股份有限责任公司	订单编号	BX12943694
货物名称		规格	数量
显示器		普通	500
重量	体积	单位	类型
5.0	50.0	台	国内

验收人: stu176　　保管员: stu176

入库　关闭

图 5-27

点击“入库”，此订单中货物将被入库。选择“物流经理”中的“入库管理”，再点击“查看库房使用情况”，进入如图 5-28 所示界面。

图 5-28

在此图中可以很明确地查看到库房的使用情况。

如果有新的订单入库，其他同组学生登录成功后也可以在此看到该货源，选择仓储中心的“库存管理”，进入如图 5-29 所示界面。

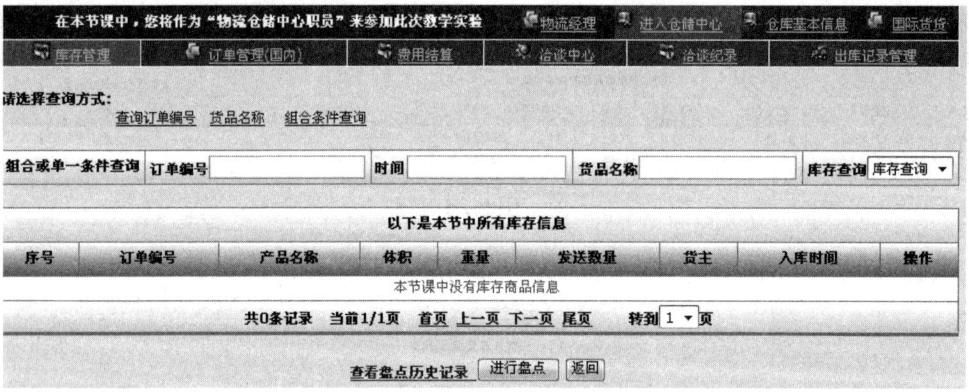

图 5-29

在此可以查看本节课的库存信息，也可以选择右上角的“库存查询”来查看各种不同操作的记录。选择“进行盘点”盘点各种货物的数量并记录。

选择“订单管理”，可以看到刚才的已入库订单的状态，如图 5-30 所示。

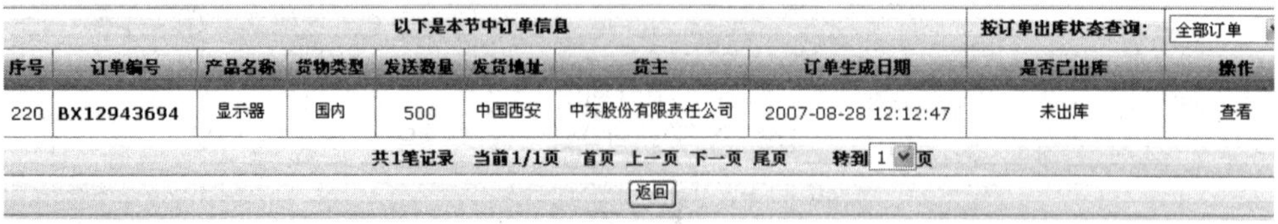

图 5-30

六、货物出库

配送用户在“订单管理”中找到订单，点击“通知出库”，如图 5-31 所示。

BX71939040	巧克力	1.00	1.00	广州	海口	仓储中心处理中	国内	通知出库/删除

图 5-31

仓储用户在配送用户通知出货后，在“订单管理”中找到订单，点击“出库”，此时弹出页面要求确认出库单据，如图 5-32 所示。

货物出库单审核

审核日期: 2007年08月28日　　编号: BX-OUT-1

货主名称:	中东股份有限责任公司	订单编号	BX12943694
货物名称		规格	数量
显示器		普通	500
重量	体积	单位	类型
5.0	50.0	台	国内

审核人: stu176　　出库员: stu176

出库　　关闭

图 5-32

点击“出库”，之后到“费用结算”处计算费用并通知配送用户缴纳仓储费用，如图 5-33 所示。

未收 ○　已收 ○　　统计费用

以下是本节仓储费的账单信息

序号	订单编号	产品名称	金额(元)	发送数量	货主	发货时间	出货单状态	仓储费(元)	费用状态	操作
91	BX95699462	显示器	0	200	学生1产销用户	2007-08-03 17:01:17.0	有效	0.00	未付	通知结算
92	BX9889486	笔记本	0	200	兴隆产销	2007-08-04 10:32:38.0	有效	0.00	未付	通知结算

共2笔记录　当前1/1页　首页　上一页　下一页　尾页　　转到 1 页

返回

图 5-33

点击“统计费用”，系统自动计算仓储费用，再点击“通知结算”通知缴费。

请同学们思考为什么是通知配送用户缴纳仓储费用？为什么不是产销用户？原因在于产销用户已与配送用户达成协议，配送用户代产销用户缴纳仓储费用。

此时，配送用户选择“物流经理”，再点击“订单结算”，选择“结算费用”，如图 5-34 所示。

序号	订单编号	产品名称	金额(元)	发送数量	货主	发货时间	出货单状态	仓储费(元)	费用状态	操作
216	BX35104170	化肥	65731	1	测试学生1	2008-07-21 22:03:5	有效	15829.80	已付	已入账
217	BX71939040	巧克力	534	10	测试学生1	2008-07-22 09:41:0	有效	1650.36	财务处理中	结算费用

图 5-34

此时,仓储用户再回到“订单管理”进行转交,如图 5-35 所示。

以下是本节中订单信息									按订单出库状态查询:	全部订单
序号	订单编号	产品名称	货物类型	发送数量	发货地址	货主	订单生成时间	是否已出库	操作	
163	BX95699462	显示器	国内	200	中国西安	学生1产销用户	2007-08-03 16:36:37	已出库	查看 转交	
164	BX9889486	笔记本	国内	200	中国西安	兴隆产销	2007-08-04 10:25:33	已出库	查看 转交	

共2笔记录 当前1/1页 首页 上一页 下一页 尾页 转到 1 页

返回

图 5-35

点击“转交”,货就交给了配送用户。

七、货物配送

仓储用户把货转交给配送用户后,在“配送管理”中将显示订单的详细信息,如图 5-36 所示。

以下是您在本节课中的所有配送订单									
□	订单编码	产品名称	起点名称	终点名称	发送数量	货物重量(吨)	收货厂商	订单生成时间	操作
□	BX71939040	巧克力	广州	海口	10	1.00	测试学生1	2008-07-22 09:23:33	确认单据 | 配送

图 5-36

首先点击“确认单据”,再选择“配送”,出现如图 5-37 所示界面。

第一步:请先选择您所需要的配送方式

配送方式:	○公路 ○铁路 ○海运 ⊙空运

确定

图 5-37

在此选择配送方式后,进入如图 5-38 所示界面。

第二步:请先选择物流(运输)种类

按照种类名称	==请选择==	放弃
种类名称:	普通	
有效否:	有效	

下一步 取 消

图 5-38

选择种类之后，进入如图 5-39 所示界面。

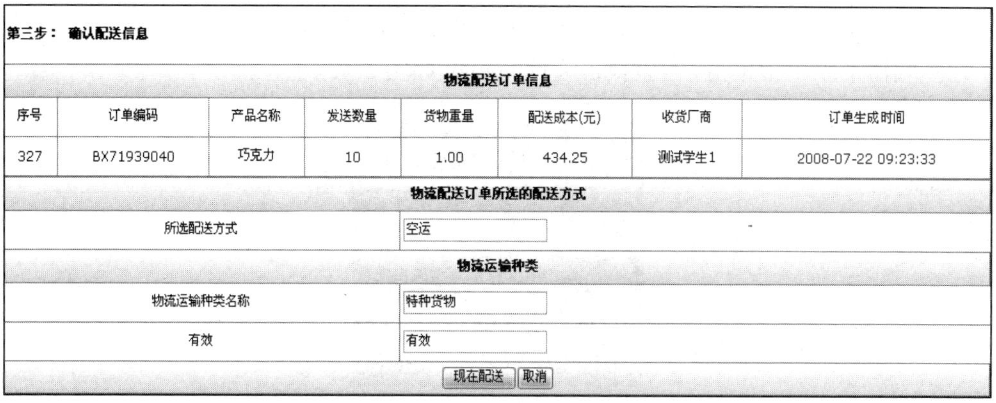

图 5-39

此时，各项准备工作已经做好，选择“现在配送”，就开始配送了。

配送后，可以选择操作界面的“配送记录管理”，如图 5-40 所示。

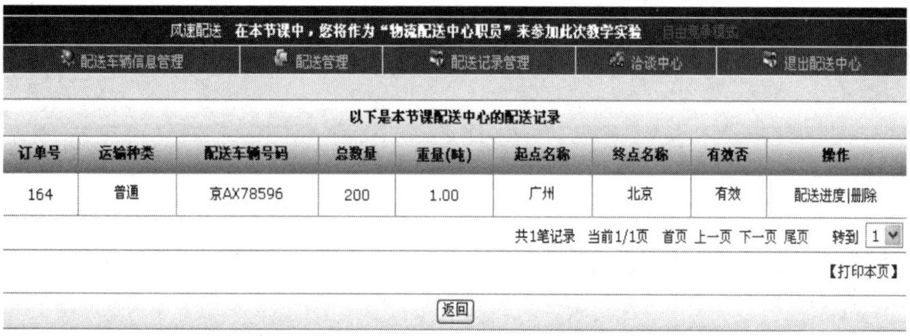

图 5-40

这里记录了每一个配送的详细信息，选择“配送进度”来查看配送进度。

八、货物接收方收货

接收货物的产销用户进入“收货管理”可以查看货物的处理状态和确认收货，如图 5-41 所示。

图 5-41

撰写实验报告

当教师结束本次软件模拟后,学生可以撰写实验报告。

在左侧树形菜单中单击“实验报告管理”选项,如图 5-42。

图 5-42

如图 5-43,点击“实验报告制作”选项,出现如图 5-44 界面。接下来就可以撰写实验报告了。

图 5-43

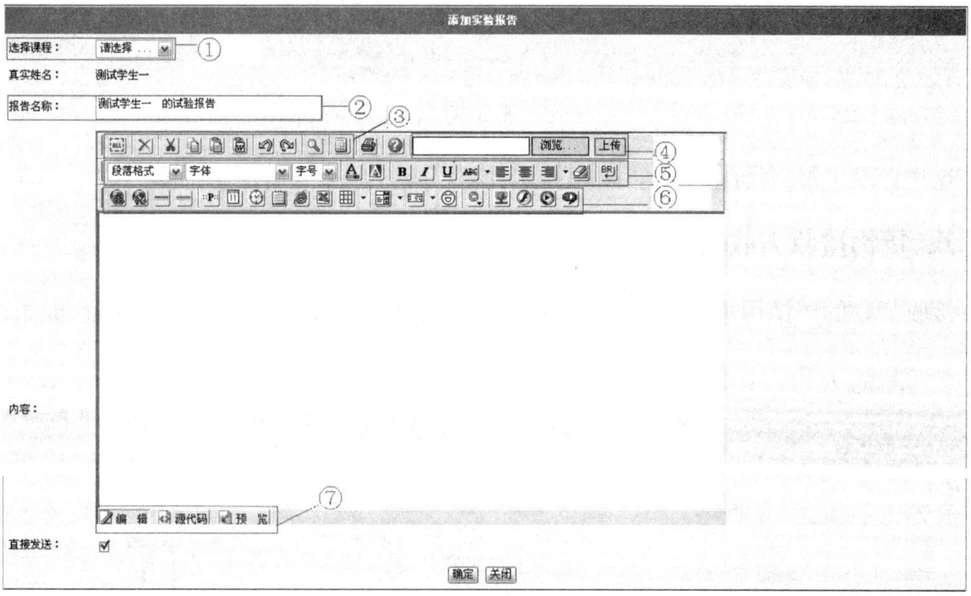

图 5-44

实验报告应结合本次实验的内容撰写,全文分为三部分:实验内容、实验步骤、实验总结。字数不少于 1000 字。

实验报告可直接在软件页面中输入,也可先在Word中编辑完成后复制到软件页面中,或以附件形式上传。因输入文字较多,建议先在Word中编辑并排好版,再复制到系统中提交或上传附件。编辑过程中注意经常保存,防止因电脑故障而造成数据丢失。

图5-44编辑器功能介绍如下。

功能选项①:选择本次的课程名称。

功能选项②:输入实验报告的名称,要求格式为“姓名”+“实验报告”。

功能按钮③:通过这些按钮,可以实现删除、剪切、复制、对齐、编号、缩进等功能,将鼠标放在图标下会有提示。

功能按钮④:首先选择“浏览”找到所要提交的文件,再点击“上传”,这样附件就提交成功了。

功能按钮⑤:通过这些按钮,可以对字体和段落格式进行修改。

功能按钮⑥:通过这些按钮,可以插入超链接、表格、视频文件等。

写完实验报告后,点击“实验报告管理”选项,可查看教师是否给你评分。

实验考核

教师结合学生的实验报告和操作日志综合评分。

实训项目六　电子商务安全CA认证

一、CA证书的含义

数字证书（Certificate Authoritg，CA）是证书的签发机构，它是公共密钥基础杂构技术（Public key Infrastructure，PKI）的核心。CA是负责签发证书、认证证书、管理已颁发证书的机关。它要制定政策和具体步骤来验证、识别用户身份，并对用户证书进行签名，以确保证书持有者的身份和公钥的拥有权。

CA也拥有一个证书（内含公钥）和私钥。网上的公众用户通过验证CA的签字从而信任CA，任何人都可以得到CA的证书（含公钥），用以验证它所签发的证书。如果用户想得到一份属于自己的证书，他应先向CA提出申请。在CA判明申请者的身份后，便为他分配一个公钥，并且CA将该公钥与申请者的身份信息绑在一起，并为之签字后，便形成证书发给申请者。如果一个用户想鉴别另一个证书的真伪，他就用CA的公钥对那个证书上的签字进行验证，一旦验证通过，该证书就被认为是有效的。证书实际是由证书签证机关（CA）签发地对用户的公钥的认证。

二、证书的内容

证书的内容包括电子签证机关的信息、公钥用户信息、公钥、权威机构的签字和有效期等。目前证书的格式和验证方法普遍遵循X.509国际标准。证书实际是由证书签证机关（CA）签发地对用户的公钥的认证。

加密：我们将文字转换成不能直接阅读的形式（即密文）的过程称为加密。

解密：我们将密文转换成能够直接阅读的文字（即明文）的过程称为解密。

如何在电子文档上实现签名的目的呢？我们可以使用数字签名。RSA公开密钥密码体制可实现对数字信息的数字签名，方法如下。

信息发送者用其私钥对从所传报文中提取出的特征数据（或称数字指纹）进行RSA算法操作，以保证发信人无法抵赖曾发过该信息（即不可抵赖性），同时也确保信息报文在传递过程中未被篡改（即完整性）。当信息接收者收到报文后，就可以用发送的公钥进行认证。

认证数字证书和PKI解决了以下几个问题。

①保密性——只有收件人才能阅读信息。

②认证性——确认信息发送者的身份。

③完整性——信息在传递过程中不会被篡改。

④不可抵赖性——发送者不能否认已发送的信息。

实验：CA 证书认证与应用实验

实验概述

CA 是 Certificate Authority 的缩写，是证书授权的意思。它是 PKI 的核心元素，由认证机构服务者签发，它是数字签名的技术基础保障；符合 X.509 标准，是网上实体身份的证明，证明某一实体的身份、其公钥的合法性，以及该实体与公钥二者之间的匹配关系。证书是公钥的载体，证书上的公钥唯一与实体身份相绑定。现行的 PKI 机制一般为双证书机制，即一个实体应具有两个证书，两个密钥对，一个是加密证书，一个是签名证书，加密证书原则上是不能用于签名的。

在电子商务系统中，所有实体的证书都是由证书授权中心既 CA 中心分发并签名的。一个完整、安全的电子商务系统必须建立起一个完整、合理的 CA 体系。CA 体系由证书审批部门和证书操作部门组成。

本次实验主要让学生了解 CA 认证的有关概念，并且动手操作 CA 证书的制作、颁发等过程。这样才能够更加深刻地了解 CA 认证的细节。

实验目标

(1)全面了解有关 CA 的各种概念。如数字签名、CA、PKI。

(2)会使用电子商务教学试验系统中的 CA 模块申请 CA 证书。

(3)以管理员身份制作，颁发 CA 证书。最后查看安全站点。

实验任务

(1)登录系统主界面，点击左侧的 CA，进入 CA 安全中心。

(2)查看关于 CA 的各个理论知识。

(3)申请数字证书。

(4)用管理员身份登录，制作 CA 证书。

(5)导入证书，查看安全站点。

(6)在在线考试模块练习有关本次实验的知识点，再次巩固实验效果。

实验步骤

一、数字认证

登录系统主界面以后，点击左侧的 CA，进入 CA 安全中心。进入图 6-1 所示界面。

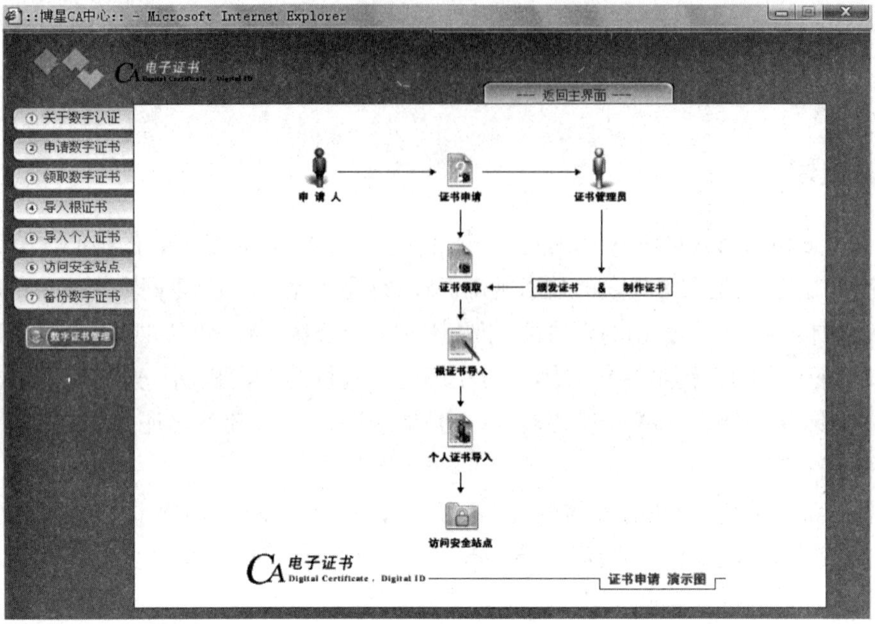

图 6-1

左侧“关于数字认证”是 CA 的理论知识。点击“申请数字证书”,填写相关信息,如图 6-2 所示。

注意:由于数字证书制作工具只识别英文与数字,请申请时使用英文信息。

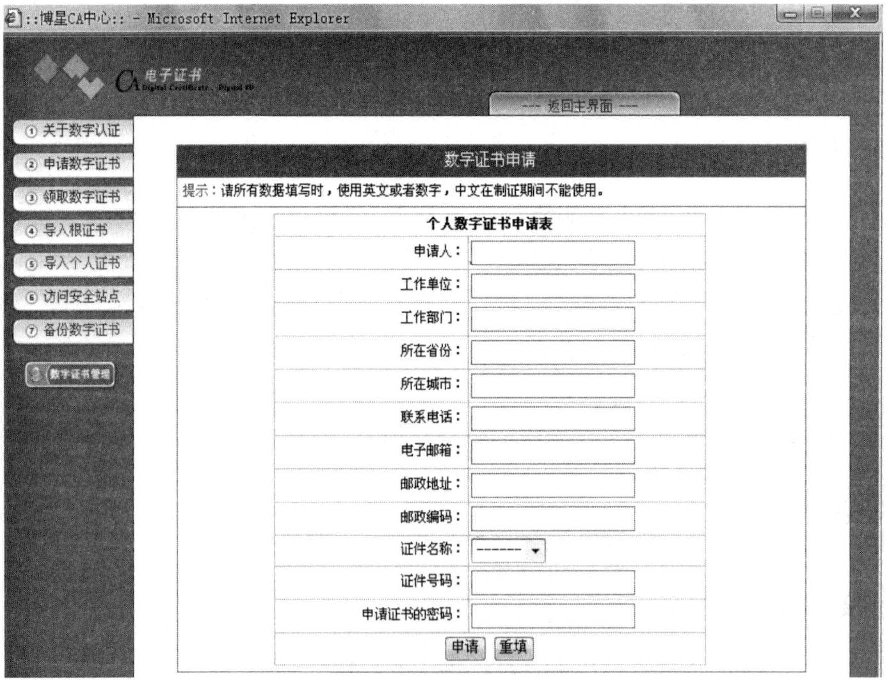

图 6-2

点击“申请”,等待审批和证书发放,如图 6-3 所示。

图 6-3

对用户所申请的证书进行审核通过，如图 6-4 所示。

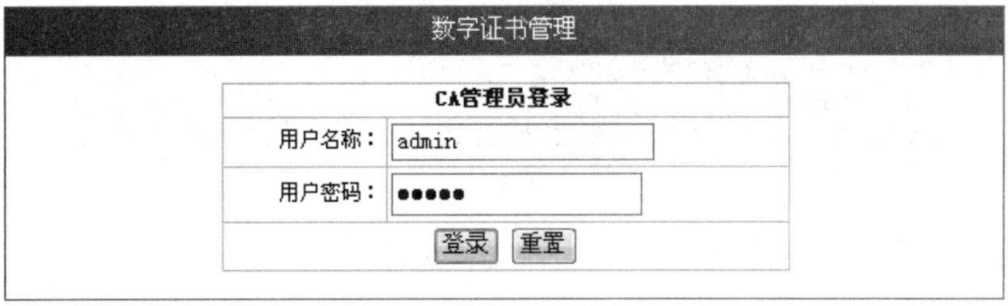

图 6-4

输入管理员用户名、密码，进入管理页面，如图 6-5 所示。

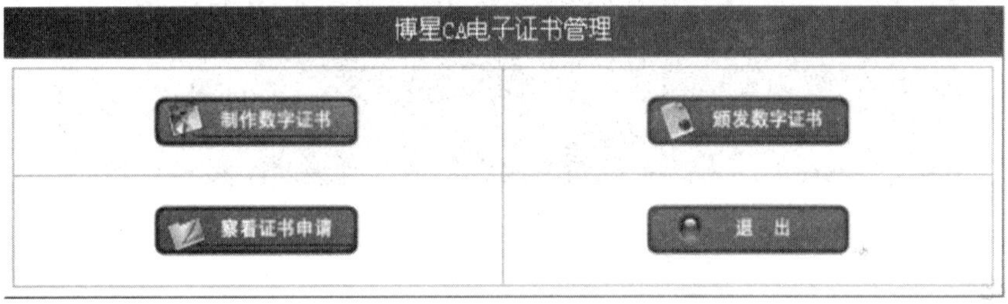

图 6-5

点击“制作数字证书”出现图 6-6 所示界面，即可使用下载数字证书制作工具。

图 6-6

点击“下载”证书制作工具，弹出下载页面，将其保存在本地计算机上，如图 6-7 所示。

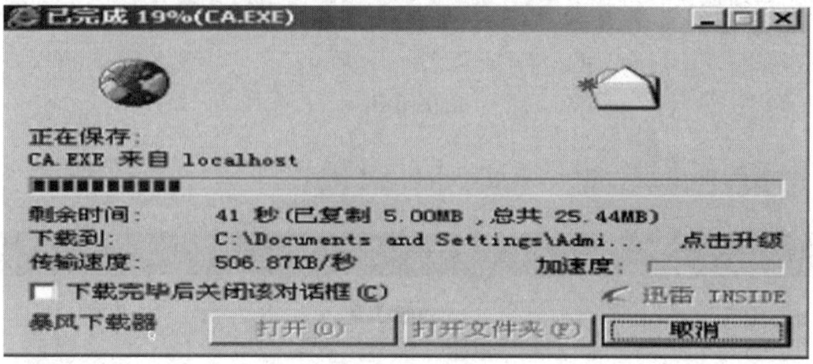

图 6-7

安装证书工具，双击“CA.exe”文件，进入安装界面，如图 6-8 所示。

图 6-8

安装结束后，在桌面生成图标，双击此图标，生成 CA 证书。如图 6-9 所示。

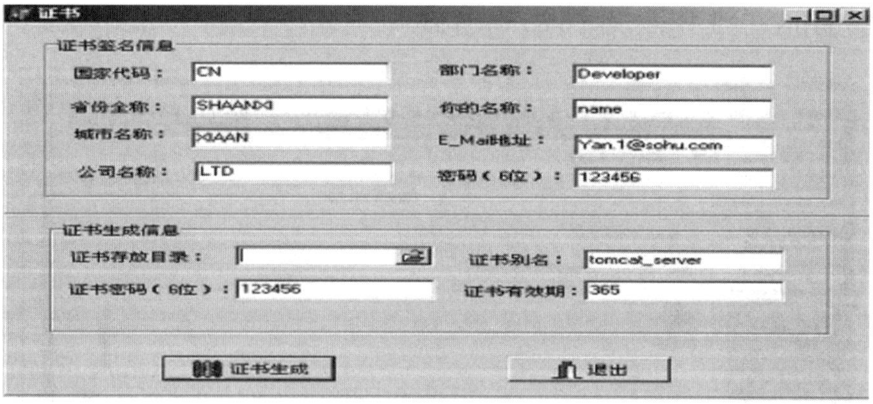

图 6-9

选择证书存放目录,如图 6-10 所示。

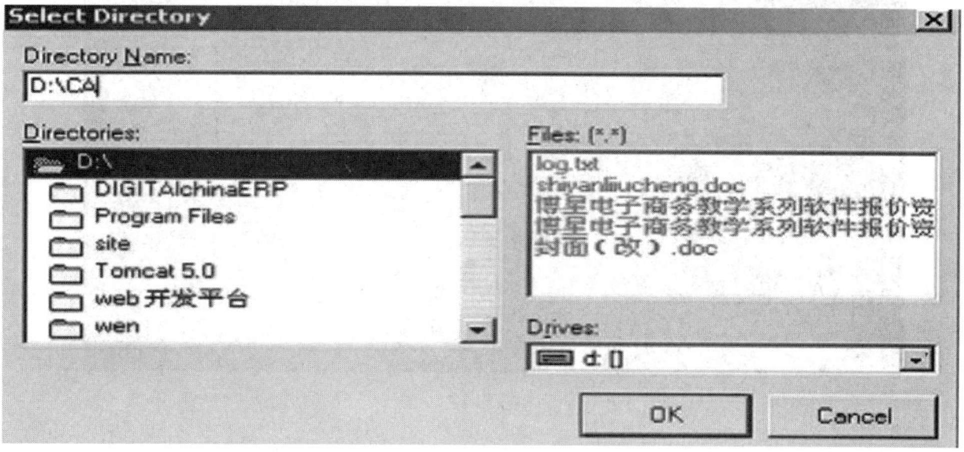

图 6-10

特别提示:选择证书存放目录的绝对地址中不能包含有汉字、空格等特殊字符。否则,将导致证书制作失败,如图 6-11 所示。

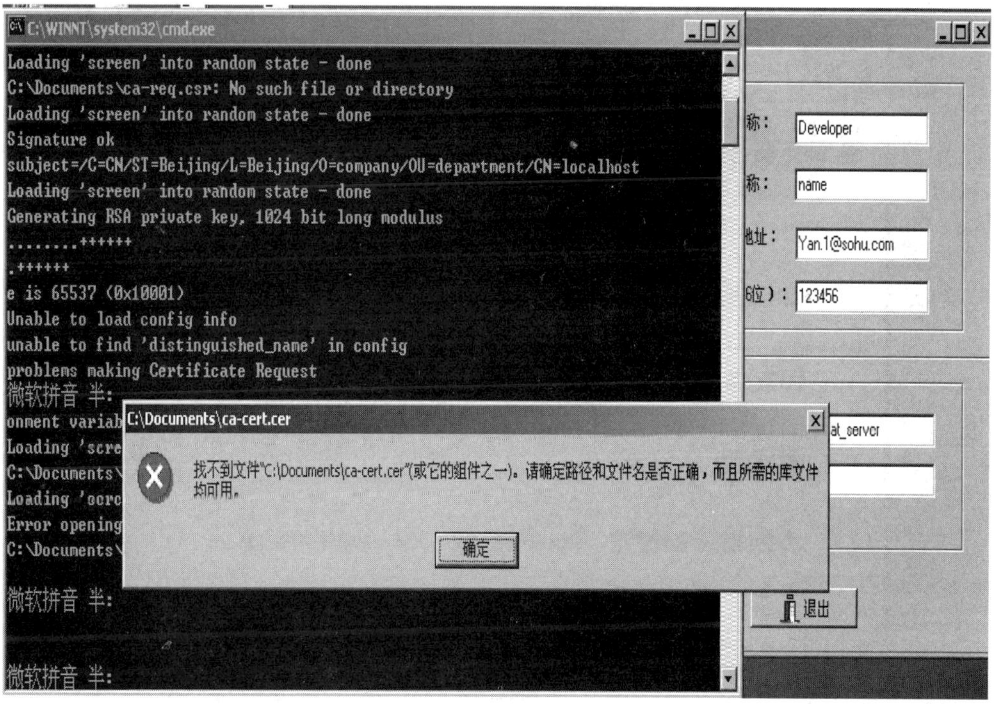

图 6-11

输入正确的路径,系统弹出证书装载页面,按照提示完成操作,如图 6-12 所示。

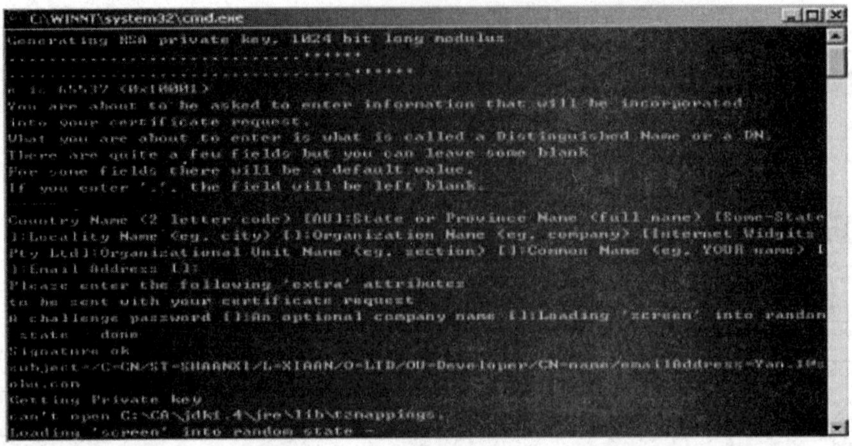

图 6-12

装载完成后，弹出对话框，如图 6-13 所示，点击“安装证书”。

图 6-13

系统提示进入证书安装向导，按照提示完成证书安装，如图 6-14 所示。

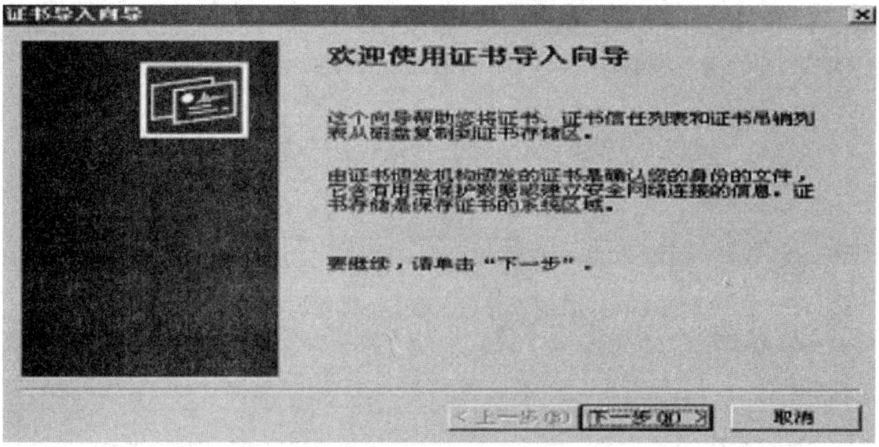

图 6-14

点击“下一步”，证书被安装在本地计算机上，如图 6-15 所示。

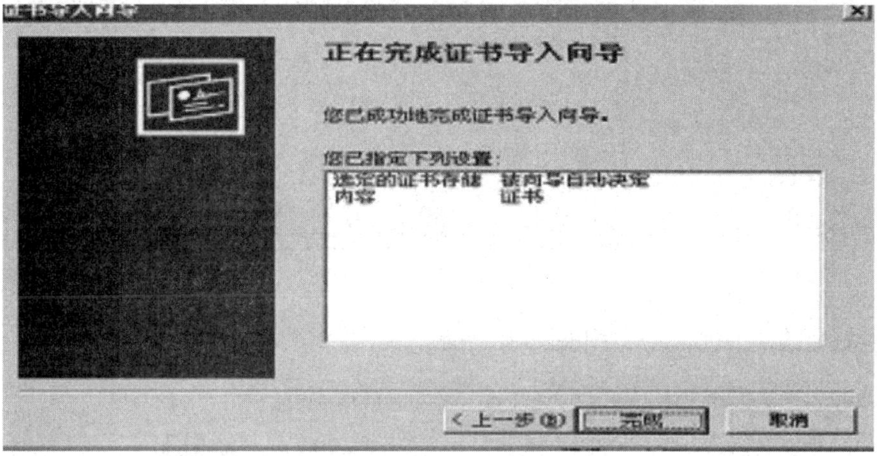

图 6-15

最后，用户看到导入成功页面，如图 6-16 所示点击“确定”，完成安装过程。

图 6-16

在 Internet 属性的【 内容 】菜单中，点击“证书”，如图 6-17 所示。

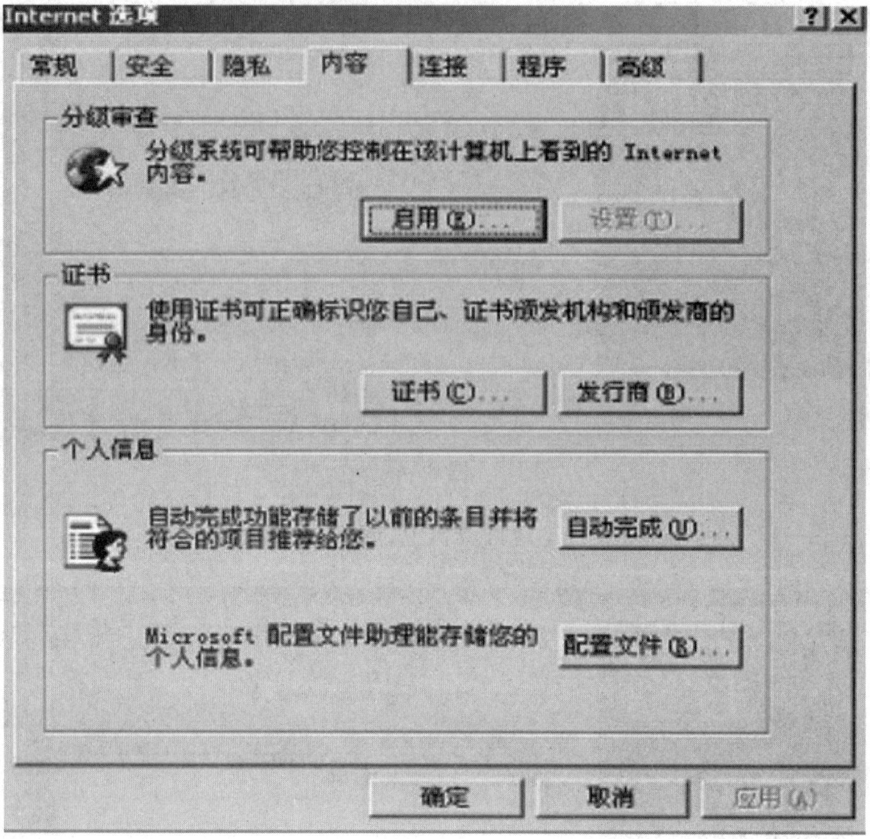

图 6-17

将所安装的证书进行导入，如图 6-18 所示。

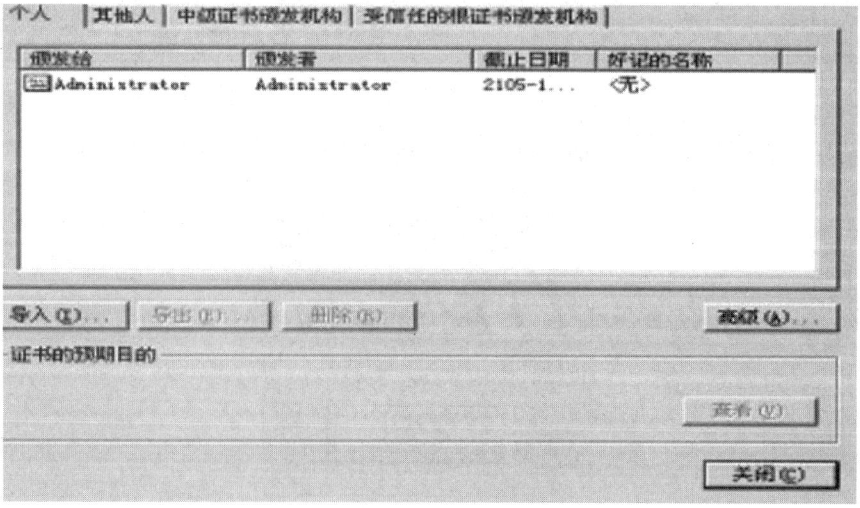

图 6-18

系统提示导入页面，将所安装的证书文件导入，如图 6-19 所示，最终，名为 name 的证书被成功导入。

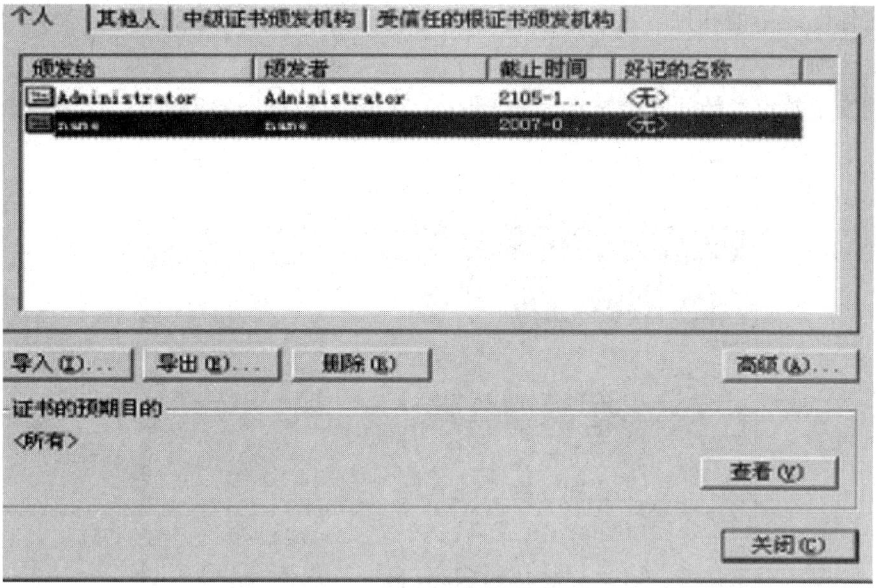

图 6-19

点击“查看”查看证书申请,对用户所申请的证书进行审核,如图 6-20 所示。

数字证书申请信息查看

序号	状态	申请人	班级	操作
1	（已处理）个人数字证书申请	学生1	班级	查看具体
2	（新）个人数字证书申请	学生1	1106班级	查看具体

图 6-20

点击“查看具体”,如图 6-21 所示。

数字证书申请详细资料

[学生1]的个人数字证书申请表　申请时间：2006-01-08 11:59:02.0

申请人：李哲

工作单位：博星科技

工作部门：市场部

所在省份：陕西

所在城市：西安

联系电话：88376387

电子邮箱：catlee@163.com

邮政地址：西安市南二环

邮政编码：710065

证件名称：护照

证件号码：4324324324

申请证书的密码：123123

上传证书[包括根证书、个人证书]

[返回]

图 6-21

确定你已经申请和领取了数字证书,并把根证书与个人证书安装到 IE。如果还没有请先完成上述项。

访问安全站点。访问安全站点,会出现一个安全警报,如图 6-22 所示。

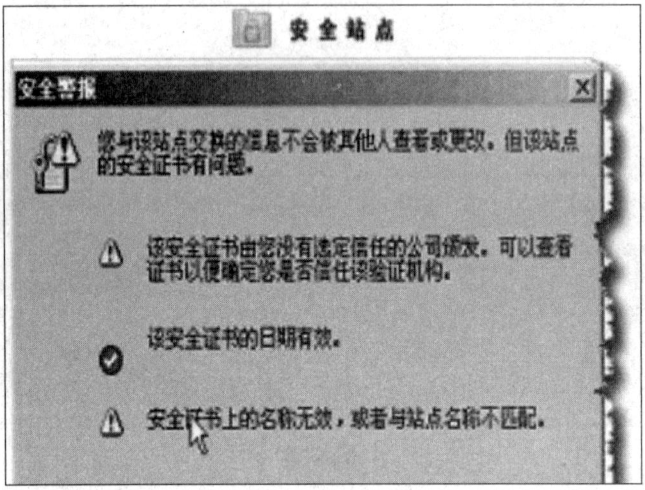

图 6-22

这是由于 SSL 安全访问需要高级 CA 中心颁发的受信用根证书才可通过。

(2)看看 IE 浏览器的右下角多了一个,鼠标放上去会显示:“可靠的 SSL(128 位)”

如果你看不到,说明你的 IE 浏览器认证加密,所以请升级 IE 浏览器到 IE6 SP1,或在线访问微软在线升级网站。另外地址栏由原来的 http 协议,也换成了 https 协议,如图 6-23 所示。

图 6-23

确定你已经申请和领取了数字证书,并把根证书与个人证书安装到 IE 浏览器。如果还没有请先完成上述项。

二、根证书备份

(1)启动 IE 浏览器,选择工具菜单栏的“Internet 选项”(IE4.0 为“查看”菜单栏的“Internet 选项”)。

(2)选择 内容标签栏的证书(C…)按钮,再选择收信任的根目录发行机构标签栏。单击选中要导出的根证书。如图 6-24 所示。

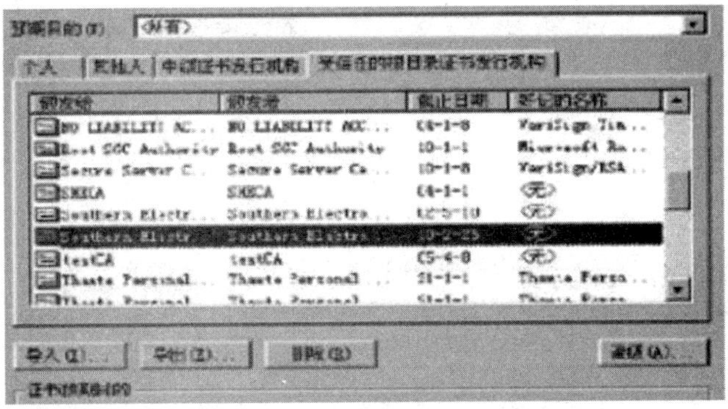

图 6-24

（3）单击上图的“导出”按钮后，出现欢迎使用证书管理器导出向导界面，单击“下一步”，如图 6-25 所示。

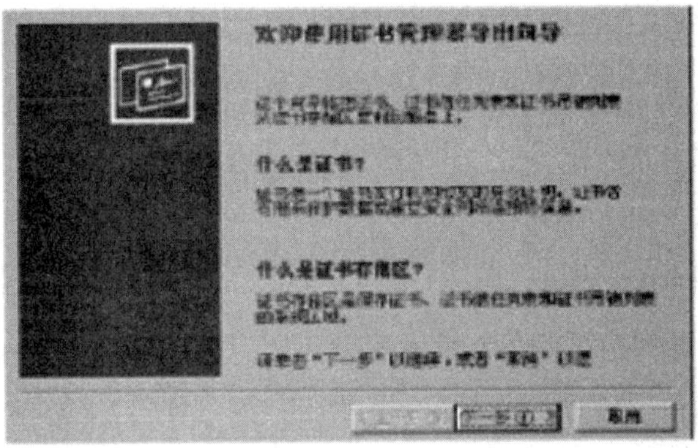

图 6-25

（4）选定要导出的格式，单击“下一步”，如图 6-26 所示。

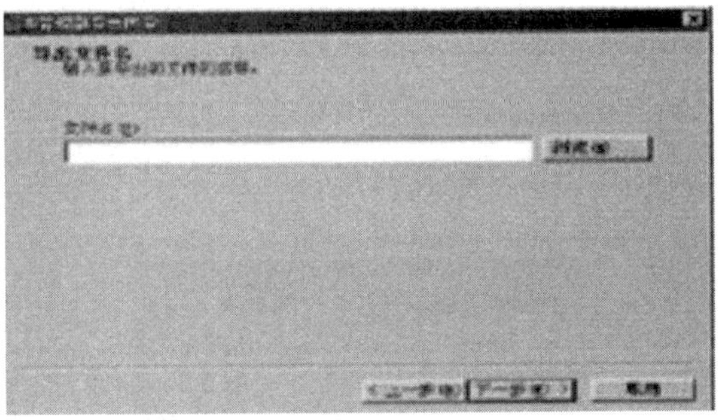

图 6-26

（5）在上图空白处添上要导出文件的路径和文件名，如 A:\classroot 等或单击“浏览”按钮，选择要导出的路径，在空白处添上要导出文件名单击“保存”按钮，如图 6-27 所示。

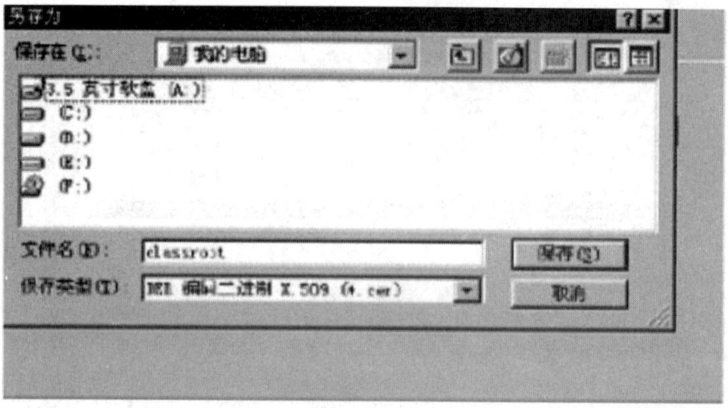

图 6-27

(6)单击图 6-28 的“完成”,此时,会根据您正在完成证书管理器导出向导。

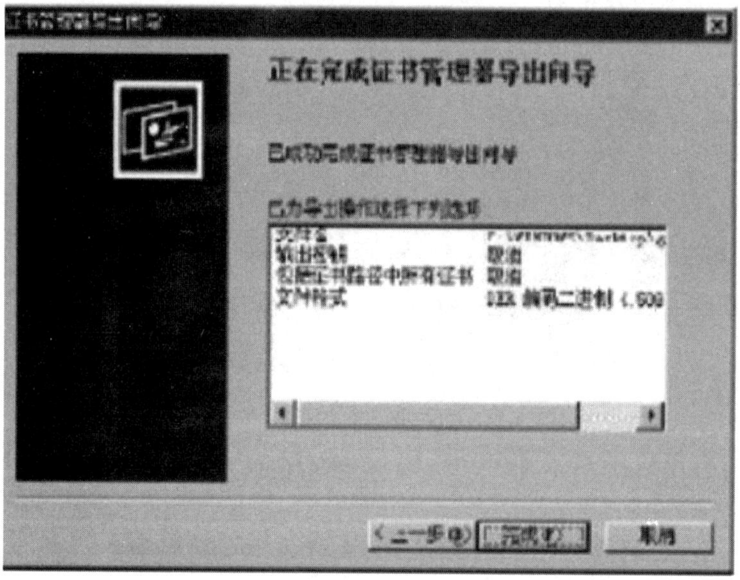

图 6-28

(7)出现证书导出成功提示,单击图 6-29“确定”按钮,即完成根证书导出过程。

图 6-29

三、个人证书备份

(1)启动 IE 浏览器,选择工具菜单栏中的 Internet 选项(IE4.0 为“查看”菜单栏的“Internet 选项”)。

(2)选择内容标签签的证书(C…)按钮,再选择个人标签栏,双击“导出”按钮,如图 6-30 所示。

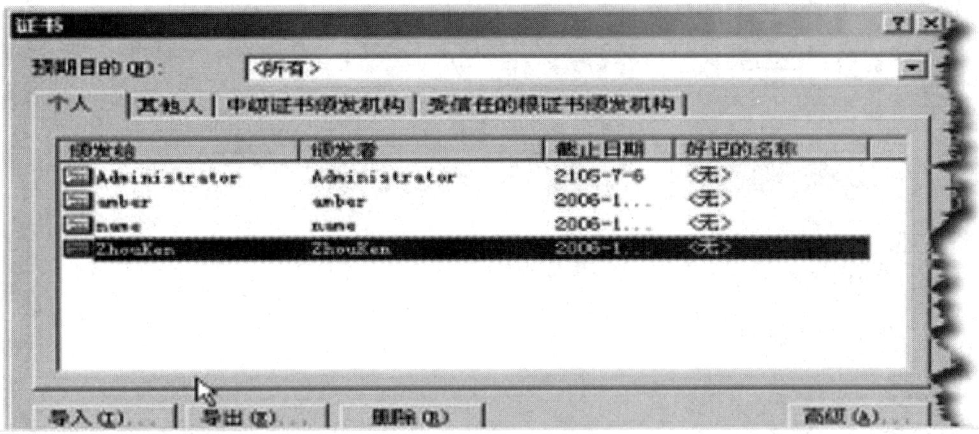

图 6-30

(3)按照证书导出向导进行操作,在系统界面提示“将私钥跟证书一起导出吗?”选择“是,导出私钥”,然后单击“下一步”,如图 6-31 所示。在弹出的对话框中也选择点击“下一步”,如图 6-32 所示。

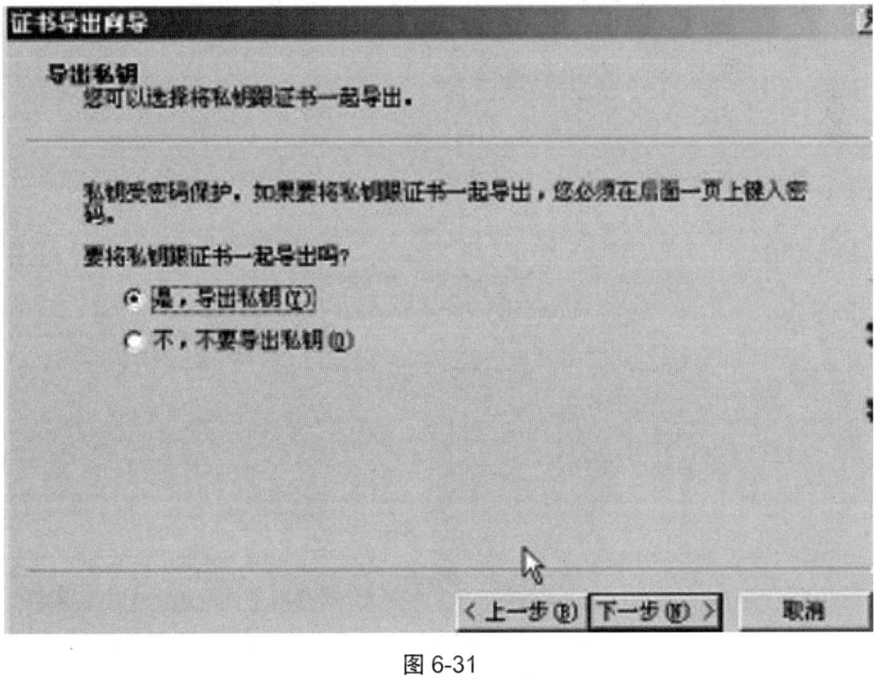

图 6-31

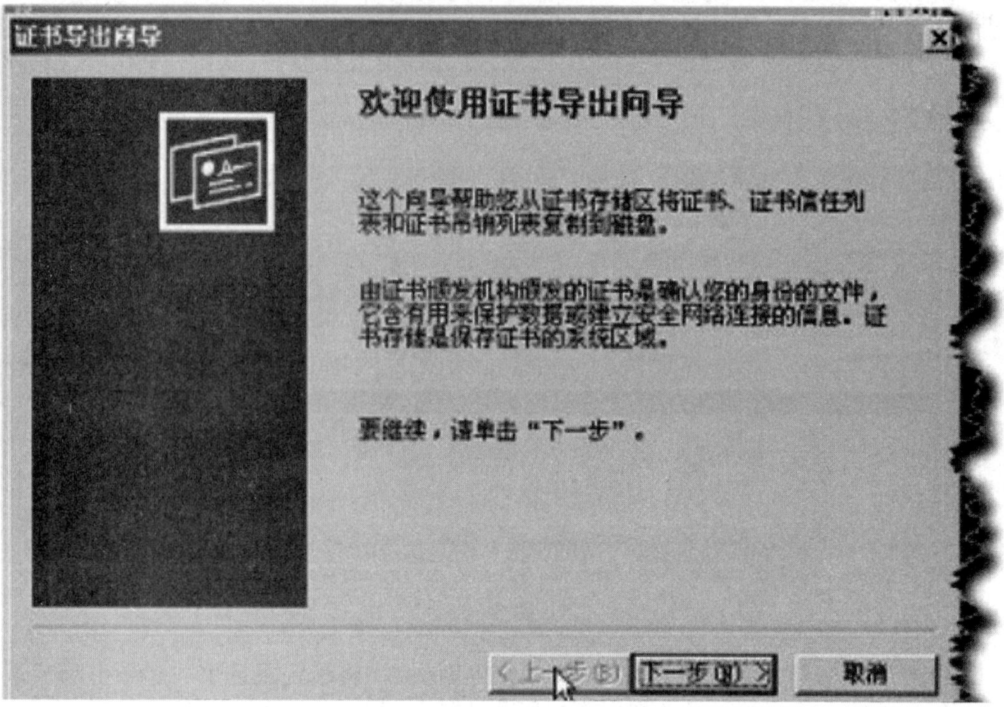
证书导出向导
欢迎使用证书导出向导
这个向导帮助您从证书存储区将证书、证书信任列表和证书吊销列表复制到磁盘。
由证书颁发机构颁发的证书是确认您的身份的文件，它含有用来保护数据或建立安全网络连接的信息。证书存储是保存证书的系统区域。
要继续，请单击"下一步"。
< 上一步(B)
下一步(N) >
取消

图 6-32

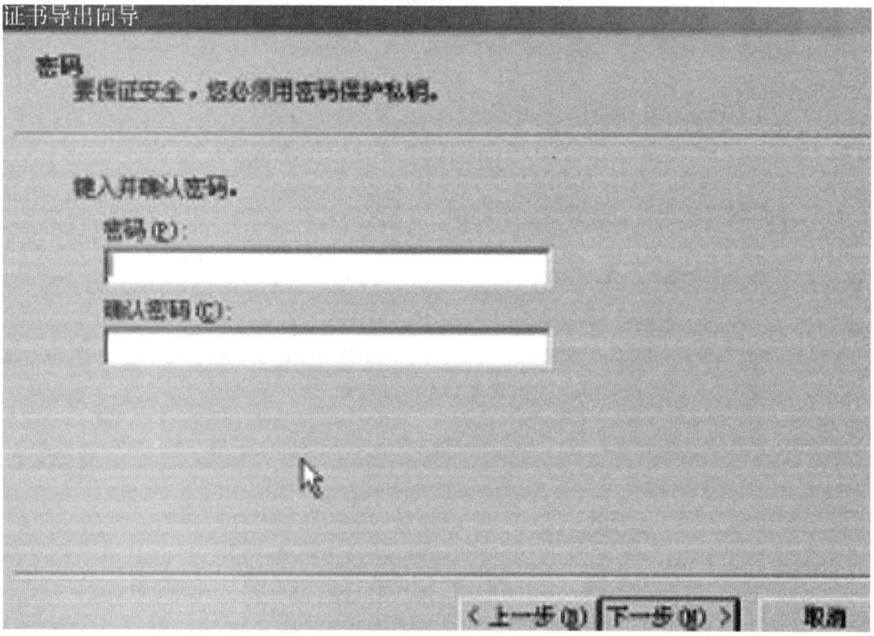
证书导出向导
密码
要保证安全，您必须用密码保护私钥。
键入并确认密码。
密码(P):
确认密码(C):
< 上一步(B)
下一步(N) >
取消

图 6-33

（4）为导出的文件取个文件名（如“Classofb”），并设置密码，如图 6-33 所示。单击“下一步”按钮，再单击“完成”按钮。将会有导出成功的提示，如图 6-34 所示。

图 6-34

实验考核

(1)按照步骤检查是否做完了全部操作。

(2)可以到考试中心进行练习,加深理解。

实验总结

电子商务交易中,安全问题是一个很重要的问题,同时也是影响和制约电子商务发展的一个重要因素。毫不夸张地说,如果能够解决电子交易的安全问题,那么电子商务一定会有突飞猛进的发展。而 CA 安全证书就解决了网上的安全问题,对于网上电子交易来说,做好安全认证将会极大地提高交易成功概率。同学们课后可以在网上查阅有关 CA 的理论知识,进行进一步的学习和理解。

实训项目七　电子数据交换

一、电子数据交换的概念

电子数据交换(Electronic Data Interchange，EDI)是指按照同一规定的一套通用标准格式,将标准的经济信息通过通信网络传输,在贸易伙伴的电子计算机系统之间进行数据交换和自动处理。由于使用EDI能有效地减少甚至最终消除贸易过程中的纸面单证,因而EDI也俗称为“无纸贸易”,是一种利用计算机进行商务处理的新方法。EDI是将贸易、运输、保险、银行和海关等行业的信息,用一种国际公认的标准格式,通过计算机通信网络,使各有关部门、公司与企业之间进行数据交换与处理,并完成以贸易为中心的全部业务过程。

二、电子数据交换的特点和优势

1. 特点

(1)EDI的使用对象是不同的组织之间，EDI传输的企业间的报文,是企业间信息交流的一种方式。

(2)EDI所传送的资料是一般业务资料,如发票、订单等,而不是指一般性的通知。

(3)EDI传输的报文是格式化的,是符合国际标准的,这是计算机能够自动处理报文的基本前提。

(4)EDI使用的数据通信网络一般是增值网、专用网。

(5)数据传输由收送双方的计算机系统直接传送、交换资料,不需要人工介入操作。

(6)EDI与传真或电子邮件的区别是:传真与电子邮件,需要人工的阅读判断后才能进入计算机系统。人工将资料重复输入计算机系统中,既浪费人力资源,也容易发生错误,而EDI不需要再将有关资料人工重复输入系统。

2. 优势

(1)降低了纸张的消费。

(2)减少了许多重复劳动,提高了工作效率。

(3)使得贸易双方能够以更迅速、有效的方式进行贸易,大大简化了订货过程或存货过程,使双方能及时充分地利用各自的人力和物力资源。

(4)改善贸易双方的关系,厂商可以准确地估计日后商品的需求量,货运代理商可以简化大量的出口文书工作,商业用户可以提高存货的效率,提高他们的竞争能力。

由于EDI的使用可以完全代替传统的纸张文件的交换,因此,有人称它为“无纸贸易”或“电子贸易”。

三、电子数据交换的作用

（1）EDI 标准保证了计算机网络自动传送和计算机自动处理文件及数据得以实现。

（2）EDI 标准也保证了网络传输全程实现审计跟踪，这样大大提高了商业文件传送的透明度和可靠性。所谓的审计跟踪，就是报文在交换过程中，系统自动对报文的接收时间、报文大小、收件人、投递时间和收件人读取时间等均作详细的记录和存档，以便该报文发生差错或丢失时，可应要求重构和重发，在发生纠纷时提供举证服务。

（3）标准化的 EDI 格式转换保证了不同国家、不同地区、不同企业的各种商业文件（如单证、回执、载货清单、验收通知、出口许可证、原产地证等）得以无障碍电子化交换，促进了国际贸易的发展。

四、EDI 传输标准和协议

标准：ANSIASCX12、EANCOM、UN/EDIFACT、HIPAA、ODETTE、Roset- taNet、SWIFT、Tradacoms、VDA、VICS。

协议：AS. 是由 IETF 开发的，旨在通过 SMTP 和 S/MIME 提升消息传递的安全性和可靠性。它是第一个可开发、使用签名 AS# 加密、具有 MDN（送达回执）AS 协议。

AS2：采用与 AS1 协议相同的签名 AS、加密和具有 MDN0 AS2 消息通常采用 HTTP 或 HTTPS 协议在互联网上发送。

AS3：是由 IETF 开发的，旨在通过 FTP 提升消息传递的安全性和可靠性。AS3 基于 FTP 协议的安全版本，而不是 HTTP。

AS4：由 OASISebXML 消息传递服务技术委员会的小组开发，可在 web 服务领域提供安全的 B2B 文档交换模式。

ebXML：消息传递服务提供了一个安全的和可靠的基于 SOAP/Web，并按照 ebXML 规格所定义的服务打包、路线规划和传输的协议。

FTP：标准的网络协议，它用于通过一种基于 TCP/IP 的网络（如因特网）交换和操作文件。FTP 是建立在客户端 - 服务器结构上的，实现客户端和服务器应用之间独立的控制和数据连接。FTP 也经常被用作应用组件为程序的内部函数自动传输文件。FTP 用户可使用密码身份验证或匿名用户访问。

FTPS：作为 FTP 的一个扩展，文件传输安全协议增加了对安全传输层协议（TLS）和加密套接字层（SSL）加密协议的支持。FTPS 不同于 SFTP（一个不兼容 SSH 协议的安全文件传输子系统），也不同于安全 FTP（通过 SSH 连接实现隧道 FTP）。

HTTP：超文本传输协议被用于在互联网或其他的计算机网络请求和传输文件，尤其是 Web 页面和 Web 页面组件。在 HTTP 中，Web 浏览器通常作为客户端，而在托管网站的计算机上运行的应用程序作为一个服务器。HTTP 通常都实施 TCP/IP 协议，然而也可以实现互联网或其他网络上的任何协议。

HTTPS：超文本传输协议安全是一个以 SSL/TLS 协议提供服务器加密和安全识别的超

文本传输协议的集合。HTTPS 连接常常用于网上的支付类型交易，以及公司之间的业务系统交换敏感信息。

OFTP 协议：被开发用于为欧洲汽车工业提供一个标准通信平台，已从 20 世纪 80 年代中期使用至今。

OFTP2.0 版：最新版本的 OFTP 标准，从一开始就被设计用于互联网上使用。

SFTP：一个提供了任何可靠数据流的文件访问、文件传输和文件管理功能的网络协议。

实验：电子数据交换 EDI

实验概述

EDI 是一种利用计算机进行商务处理的新方法。EDI 是将贸易、运输、保险、银行和海关等行业的信息，用一种国际公认的标准格式，通过计算机通信网络，使各有关部门、公司与企业之间进行数据交换与处理，并完成以贸易为中心的全部业务过程。

实验目标

（1）熟练掌握有关 EDI 的理论知识，包括系统中 EDI 模块中的 EDI 概念、EDI 的影响、EDI 的标准、EDI 的组成结构等知识。

（2）掌握系统中电子合同模块中的创建合同，根据订单号发送和收取合同。

（3）掌握系统中电子单据模块中的创建新单据，收取单据的操作。

实验任务

（1）登录电子商务系统，进入主界面后，点击主界面左侧的 EDI 进入电子单据中心。

（2）学习有关 EDI 的所有概念。

（3）进行电子合同模块的操作。

（4）进行电子单据模块的操作。

实验步骤

实际上，EDI 的存在是和购买、下订单联系在一起的，我们本次实验只是介绍一下系统 EDI 的功能，具体的应用在后面的 B2B 实验中，同学们会有更深刻的体验。

登录电子商务教学系统主界面，点击左侧的 EDI 模块，进入图 7-1 所示界面。

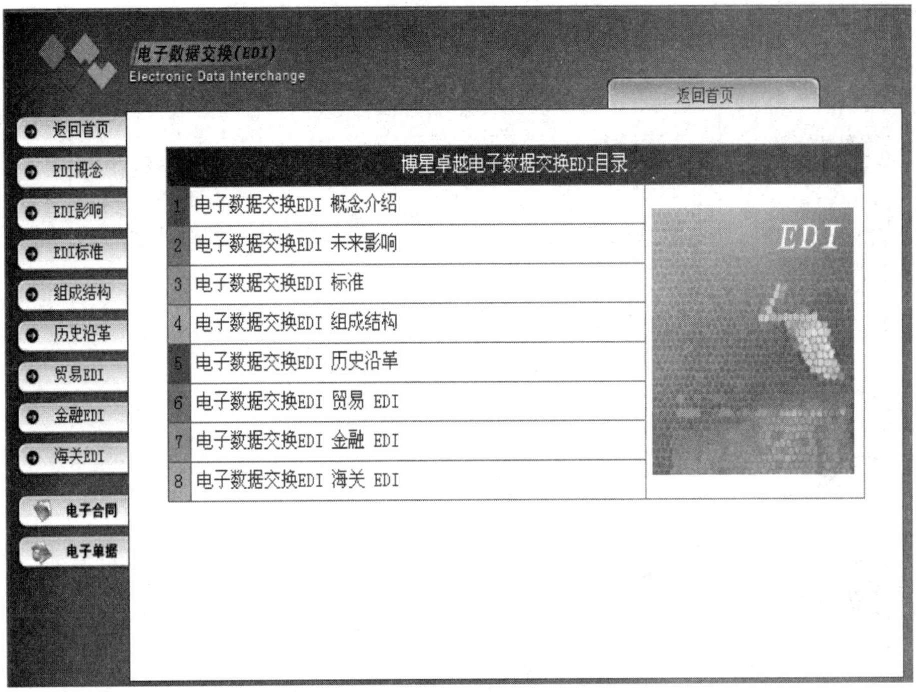

图 7-1

点击“电子合同”，进入图 7-2 所示界面。

图 7-2

电子合同处是有关于合同的各项操作，点击“创建新合同”即可创建一个新的合同，如图 7-3 所示。

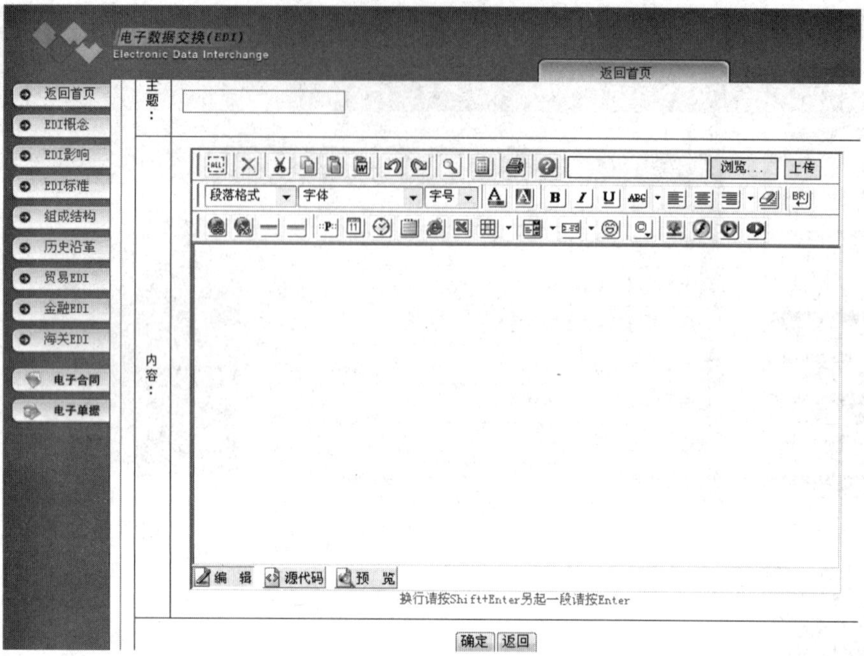

图 7-3

填写合同的主题和内容后提交,然后在已创建合同里找到该合同,根据订单号发送合同。此页面还提供了合同模板查看功能,可以查看标准的合同格式。也可以在“收取合同处”收取别人发送给自己的合同。

点击“电子单据”,进入图 7-4 所示界面。

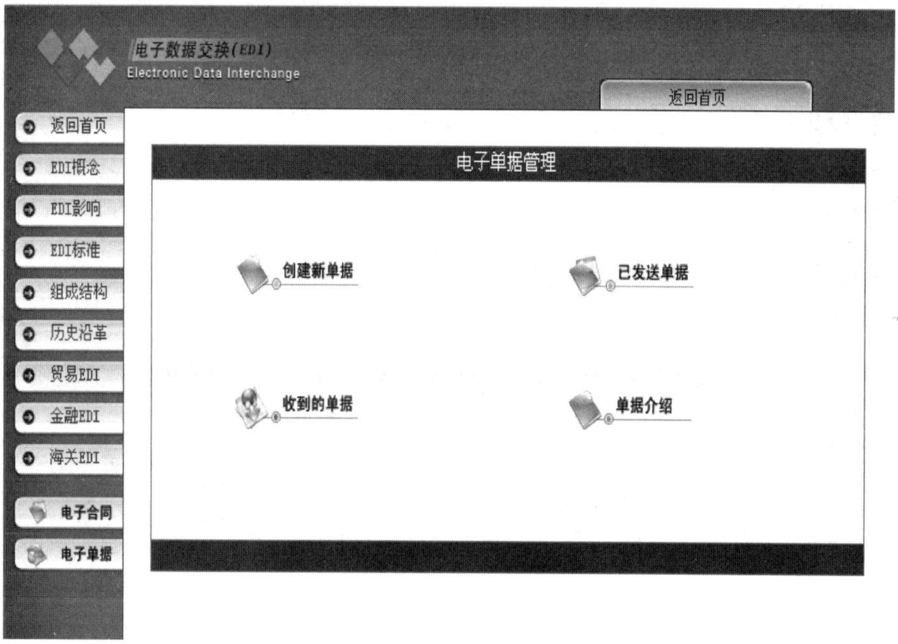

图 7-4

当涉及网上付账的环节,就会用到电子单据,电子单据是一种契约。根据我们系统中流程的设计,当付账后,就会进入电子单据模块进行开、收电子单据。大家可以在“单据介绍”里查看有关单据的概念。

此次 EDI 实验,只是单独地让学生了解了一下有关 EDI 的概念和作用,在下面的 B2B 综合实验中,同学们会更深刻地体会到 EDI 在电子商务交易中的作用。

实验考核

(1)学生登录系统,根据实验指导书的步骤进行实验。

(2)完成实验以后,进入考试中心进行本次实验的练习,巩固实验效果。

实验总结

EDI 的发展是电子商务交易网络化的必然结果,由于 EDI 在商业领域的大量使用,越来越多的商业单证是由计算机应用程序生成的。因此,EDI 变成了电脑应用程序之间所进行的信息交换。EDI 所支持的电子转账(EFT)和电子支付系统的广泛应用使支票和其他的传统纸面付款凭证将会大量减少。同时,EDI 不仅大大简化了纸面单据的处理,节省了纸张,而且将使银行的运作出现转型。网上银行的转账将是未来的必然趋势。EDI 会使企业的营销功能变得越来越重要,而推销功能退居其次。EDI 无疑会促使未来商业伙伴之间的运作方式发生根本性的转变。所以,EDI 是未来世界经济发展中的一个重要的基础设施。因为它不仅是一种新的通信技术和传递方式,而且也是联系国际生产和国际商务活动的重要桥梁。

目前,人们更多的是从商业角度而不是从技术角度去考虑 EDI 的发展,因为商业领域是 EDI 的动力源泉,也是 EDI 广泛应用的场所。从 EDI 在各国的发展趋势看,EDI 在商业领域中的应用和发展将会给国际商务活动乃至全球的社会活动带来一场结构性的革命。

大家在实验课后可以多学习有关 EDI 的知识,为以后电子商务交易的发展做出自己的贡献。

实训项目八　网络营销

一、网络营销的定义

网络营销（On-line Marketing 或 E-Marketing）就是以国际互联网络为基础，利用数字化的信息和网络媒体的交互性来辅助营销目标实现的一种新型的市场营销方式。简单地说，网络营销就是以互联网为主要手段进行的，为达到一定营销目的的营销活动。

二、网络营销的特点

（一）具有鲜明的理论性

网络营销是在众多新的营销理念的积淀、新的实践和探索的基础上发展起来的。网络营销理念吸纳了众多新的营销理念的精髓，但又不同于任何一种营销理念。计算机科学、网络技术、通信技术、密码技术、信息安全技术、应用数学、信息学等多学科的综合技术，给予了网络营销以沉重的技术铺垫；20 世纪下半叶以来多种营销理念的积极探索，给予网络营销以丰富的学术内涵；近些年来电子商务和网络营销的多种开拓和实践，给网络营销以冷静的思索和理性升华的机遇和可能。

（二）市场的全球性

网络的连通性，决定了网络营销的跨国性；网络的开放性，决定了网络营销市场的全球性。在此以前，任何一种营销理念和营销方式，都是在一定的范围内去寻找目标客户。而网络营销，是在一种无国界的、开放的、全球的范围内去寻找目标客户。市场的广域性、文化的差异性、交易的安全性、价格的变动性、需求的民族性、信息价值跨区域的不同增值性及网上顾客的可选择性不仅都给网络经济理论和网络营销理论研究，提供了广阔的发展空间和无尽的研究课题而且这种市场的全球性带来的是更大范围成交的可能性，更广域的价格和质量的可比性。而越是可比性强，市场竞争越发激烈。

（三）资源的整合性

在网络营销的过程中，将对多种资源进行整合，将对多种营销手段和营销方法进行整合；将对有形资产和无形资产的交叉运作和交叉延伸进行整合。这种整合的复杂性、多样性、包容性、变动性和增值性具有丰富的理论内涵。需要我们下功夫，花力气进行深入的研究。特别是，营销商务软件在这种多维整合中发挥了重要作用，扮演了重要角色。无形资产在营销实践中的整合能力和在多种资源、多种手段整合后所产生的增值效应，也是对传统市场营销理念的重大突破和重要发展。

（四）明显的经济性

网络营销具有快捷性，因此，将极大地降低经营成本，提高企业利润。形成和促成网络营销经济性的有诸多原因：如资源的广域性、地域价格的差异性、交易双方的最短连接性、市场开拓费用的锐减性、无形资产在网络中的延伸增值性，以及所有这一切对网络营销经济性的关系和影响，都将使我们极大地降低交易成本，给企业带来经济利益。网络营销的经济性以及由此带来的明显效果，必将清晰、鲜明地显现出来。

（五）市场的冲击性

网络的进击能力是独有的。网络营销的这种冲击性及由此带来的市场穿透能力，明显地挑战了4P[①]和4 C[②]理论。网络营销在进击时是主动的、清醒的、自觉的。什么也没有忘记。无论是在信息搜索中的进击，还是在发布后的进击，都是在创造一种竞争优势，在争取一批现实客户，在获取一些显在商机，在扩大着既有优势的范围。网络营销具有整合性、交互性、成长性和经济性等特征，网络营销已成为营销方式中必不可少的营销手段。本模块是模拟一个网络营销公司的日常运作过程，因为公司以盈利为第一目的，所以几乎该公司提供的所有服务都要收费。所有的费用都是以电子货币的形式在网上银行中流通。

（六）极强的实践性

所有这一切都说明：网络营销是一门实践性很强的学问。它的理论根底深深扎在网络营销实践的沃土中。网络营销的每一步发展，都呼唤着网络经济理论研究的深入。但是，这种呼唤，只有在网络营销的实践中攀登和开拓的人，才可以听到，才可以感受到，体验到。闭门造车是拿不出网络营销像样的理论成果的，网络营销的实践性还突出的表现在它对以往营销理念的审视性和对新论断广泛的检验性。

三、网络营销的优势

目前，互联网正迅速渗透到社会政治、经济、文化各个领域，进入人们的日常生活，并带来社会经济、人们生活方式的重大变革，为企业营销带来新的契机，越来越多的企业认识到互联网对企业经营发展具有不可替代的重要作用。作为一种全新的营销方式，网络营销具有传统市场营销方式无可比拟的优越性，客观上决定了网络营销必然具有强大的生命力，也必将成为21世纪企业营销的主流，全球企业竞争的锐利武器。

（一）与国际市场的距离缩短

互联网覆盖全球市场，通过它企业可方便快捷地进入任何一国市场，推销自己的产品和服务，网络营销为企业架起了一座通向国际市场的通道。由于网络的开放互联性质，通信实现了信息全球化，网络可以到达线下推销和销售渠道无法到达的地方。通过互联网，企业可以发现世界各个角落的潜在顾客，企业的潜在用户也可以轻松地了解企业的资料并廉价达成交易。因此，网络营销为企业提供了选择范围最大的全球化市场。

（二）减本增益

通过互联网进行商品的买卖，企业的业务是在一种“虚拟市场”的网络环境下进行的，节省了营销与渠道成本，使企业具有低成本的竞争优势。网络营销加强了企业与供应商的

---

① 4P：4个基本策略的组合，即产品（Product）、价格（Price）、推广（Promotion）、渠道（Place）。

② 4C：4C分别指代顾客（Customer）、成本（Cost）、便利（Convenience）和沟通（Communication）。

信息交流，减少了采购费用；建立了企业与消费者之间的直接联系，减少了交易环节及销售费用；完成了企业内部信息的共享和交流实时化，实现统一管理，减少了管理费用；网络营销使企业和消费者即时沟通供需信息，使无库存生产和无库存销售成为可能，从而降低存储费用。

（三）高效便捷的信息沟通

网络就是信息高速公路，企业可以借助网络多方面收集顾客的需求信息，尤其是个性化的信息，并迅速地做出反应，同样也可以通过网络平台把产品或服务传递给消费者，这些信息传递不仅数量大、迅速和快捷，而且几乎不受时间和地点的限制。以网络为媒体的信息内容十分丰富，网络虚拟市场的信息往往是多媒体，有图片、动画、文字和声音等，不仅有产品和价格信息，还有相关的知识文化信息。

（四）消费者的选择空间大

在互联网上，消费者可以根据自己的需求特点在全球范围内不受地域和时间限制，快速寻找满意的产品，并进行充分比较，以节省交易时间与交易成本。此外，互联网还可以帮助企业实现与消费者的一对一沟通，便于企业针对消费者的个别需要，提供具有特色的个性化服务。

（五）竞争更公平

网络为企业提供了一个真正平等、自由的市场体系，使其具有面临消费者的机会和获取世界各地信息的机会，竞争在网上变得透明而清晰，信誉成了网上竞争新的焦点。来自消费者的信任，绝不会因为是商业巨子还是无名小卒而有所偏差。任何企业都不受自身规模的绝对限制，都能平等地获取世界各地的信息而发展自己。利用互联网，中小企业只需花极少的成本，就可以迅速建立起自己的全球信息网和贸易网，将产品信息迅速传递到以前只有财力雄厚的大公司才能接触到的市场中去。因此，网络营销成为刚刚起步且面临强大竞争对手的中小企业的一个强有力的竞争武器。

四、网络营销的现状

目前，在我国网络营销得到迅猛发展的同时，与发达国家相比，我国网络营销发展的总体水平还较低，主要表现在以下几个方面。

（一）消费者方面

网络营销提供的是一个虚拟的市场，它的前提条件是供需双方互相信任。目前我国有些消费者对网络营销认识不足，主体空位，市场难以定位。部分企业认为网络营销只是建立一个企业网站发布信息，忽视了其在营销、调研、客户分析、产品开发、销售策略、信息反馈、售后服务等方面的作用。当企业信用不足，消费附加费用较高的网络营销对消费者而言是一种高消费行为。而大多数消费者缺乏的是消费信心和消费能力，并不缺时间。由于网络表现产品的直观性较差，消费者担心网上购物的风险、售后服务的保障等因素，结果造成市场形成不了规模。

(二)企业方面

信誉是一个企业的形象，在正常的实物商品交易市场中，不讲信用、失信顾客的事件屡有发生，假冒伪劣产品更是层出不穷，何况在人们看不到、摸不着的网上虚拟市场中购物，大多数消费者总是过分理智化或带有一种不信任感，因此更多的是望而却步。网络营销的前提之一是商家有良好的信誉，除此之外，企业计算机应用水平落后、管理水平落后、经营方式陈旧也是限制网络营销发展的因素。浏览的客户量少，网络给企业创造的效益就减少，从而形成恶性循环；企业的组织结构没有调整为开展网络营销所必需的结构，这也很不利于网络营销活动的开展。

(三)政府方面

网络营销的全球性要求必须建立一个全球化的标准和规则，以保证网络营销活动的实施，所以政府对网络营销活动不宜过多干预，而应遵循电子商务的国际准则，尽量放权于企业，政府所起的作用是扶持和服务。如何建立一个国家的权威机构，来确认网络营销中参与各方的身份，维护交易活动的安全，并确保其权威性和公正性，是我国开展网络营销所面临的一个重要课题。

(四)物流方面

网络营销虽然缩小了企业之间信息虚拟市场上的竞争差距，但对企业的物流水平与能力提出了更高的要求，而目前，我国拥有覆盖全国物流能力的企业寥寥无几，特别是广大中小企业，物流能力不强，效率不高，不能及时与网络用户进行实物交割，已成为阻碍其网络营销发展的主要因素。因此，发展网络营销，需要物流先行。

(五)人才方面

人才是网络经济中最重要的资源，目前企业广泛开展网络营销活动缺乏懂得计算机和网络技术的营销人才，绝大多数企业还不了解网络营销的处理方式，不懂得如何应用电子手段来改进企业经营。为此，企业必须充分利用各种途径、手段，培养和引进素质较高、层次合理、专业配套的网络及经营管理等方面的专业人才，为企业网络营销的发展提供人才保障。

五、网络营销主要方法

(1)搜索引擎营销。

(2)许可 Email 营销。

(3)网络广告。

(4)网站资源合作。

(5)病毒性营销。

(6)网络会员制营销。

(7)微信营销。

(8)新媒体营销。

本章电子商务模拟环境的网络营销公司提供如下服务：认识供求信息平台、搜索引擎、商业信息、网络广告等。

实验一：认识供求信息平台——阿里巴巴

掌握供求信息平台的使用方法，体验供/需双方的角色特点等，通过对供求信息平台的了解和使用，认识供求信息平台的特点和对实现营销目标的作用。

实验目标

（1）分析阿里巴巴为用户提供支付宝、阿里旺旺等工具，能为企业带来的营销收益。

（2）了解诚信通相关内容及其相关流程和收费标准，学习相关成功案例。

实验内容

（1）了解供求信息平台的界面。

（2）注册并登录阿里巴巴。

（3）查找供求信息。

（4）了解诚信通。

（5）学习诚信通成功案例。

实验步骤

（1）登录博星卓越网络营销实践系统，通过营销技能训练子系统的供求信息平台进行认知学习，如图 8-1 所示。

图 8-1

（2）单击“阿里巴巴”打开其首页，如图 8-2 所示。

图 8-2

(3)查找“绿茶”供应信息及排名第一的供应商，如图 8-3 所示。

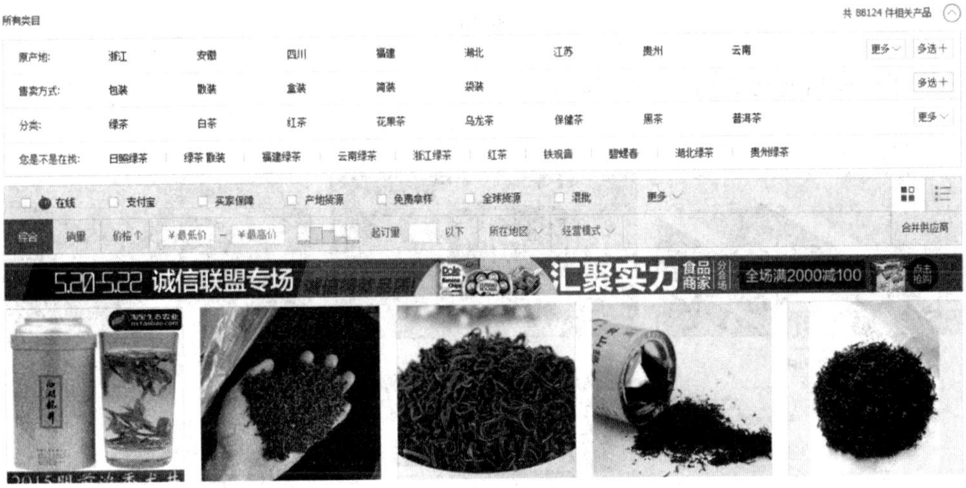

图 8-3

(4)查看产品详细信息，如图 8-4 所示。

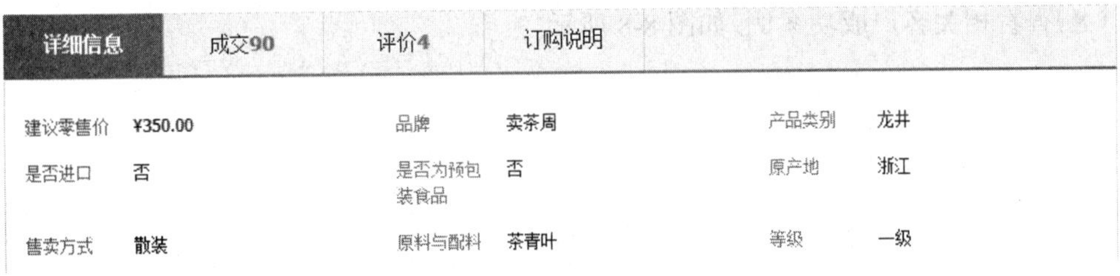

图 8-4

(5)返回产品搜索页面，并在快速筛选里添加搜索条件“陕西——西安——生产加工型——周边 200 公里内”，如图 8-5 所示。

图 8-5

（6）学会了如何查看产品，那么想要在查询结果中让自己的排名提升，就需要注册诚信通，因此，我们需要了解诚信通的申请流程，如图 8-6 所示。

图 8-6

（7）了解诚信通功能，如图 8-7 所示。

图 8-7

（8）查看相关客户成功案例，如图 8-8 所示。

图 8-8

（9）实验完成后，在实验报告管理中，写出相应的实验报告，如图 8-9 所示。

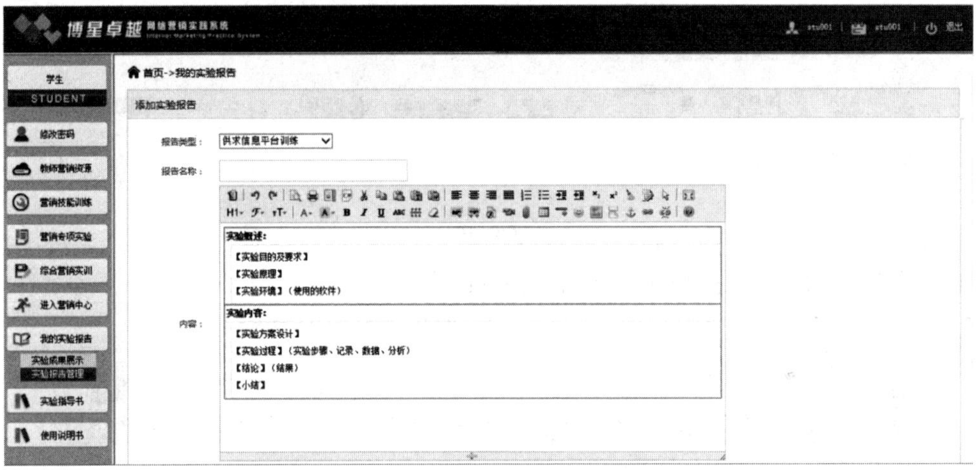

图 8-9

讨论思考

（1）利用供求信息平台发布供应、求购信息的特点。

（2）阿里巴巴提供诚信通、阿里旺旺、支付宝等工具对网站本身和企业两者有什么营销价值？

实验二：阿里巴巴会员注册、发布产品信息

实验目标

（1）了解阿里巴巴会员注册的流程和需要提供的信息。

（2）了解阿里巴巴的信息发布流程、审核原则。

(3)对比阿里巴巴与慧聪网在注册和发布信息功能上有何区别。

实验内容

(1)注册成为阿里巴巴会员。

(2)发布产品供求信息。

(3)查看信息的审核情况。

实验步骤

(1)登录博星卓越网络营销实践系统,通过营销技能训练子系统的供求信息平台,进行浏览以及认知学习,如图 8-10 所示。

图 8-10

(2)单击“阿里巴巴”打开其首页,如图 8-11 所示。

图 8-11

(3)单击“免费注册”,如图 8-12 所示。

图 8-12

（4）填写注册信息并提交，如图 8-13 所示。

图 8-13

（5）登录后在“我的阿里”中单击“发布供应产品”，如图 8-14 所示。

图 8-14

（6）填写需要发布的产品信息，如图 8-15~ 图 8-20 所示。

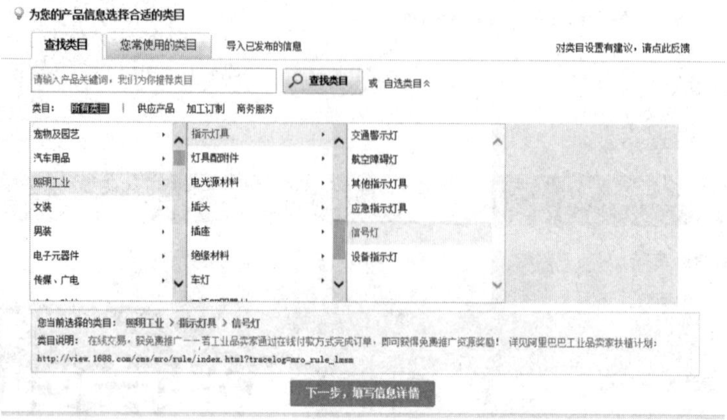

图 8-15

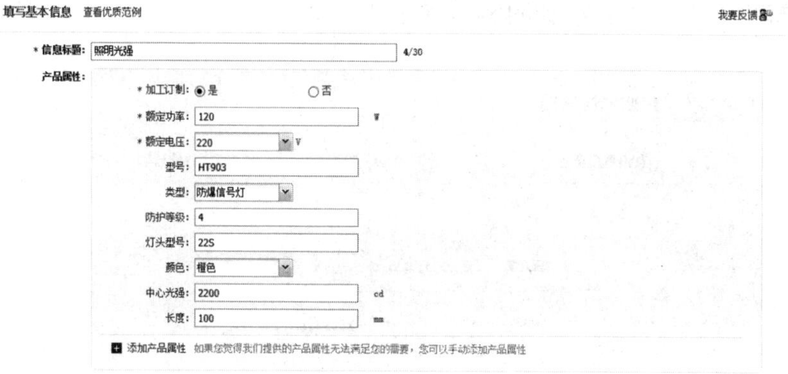

图 8-16

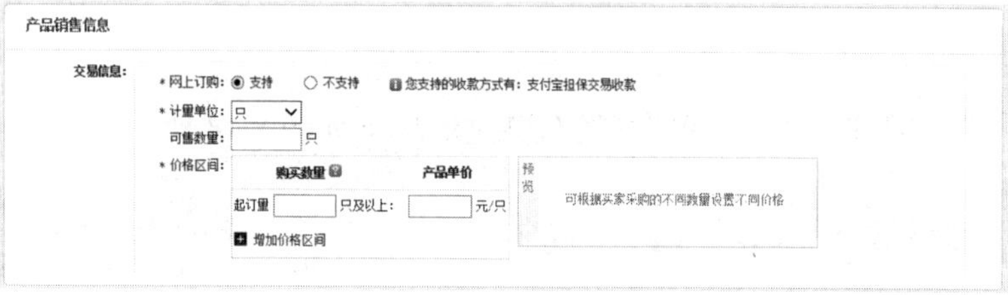

图 8-17

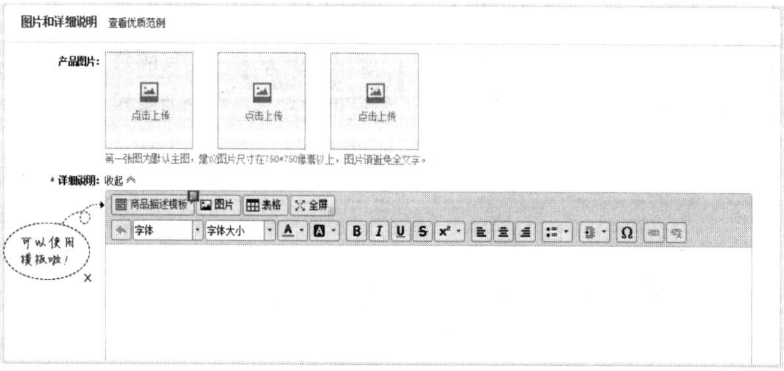

图 8-18

特色服务
智能导购：无智能导购 管理
分阶段付款：支持分阶段付款 根据约定，买家以支付首付款+尾款的形式进行交易 详情
混批：支持混批
您的店铺未设置混批规则 混批规则设置
私密商品：会员特供 图片私密 价格私密 私密商品管理
买家保障：您已开通买保服务，当前保证金金额为：3000元。
交期保障 申请开通 48小时发货 申请开通 15天包换 申请开通
免费拿样：支持免费拿样
您尚未设置拿样规则 立即设置

图 8-19

点此阅读阿里巴巴中国网站总则
同意协议条款，我要发布
预览
保存到草稿

图 8-20

提示：填写产品信息时所有项目都必须填写，否则不能提交（图片除外）。

（7）提交产品信息，会提示信息发布成功，等待审核，如图 8-21 所示。

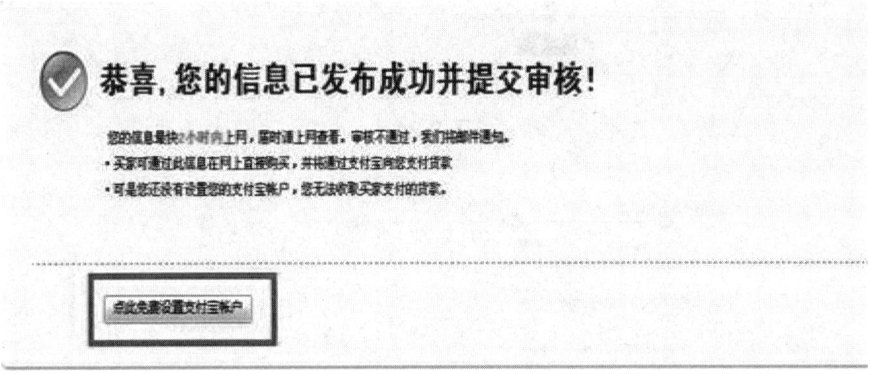
恭喜，您的信息已发布成功并提交审核！
您的信息最快2小时内上网，届时请上网查看。审核不通过，我们将邮件通知。
·买家可通过此信息在网上直接购买，并将通过支付宝向您支付货款
·可是您还没有设置您的支付宝帐户，您无法收取买家支付的货款。
点此免费设置支付宝帐户

图 8-21

提示：为了提高信息审核的通过率，最好注册支付宝（不是必需的）。

（8）注册支付宝，如图 8-22 所示。

支付宝
改变，因我而来

图 8-22

提示:如果没有支付宝账户,就需要注册;如果已经申请过支付宝账户,就可以直接使用。

(9)支付宝注册流程,如图 8-23 所示。

图 8-23

(10)单击“企业账户”按钮,直接进入企业账户注册页面,如图 8-24~ 图 8-26 所示。

图 8-24

图 8-25

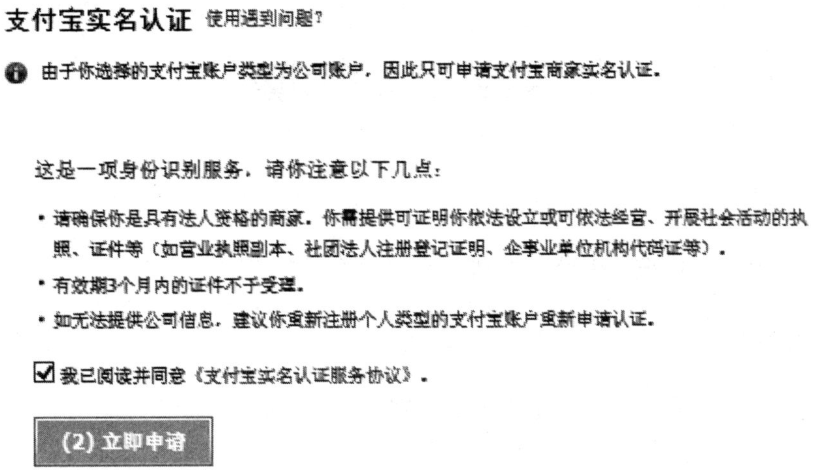
支付宝实名认证 使用遇到问题?
由于你选择的支付宝账户类型为公司账户，因此只可申请支付宝商家实名认证。
这是一项身份识别服务，请你注意以下几点：
• 请确保你是具有法人资格的商家。你需提供可证明你依法设立或可依法经营、开展社会活动的执照、证件等（如营业执照副本、社团法人注册登记证明、企事业单位机构代码证等）。
• 有效期3个月内的证件不予受理。
• 如无法提供公司信息，建议你重新注册个人类型的支付宝账户重新申请认证。
我已阅读并同意《支付宝实名认证服务协议》。
(2) 立即申请

图 8-26

(11)查看刚才发布的信息。

提示:刚发布的信息会在"审核中"栏目显示,审核通过后才会在"已发布上网"栏目中显示,否则会在"审核未通过"栏目中显示。

(12)查看信息审核结果。

提示:如果信息未通过审核,会提示未通过的原因,我们可以根据提示去完善信息,以便通过审核。

(13)查看未通过原因。

(14)实验完成后,在实验报告管理中,写出相应的实验报告,如图 8-27 所示。

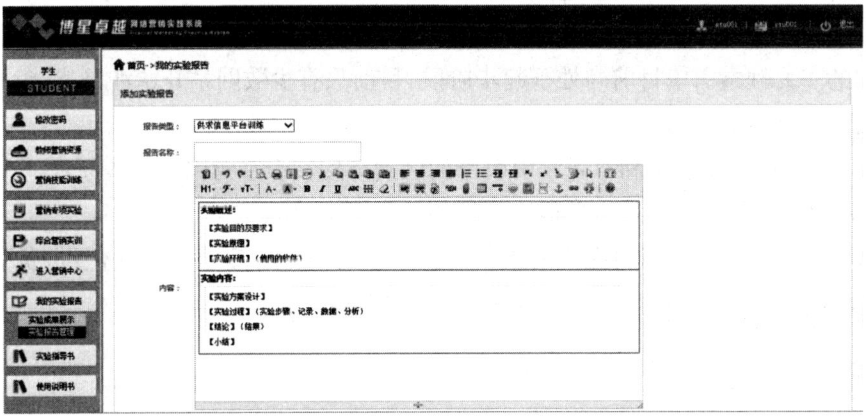
博星卓越
STUDENT
首页->我的实验报告
添加实验报告

图 8-27

讨论思考

(1)阿里巴巴注册需要提供哪些信息?为什么?

(2)如果信息未被审核通过,需要补全哪些信息?为什么?

（3）阿里巴巴的审核机制合理吗？

实验三：搜索引擎

实验目的

认识和了解常见的搜索引擎和类别。

实验内容

理解全文搜索引擎和目录索引引擎的区别。

实验步骤

（1）全文搜索引擎。

谷歌（Google）——以搜索精度高、速度快成为最受欢迎的搜索引擎，是目前搜索界的领军人物。

国内著名的有搜索引擎有百度（Baidu）等。

（2）目录索引。

雅虎（Yahoo）——最著名的目录索引，搜索引擎开山鼻祖之一。

DMOZ（Open Directory Project，http：//www.dmoz.org/）——由义务编辑维护的目录索引。

国内著名的有搜狗、新浪、有道搜索。

（3）多元搜索引擎：Dogpile（http://www.dogpile.com）。

国内的多元搜索引擎目前尚处于起步阶段，目前只有少数网站开始涉足，尚没有非常优势品牌的多元搜索引擎出现。

（4）理解全文搜索引擎和目录索引引擎的区别与搜索引擎营销的基本原理。

（5）理解搜索引擎营销的信息传递过程和目标层次。

（6）了解搜索引擎营销的主要模式：免费登录分类目录；搜索引擎优化；付费登录分类目录；付费关键词广告；关键词竞价排名；网页内容定位广告。

讨论思考

全文搜索引擎和目录索引引擎的区别是什么？

实验四:网络广告

实验目的

通过阅读一些专业咨询公司对网络广告的一些分析报告,了解网络广告对网络营销的作用,如何有效地支持网络营销;认识利用网络广告实现网络营销目的的手段和工具。

实验内容

使用博星卓越网络营销实践系统,利用营销技能训练的网络广告模块,进行认知学习。

实验步骤

(1)了解网络广告的基本知识。

1994年10月27日美国著名的Hotwired杂志推出了网络版的Hotwired,并首次在网上推出了网络广告,标志着网络广告的正式诞生。

国内的网络广告诞生于1997年3月,广告媒体是IT专业网站ChinaByte,首批广告厂商是Inter、IBM等国际知名公司。

登录美国互联网广告署IAB(www.iab.net)和艾瑞市场咨询——网络广告行业研究页面(http://www.iresearch.com.cn)查看关于网络广告的统计、分析报告。如图8-28、图8-29所示。

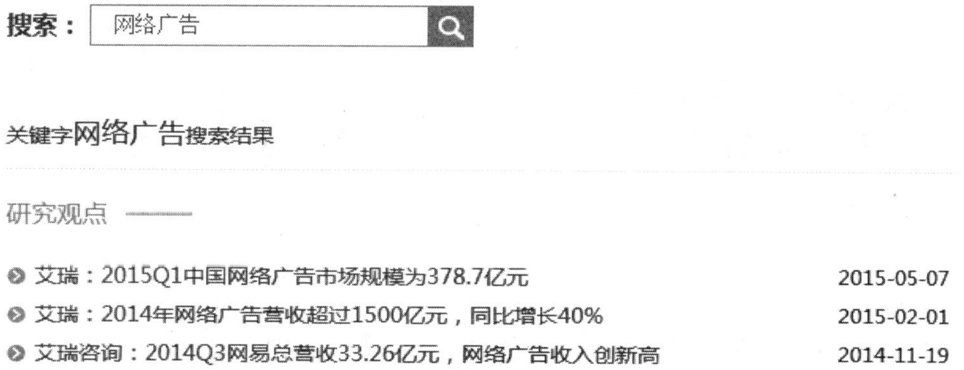

图8-28

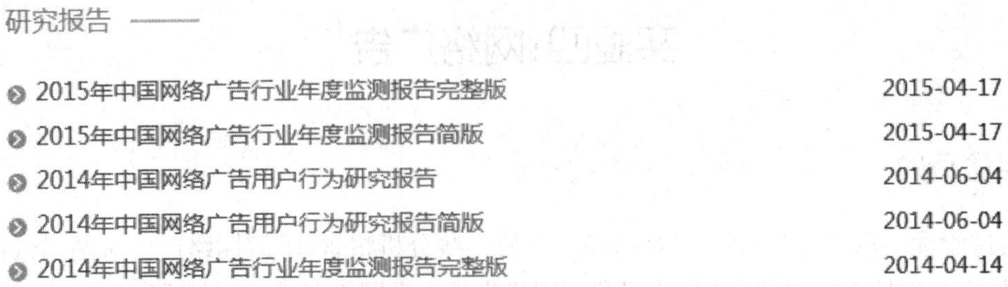

图 8-29

(2)浏览教师资源网络广告栏目研究网络广告发展的相关文章,阅读网络广告发展的研究报告,根据栏目中的问题进行思考和讨论。如图 8-30、图 8-31 所示。

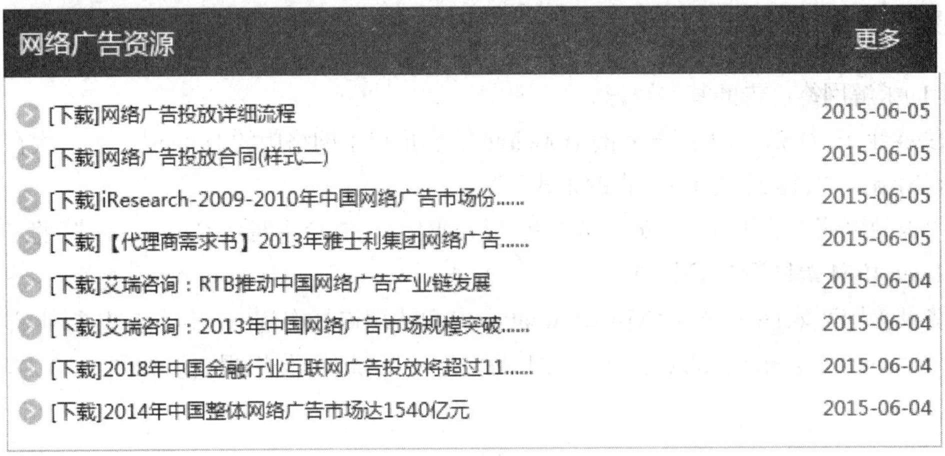

图 8-30

图 8-31

(3)登录“艾瑞咨询”查询有关网络广告的统计和分析,如图 8-32 所示。

图 8-32

(4)链接到 http://www.iresearch.com.cn 首页,注册成为会员,搜索"网络广告",如图 8-33 所示。

图 8-33

(5)单击文章主题,查看文章内容,如图 8-34 所示。

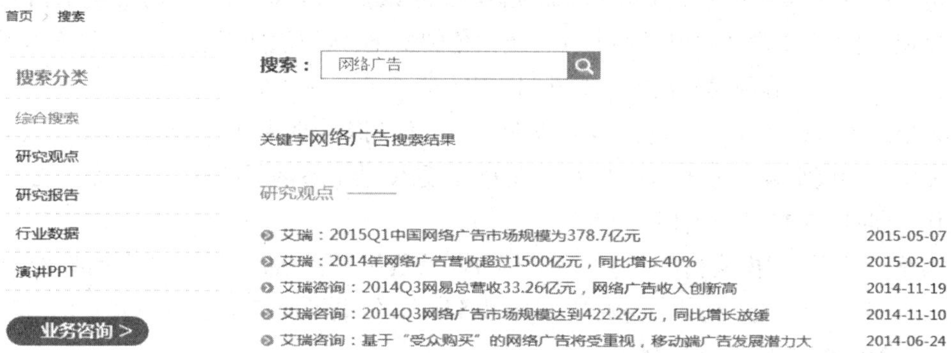

图 8-34

讨论思考

根据网上提供的网络广告的统计分析资料,谈谈你自己的想法,中国网络广告和国外网络广告的发展历程有何异同?

实训项目九　电子商务综合实验

实验一:B2C 正常消费流程

实验概述

电子商务综合实验主要模拟电子商务 B2C 交易过程,能将 B2C 交易环境中相关要素灵活体现,使学生直观体验电子商务环境里角色的变化,认识消费者、销售部、财务部、经理、储运部、退货部、采购部、物流、银行等部门在电子商务交易中的职能。

该模式不仅模拟了电子商务 B2C 交易过程,还模拟了商城内部各部门间的工作流程。这样使学生不仅掌握了电子商务 B2C 交易过程,还使学生掌握了商城内部各部门之间的具体操作,同时也熟悉了整个商城的管理。

系统设计引入“模块拓展”功能,将财务部、采购部、销售部、储运部、退货部、经理等模块与 B2C 交易相结合,利用先进的计算机网络技术,使电子商务交易中的多元化、兼容性、人性化在教学中体现得淋漓尽致。

因为网上的 B2C 网站,我们只能以消费者的身份登录,购买了以后根本看不到后台处理的流程,为了让同学更加清楚地认识网站后台处理细节,设计了本次综合实验。

在本次实验中,将以小组的配合为主要实验方式,最终让学生体会商城内部各部门之间是如何配合的,一个交易是如何完成的。

实验目标

(1)了解 B2C 交易的含义,熟悉 B2C 交易流程。

(2)各角色掌握自己角色的操作流程。

(3)掌握 B2C 交易中后台的详细处理过程。

实验任务

(1)登录电子商务教学系统,按照分配的小组,参考实验说明书进行实验。

(2)各小组配合,根据日志提示进行 B2C 正常交易流程。

(3)完成实验流程,填写实验报告,并提交给老师。

实验步骤

因为此次 B2C 交易流程是由小组配合来进行的。所以,下面分别介绍每个角色的操作流程。

1. 商城用户

当老师部署好了一节 B2C 模式课程后，学生登录实验系统主界面，即可进入课堂。如图 9-1、图 9-2 所示。

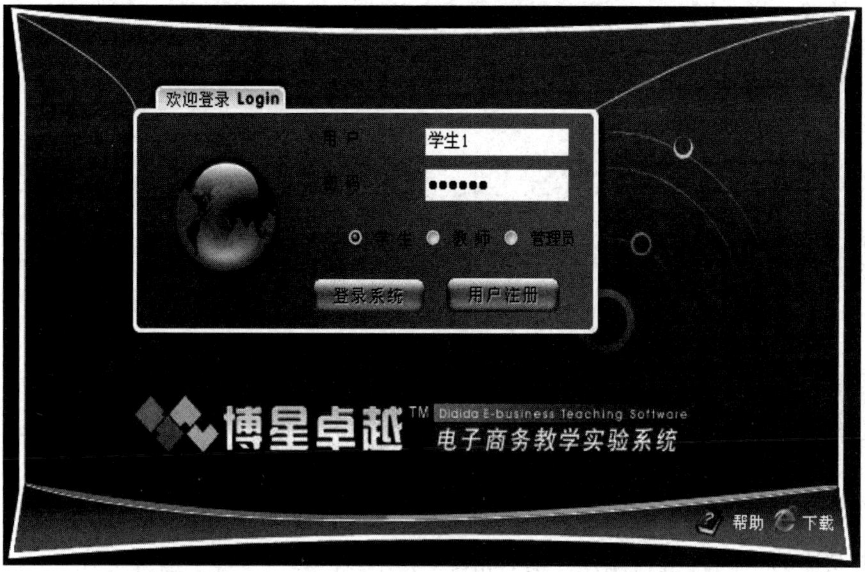

图 9-1

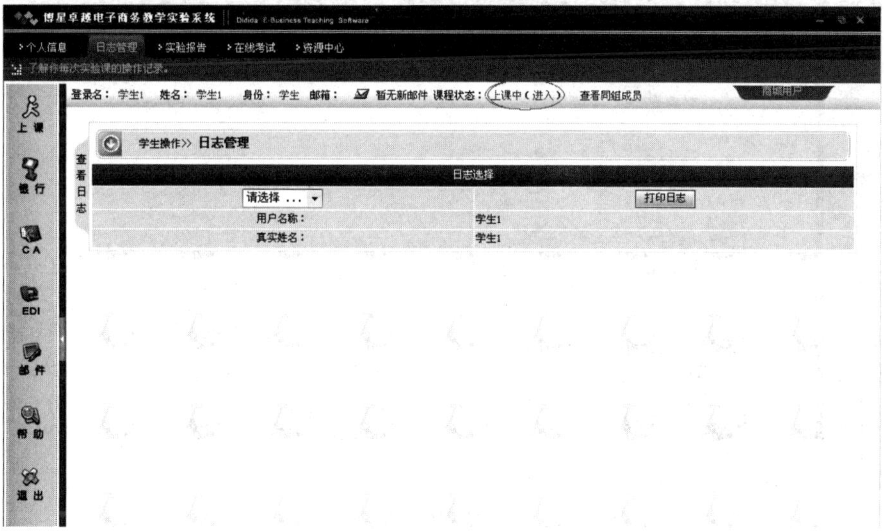

图 9-2

登录成功后，点击主界面上方的“上课中（进入）”进入上课课堂。

商城用户登录进入图 9-3 所示界面。

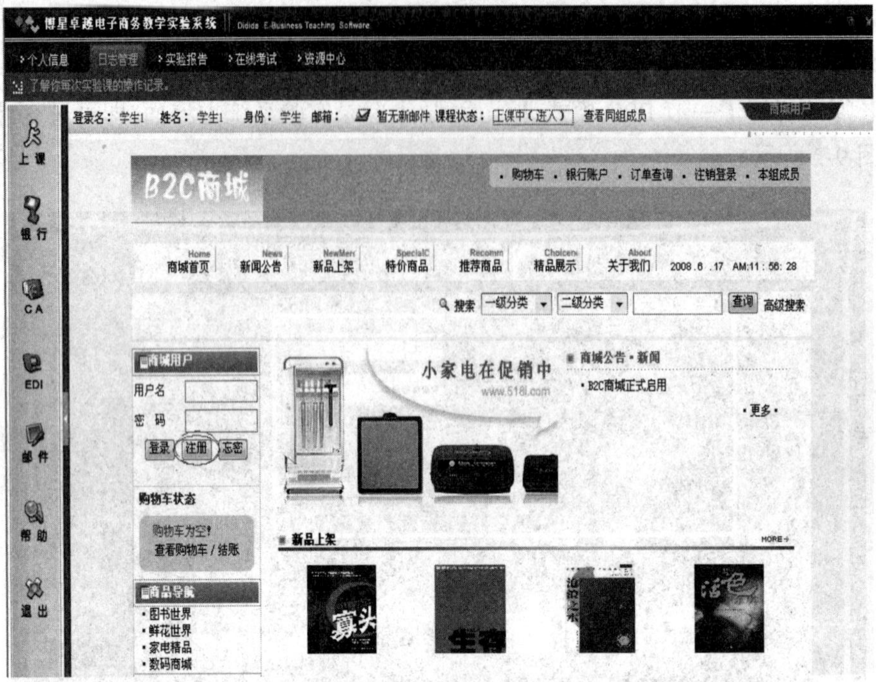

图 9-3

点击左边的“注册”进行用户注册，如图 9-4 所示。

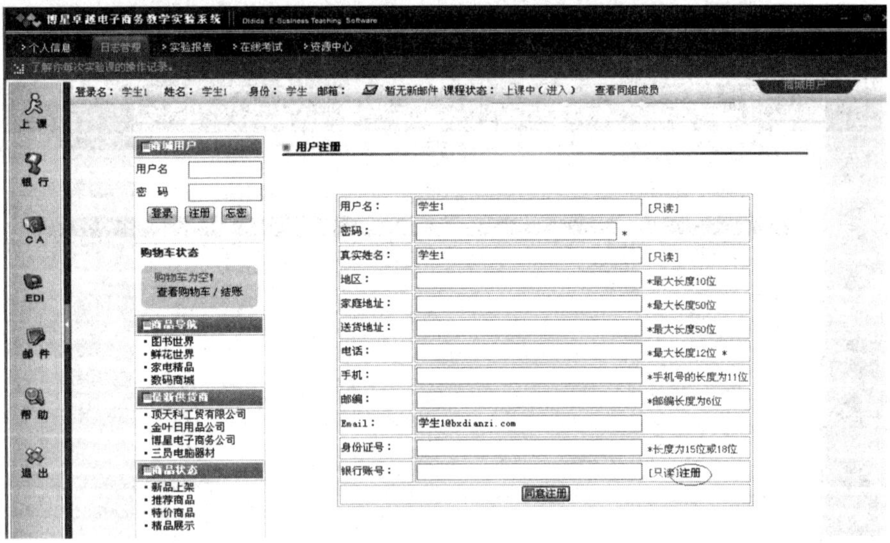

图 9-4

首先需要注册银行账号后，才能进行用户注册。点击“注册银行”进入图 9-5 所示界面。

图 9-5

注册银行成功后,等待银行管理员审核开通账号后,方可注册 B2C 商城用户。成功注册后,返回首页登录。登录成功界面如图 9-6 所示。

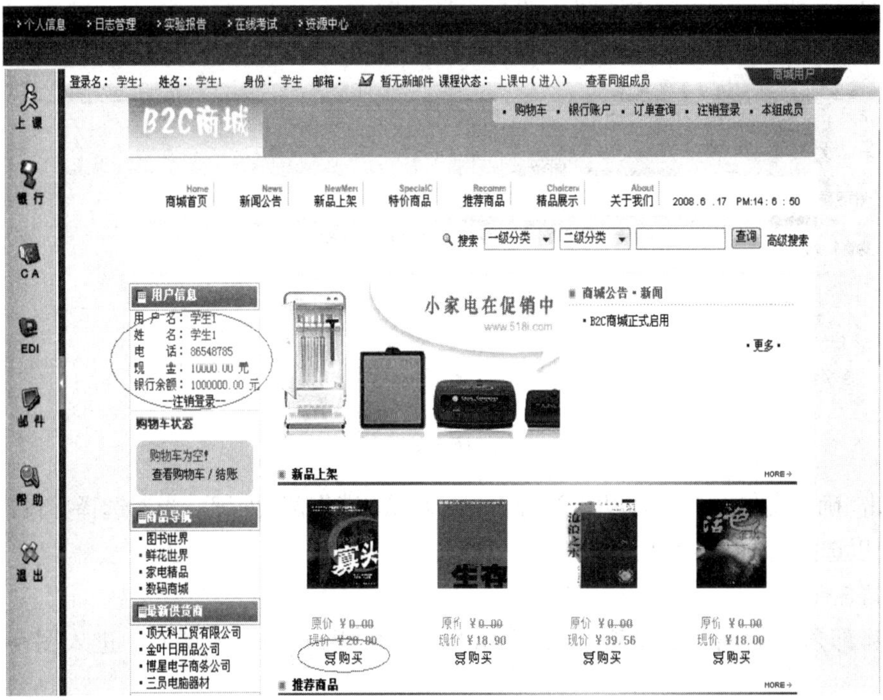

图 9-6

点击任一个物品下面的“购买”进行购买,进入图 9-7 所示界面。

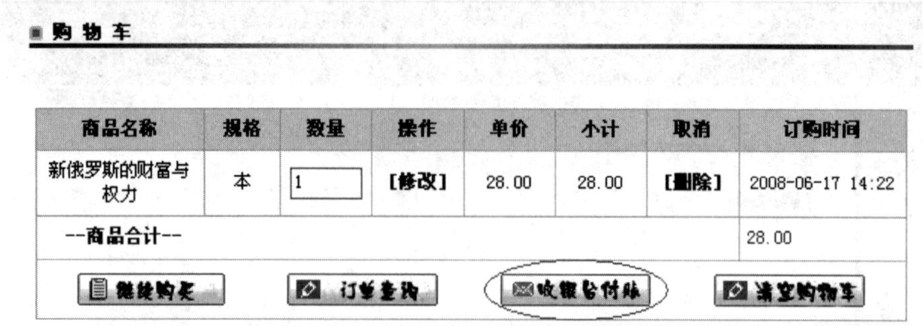

图 9-7

点击“收银台付账”进入图 9-8 所示选择支付模式界面。

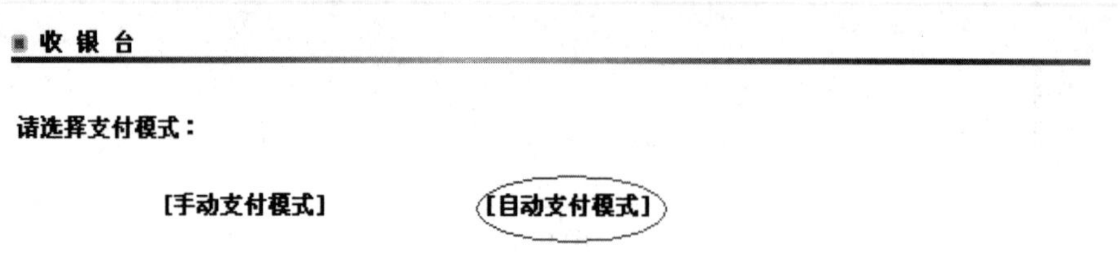

图 9-8

我们选择“自动支付模式”，进入图 9-9 所示界面。

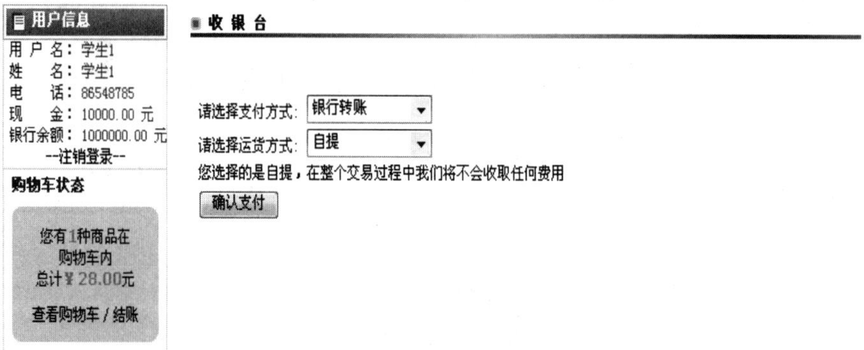

图 9-9

点击“确认支付”，支付成功。等待下一个环节（销售部）处理。当然选择支付模式的时候，也可以选择其他的支付模式。

2. 销售部

销售部角色的同学登录系统后，点击“上课中（进入）”进入课堂。进入图 9-10 所示界面。

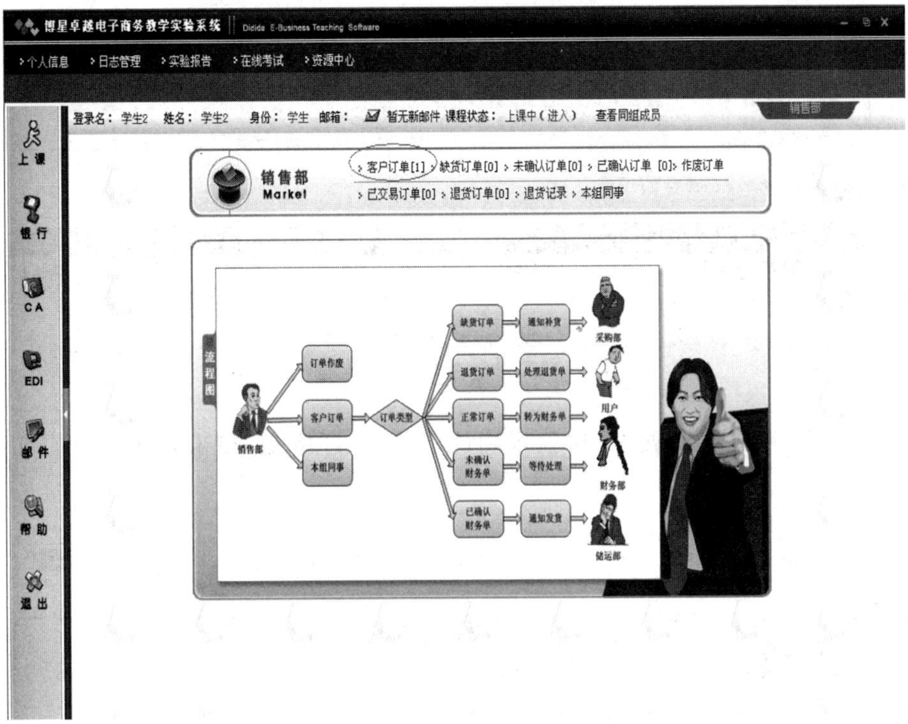

图 9-10

我们可以看到，刚才商城用户购买的订单已经转到了销售部，点击“客户订单”，出现订单详细信息，如图 9-11 所示。

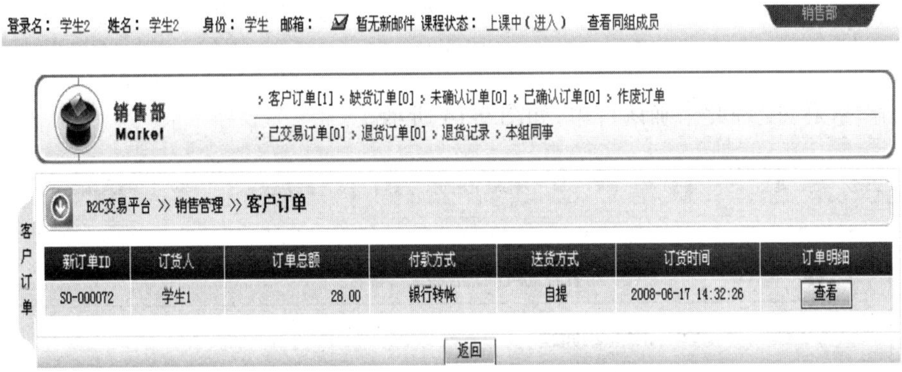

图 9-11

点击“查看”，受理此订单，如图 9-12 所示。

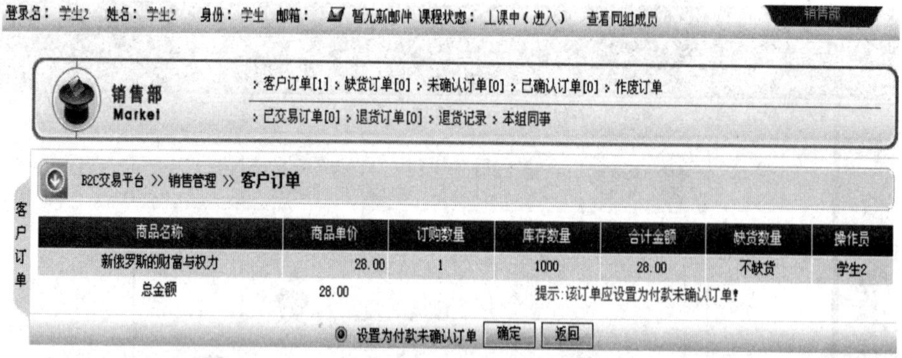

图 9-12

点击“确定”将订单设置为“付款未确认订单”。订单变为“未确认订单”，如图 9-13 所示。

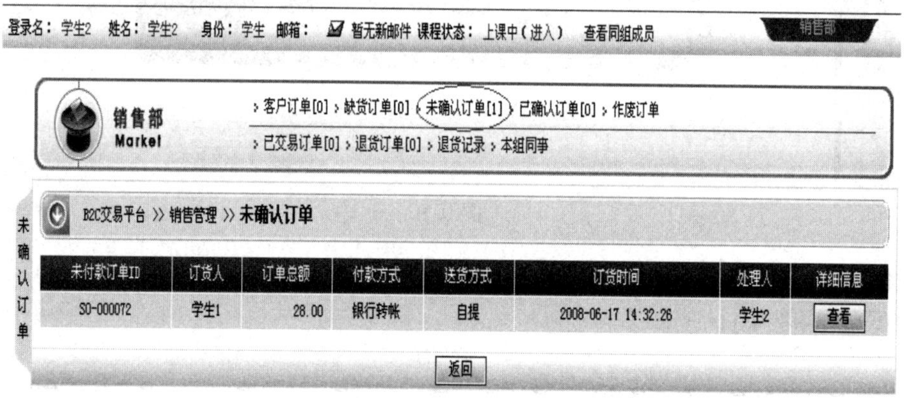

图 9-13

点击“查看”受理此未确认订单，如图 9-14 所示。

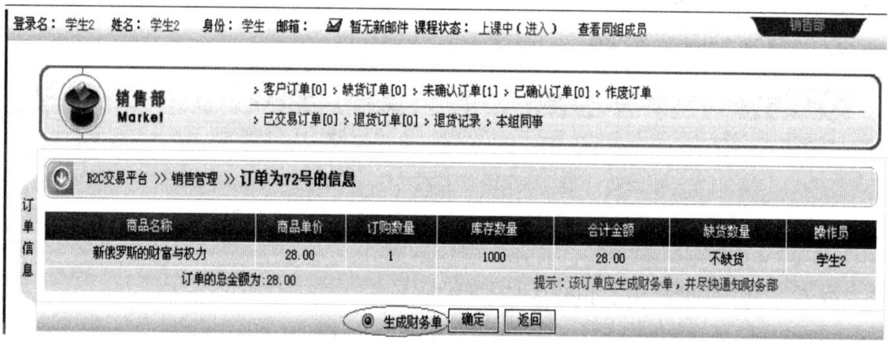

图 9-14

点击“确定”将生成财务单，流程转交到财务部。

3. 财务部

财务部角色的同学登录系统后，点击“上课中（进入）”进入课堂。进入图 9-15 所示界面。

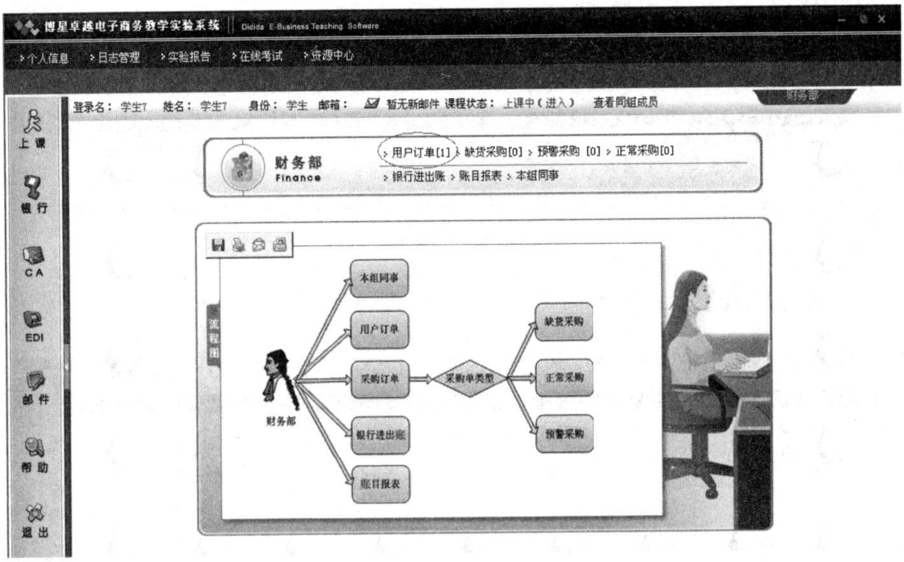

图 9-15

点击“用户订单”受理由销售部流转过来的订单。受理的前提是财务部角色的同学已经注册了银行账号，如果没有注册，系统将提示注册 B2C 银行账号，如图 9-16 所示。

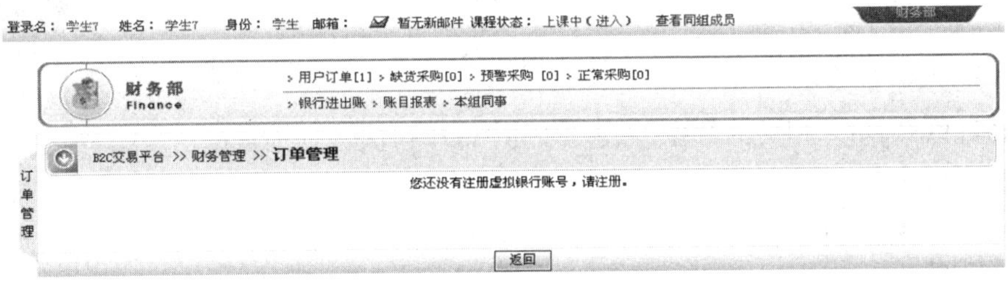

图 9-16

点击“注册”注册 B2C 银行账号，等待银行管理员审核开通后，该同学就可以受理订单了，如图 9-17 所示。

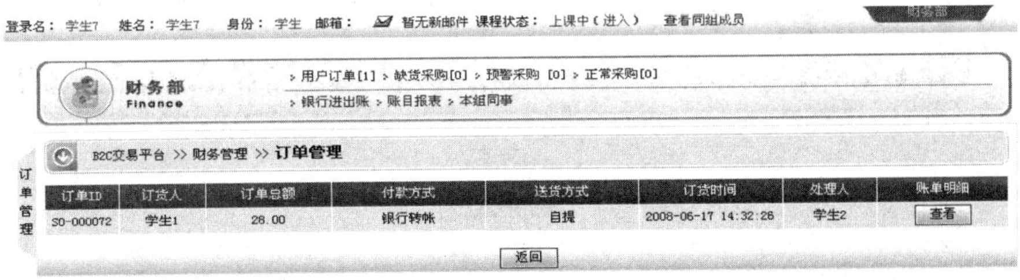

图 9-17

点击“查看”受理订单。进入图 9-18 所示界面。

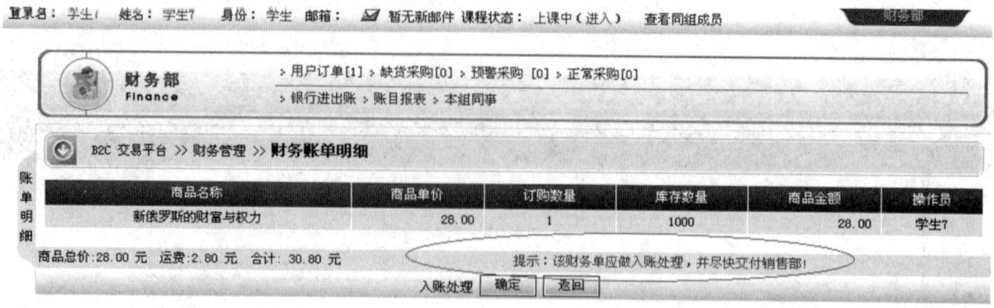

图 9-18

点击“确定”,财务单进行入账处理,如图 9-19 所示。

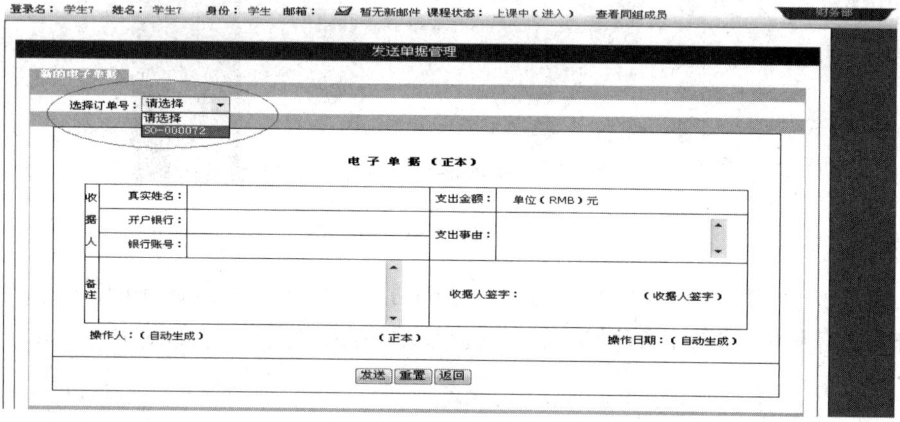

图 9-19

选择订单号,填入相关的数据,点击“发送”订单再次转到销售部。

4. 销售部

此时销售部就可以看到订单已经被确认了,如图 9-20 所示。

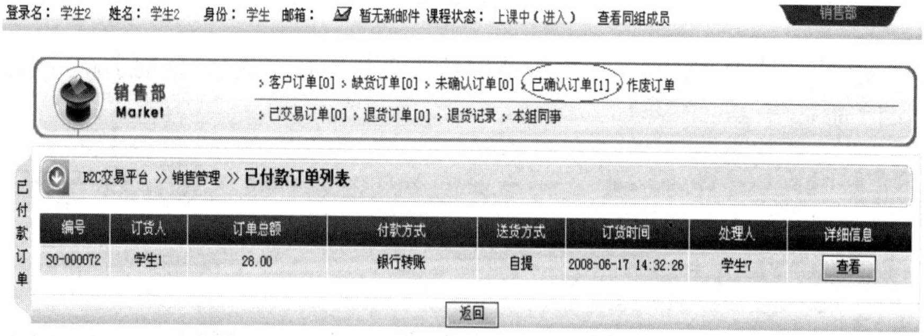

图 9-20

点击“查看”受理此订单,如图 9-21 所示。

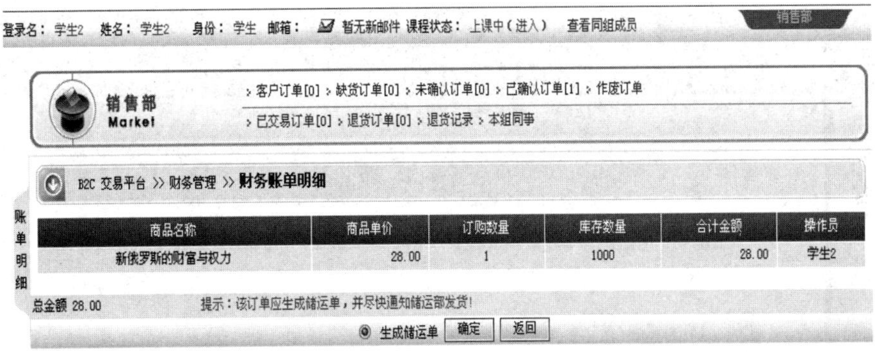

图 9-21

点击“确定”生成储运单，订单转到储运部。

5. 储运部

储运部登录以后，即可看到订单，如图 9-22 所示。

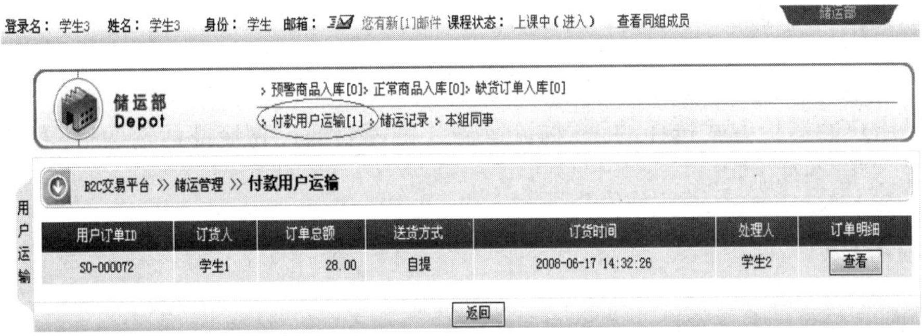

图 9-22

点击“查看”受理此订单，如图 9-23 所示。

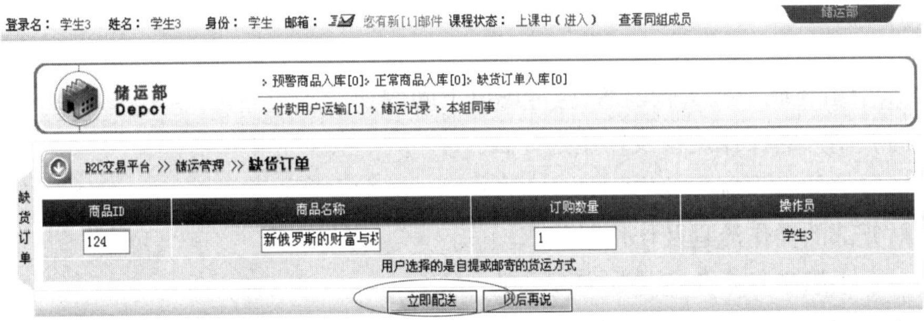

图 9-23

点击“立即配送”开始配送此次订单中的货物。

如果商城用户购买时，运货方式选择的是“自提”，本次正常购买流程到此结束，当商城用户登录以后，点击“订单查询”，就能够看到可以去提货了，如图 9-24 所示。

图 9-24

如果用户的运货方式选择的是“物流运输”,则需要通过物流部运输送货,商城用户才能收到货,完成全部流程。

实验考核

(1)通过查询日志查看自己实验的完成情况。

(2)学生完成实验以后,填写主界面的实验报告并提交老师,以备老师批阅。

(3)系统会自动对学生所完成的操作进行打分,老师也可以进行修改。

实验总结

学生以小组完成本次实验以后,应考虑以下问题。

(1)商城用户的操作流程及作用是什么?

(2)销售部的操作流程及作用是什么?

(3)财务部的操作流程及作用是什么?

(4)一个小组中各个角色是如何配合的?

(5)B2C 交易中后台如何处理订单?

B2C 电子商务模拟实验通过模拟真实的 B2C 交易,使学生详细了解了 B2C 交易流程,并且体会到部门之间相互配合的重要性,现实操作中也是这样,只有相互配合,相互帮助才能够做得更好。

实验二：掌握 B2C 正常采购流程

实验概述

真实的 B2C 流程，我们作为普通的消费者，是看不到后台管理的，当然这就包括了采购部这样一个重要的部门，但是要想深刻地了解 B2C 交易流程，我们又不得不花力气来考虑采购部门的功能，事实上，一个企业、一个公司要想降低成本，同时得到丰厚的利润，从公司采购上狠下功夫，足以得到满意的效果。一家公司，如果其采购物料的费用占到其销售产品成本的 55%，那么采购费用每下降 1%，对利润增长所做出的贡献，相当于销售额增加 12%~18% 所带来的利润增长。国内生产企业，一般情况下采购支出占产品生产成本的 30%~70%，可见采购费用的下降对提高利润率有何等巨大的潜力。除了降低成本增加利润以外，还需注意两点：一关键是要保证产品的质量，优质的输入保证优质的产出；二是掌握增强竞争力的重要手段，与供应商结成战略联盟的关系，共同开发新材料，强化供应链管理，降低库存，保证到货的及时性，从而取得竞争对手所不能具有的竞争优势。

正因为一个公司的采购部门如此重要。我们研究了采购部门的任务，专门设计了此次实验，为学生了解和熟悉一个公司的采购部门职能提供一次实践的机会。

实验目标

（1）熟悉 B2C 采购流程。

（2）熟悉采购部门职能。

（3）熟悉采购后台处理。

实验任务

（1）登录电子商务教学系统，按照分配的小组，参考实验说明书进行实验。

（2）各小组配合，根据日志提示进行 B2C 采购流程。

（3）完成实验流程，填写实验报告，并提交给老师。

实验步骤

1. 采购部

当老师部署好一节 B2C 课程时，学生（采购部角色）登录电子商务教学实验系统主界面后，点击“上课中（进入）”进入课堂。如图 9-25 所示。

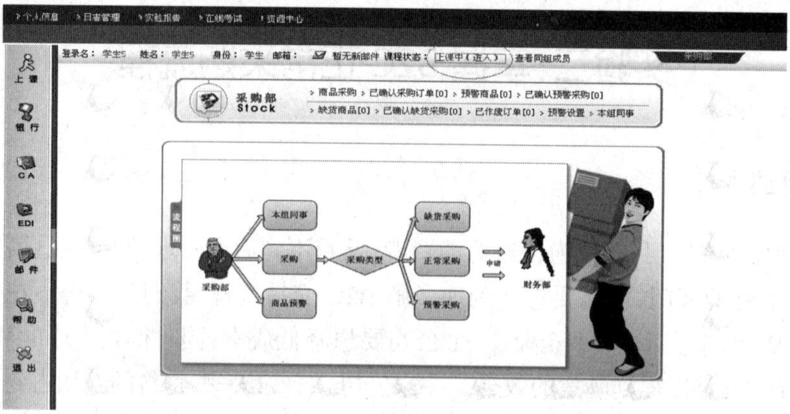

图 9-25

点击图中的“商品采购”进行采购，当然因为这是模拟的过程，采购前的货比三家，价格商议等应该提前做好的工作默认已经做好了。点击进入图 9-26 所示界面。

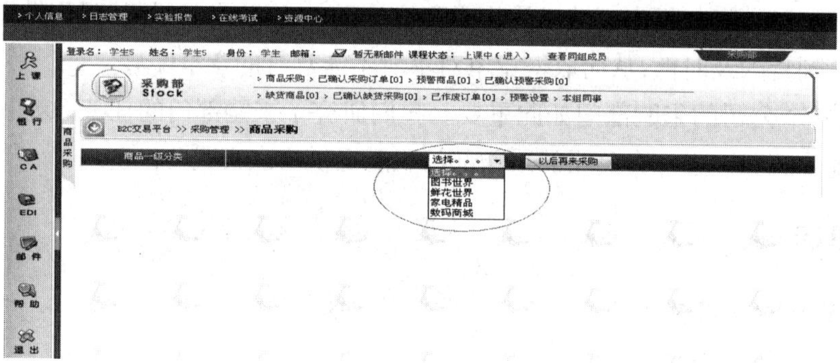

图 9-26

选择要采购商品的一级分类后，会出现该商品一级分类下的二级分类，如图 9-27 所示。

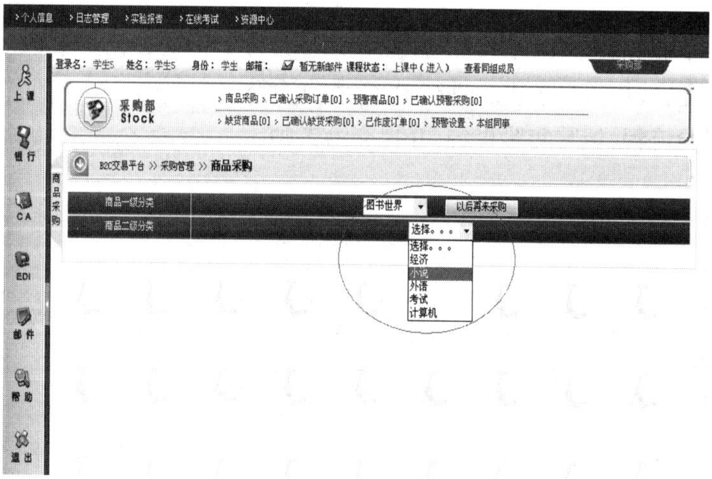

图 9-27

在图中选择好二级分类，出现该二级分类下所有的商品，如图 9-28 所示。

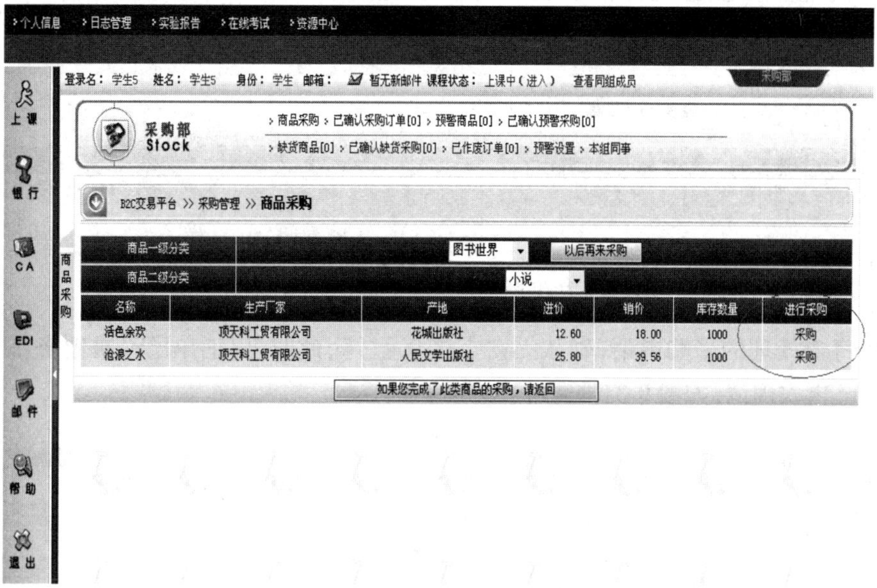

图 9-28

点击每一个商品后面的“采购”对该商品进行采购，如图 9-29 所示。

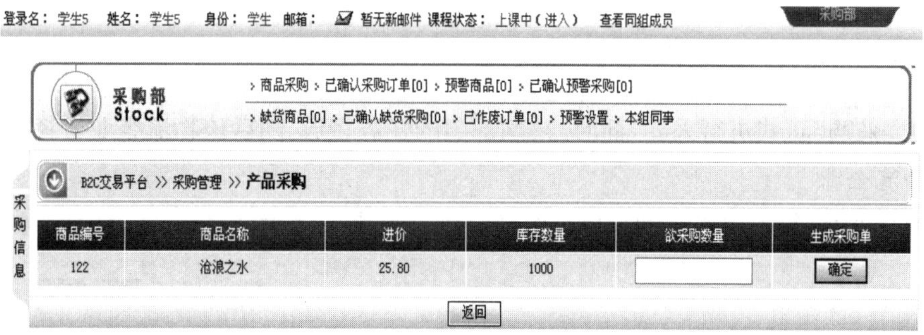

图 9-29

填入预计采购的数量，点击“确定”生成采购单。同时此采购申请提交至财务部进行审核。

2. 财务部

财务部角色的学生登录并进入课堂后，可以看到采购部提交的采购申请，如图 9-30 所示。

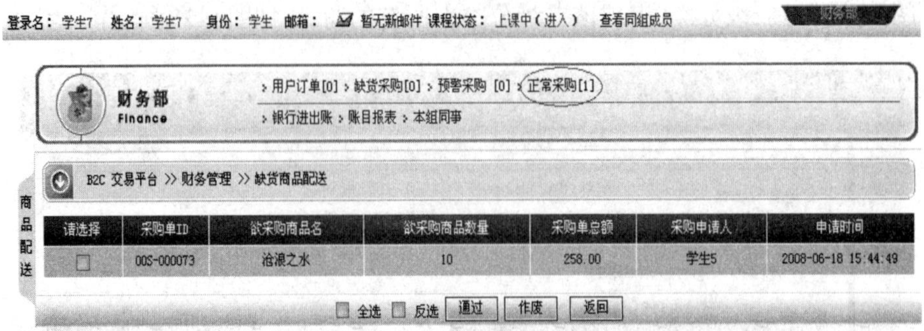

图 9-30

审核将要处理的采购申请,确认无误点击“通过”,此时,申请单已经被财务部确认,采购需要自己再次确认,如图 9-31 所示。

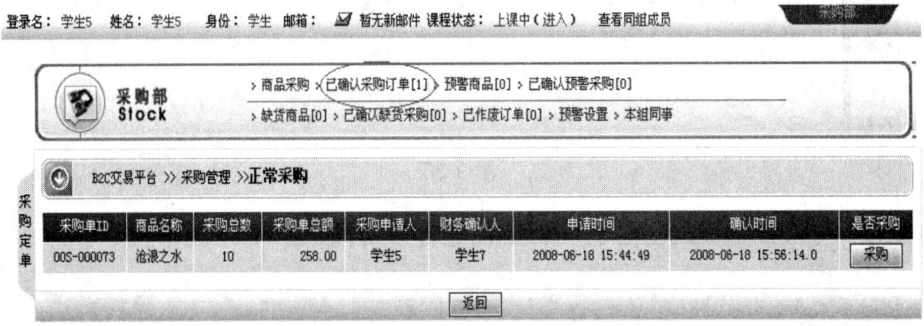

图 9-31

点击“采购”正式进行采购,此时,采购部门的任务完成,随后该物流企业发挥作用了。

3. 物流企业

物流企业登录后,可以看到订单已经转交到了物流部,如图 9-32 所示。

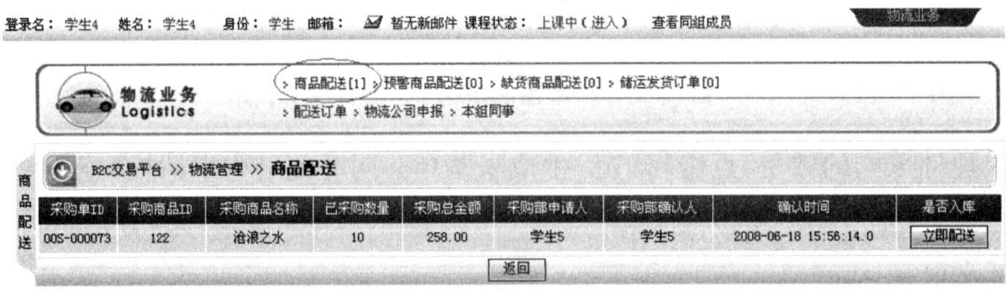

图 9-32

点击“立即配送”,对该采购商品进行配送。随后储运部将商品入库,一次商品采购完成。

4. 储运部

储运部登录后,对此次购买进行入库操作,如图 9-33 所示。

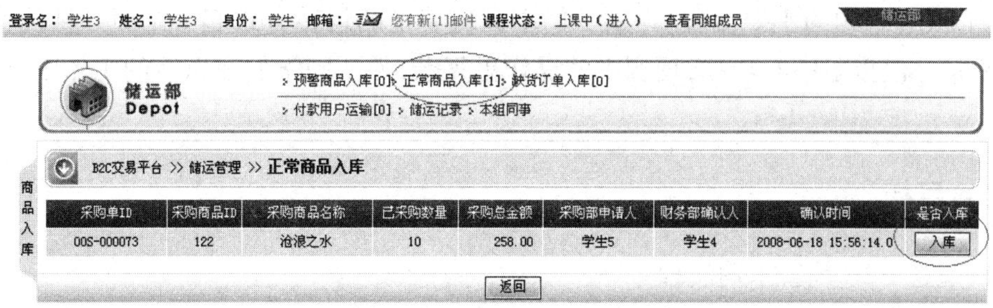

图 9-33

点击商品后面的“入库”将商品入库，此次采购部门正常采购流程完全结束。

这里有一点同学们要清楚，系统提供的商品不提供采购数量的减少、预警等功能，只有新增的商品才有这些功能。商城管理员负责添加新的商品分类和商品。

另外，系统对于采购部还设计了预警采购功能，具体操作与此次正常采购类似。只要购买商城管理员添加的数量不够的商品就可以了，然后采购部等其他部门就是处理的地方不一样，流程是一样的。

实验考核

(1)通过查询日志查看自己实验的完成情况。

(2)学生完成实验以后，填写主界面的实验报告并提交老师，以备老师批阅。

(3)系统会自动对学生所完成的操作进行打分，老师也可以进行修改。

实验总结

学生们完成本次实验以后，需要考虑以下问题。

(1)采购部的职能是什么？

(2)上网查阅资料，详细了解采购部门对于一个企业的重要性。

(3)了解采购部、财务部、物流运输部之间的配合。

在实验的最后，还要再次强调，采购部在一个公司、一个企业起着至关重要的作用。我们的实验并不可能像实际那样详细到采购的每一步，但是通过我们此次实验，可以对学生起到一个抛砖引玉的作用。在实验课后，同学们可以上网查阅相应的资料，详细地了解采购过程、部门的职能等，才可能将本次实验的内容和用意完全体会，变成自己的知识。

实验三：掌握 B2C 预警采购流程

实验概述

预警采购，按照字面意思理解是货物的数量较少超过了设置的一个“警戒线”，需要提前采购以保证顾客购买不受影响的一种采购方式。在实际中同样也是存在的。我们本次实验模拟了预警采购的主要流程，为同学们掌握现实中的运转方式起一个引导性的作用，当然，软件只是模拟了中心功能，现实中的操作更复杂，需要同学们在以后的工作中慢慢地体会了。

实验目标

(1)熟悉 B2C 预警采购流程。
(2)熟悉采购部门职能。
(3)熟悉预警采购后台处理。

实验任务

(1)登录电子商务教学系统，按照分配的小组，参考实验说明书进行实验。
(2)各小组配合，根据日志提示进行 B2C 预警采购流程。
(3)完成实验流程，填写实验报告，并提交给老师。

实验步骤

首先商城管理员必须添加能够完成预警采购流程的商品(系统自带的商品不支持预警采购)。

1. 商城管理员

商城管理员进入课堂的界面如图 9-34 所示。

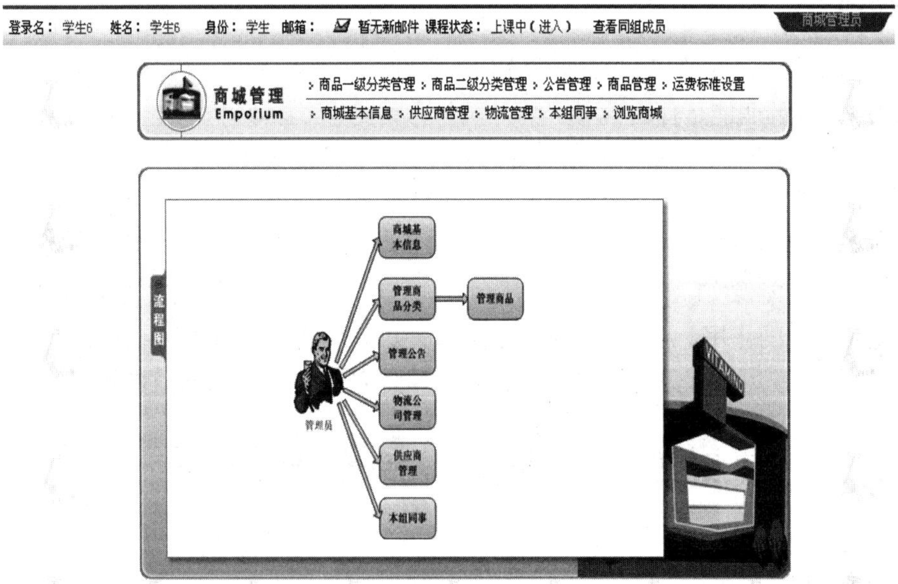

图 9-34

点击商品“一级分类”，添加新的分类。如图 9-35，填写类别名称，点击“确定”，即可以新添加一个商品一级分类。

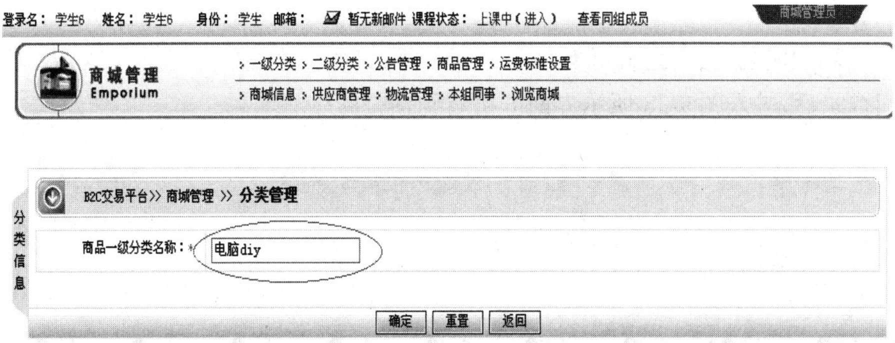

图 9-35

再点击商品“二级分类”，选择刚才添加的一级分类后，添加此一级分类的二级分类。如图 9-36，填写完成后点击“确定”，添加成功。

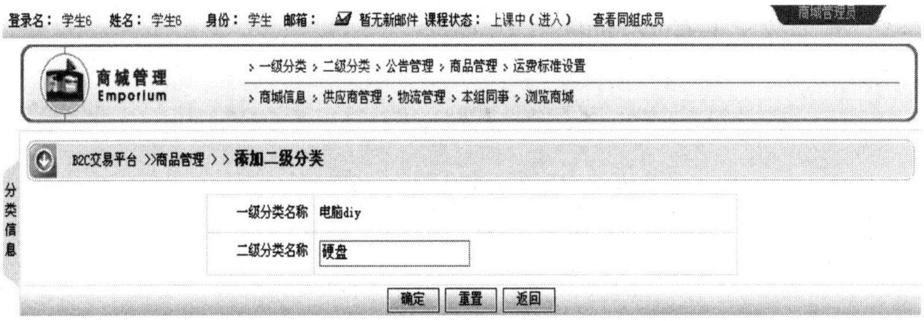

图 9-36

选择上方的商品管理添加刚才添加的类别下的商品。如图 9-37 所示。

图 9-37

填写商品的名称，规格等图中所示参数，点击“确定”，商品添加成功。

2. 采购部

当商品添加成功后，但是商品数量低于预警下线时，采购部门就会收到采购预警提示。采购部门登录后，进入图 9-38 所示界面即可看到预警商品。

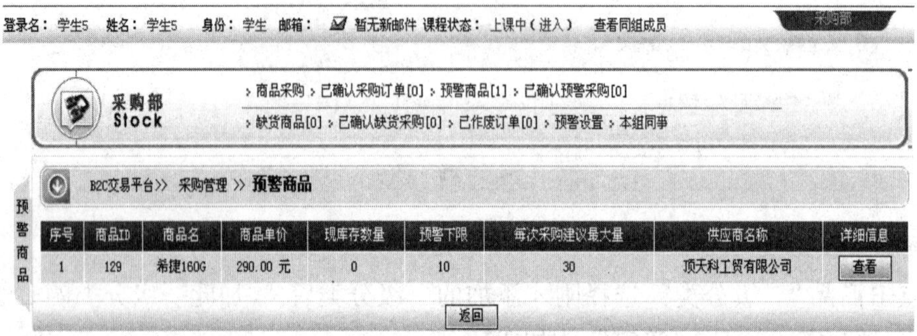

图 9-38

点击“查看”处理该采购信息，如图 9-39 所示。

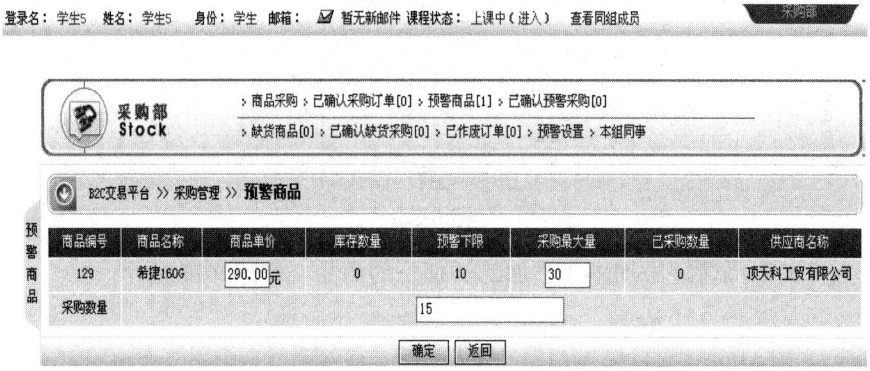

图 9-39

输入要采购的商品数量，点击“确定”，采购申请提交至财务部门审核。

3. 财务部

财务部角色学生登录以后，会看到采购部提交的采购申请，如图 9-40 所示。

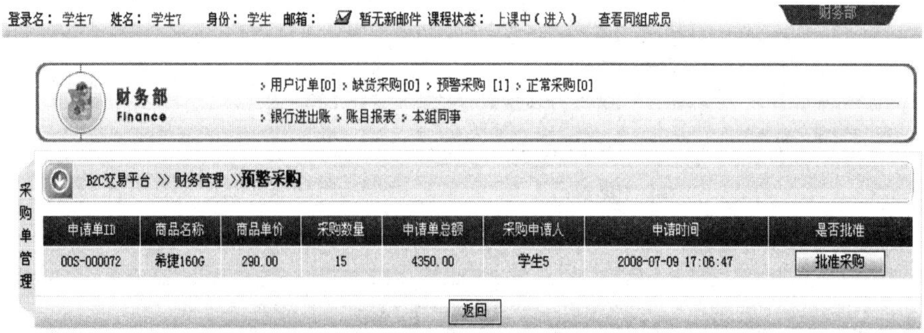

图 9-40

系统自动计算采购需要的资金,财务部点击“批准采购”通过此采购申请。此时,采购部门点击图 9-41 中的“采购”按钮,再次确认预警采购单。

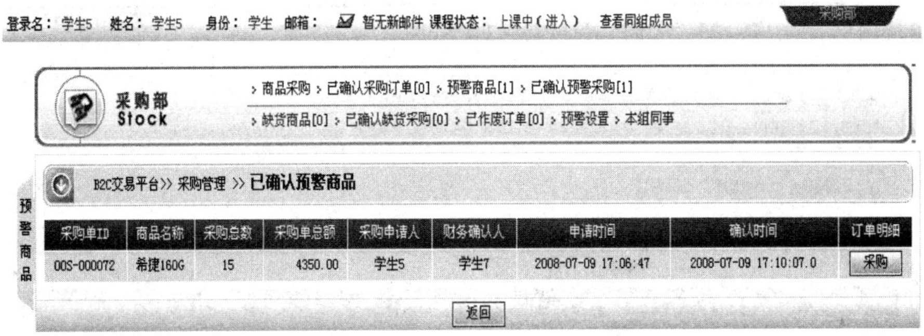

图 9-41

采购成功后,物流业务部就需要对此商品进行配送了。

4. 物流业务

物流角色的学生进入课堂以后,会看到商品的配送信息,点击预警商品配送,进入如图 9-42 所示界面。

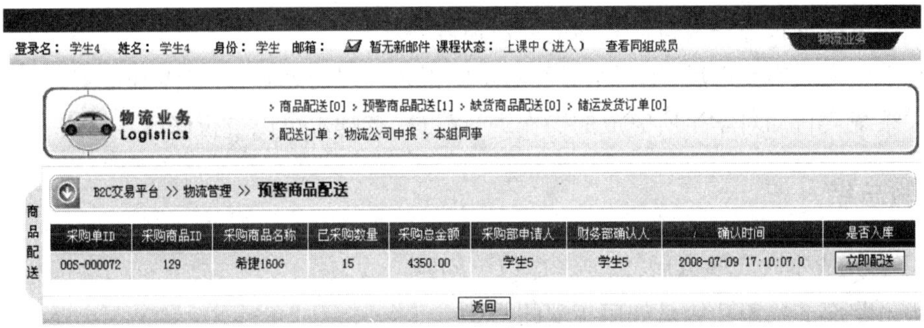

图 9-42

点击“立即配送”进行商品配送。商品配送完成后,就由储运部入库了。

5. 储运部

储运部角色的学生进入课堂以后,点击“预警商品入库”,进入图 9-43,

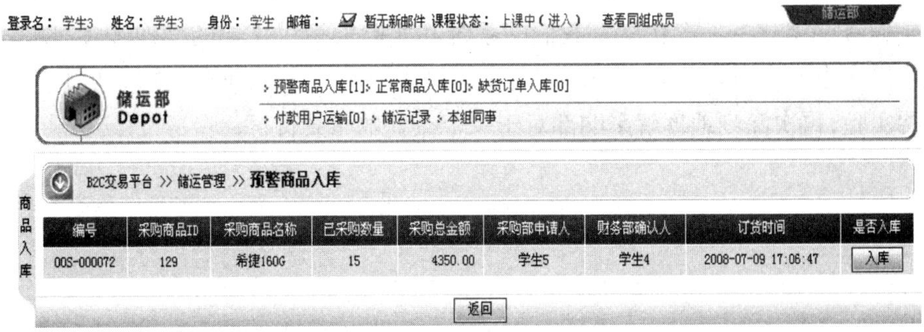

图 9-43

点击“入库”,将该商品入库。一个预警采购流程完成。此时,商城管理员再次查看商品信息,商品数量已经为采购的15个,如图9-44所示。

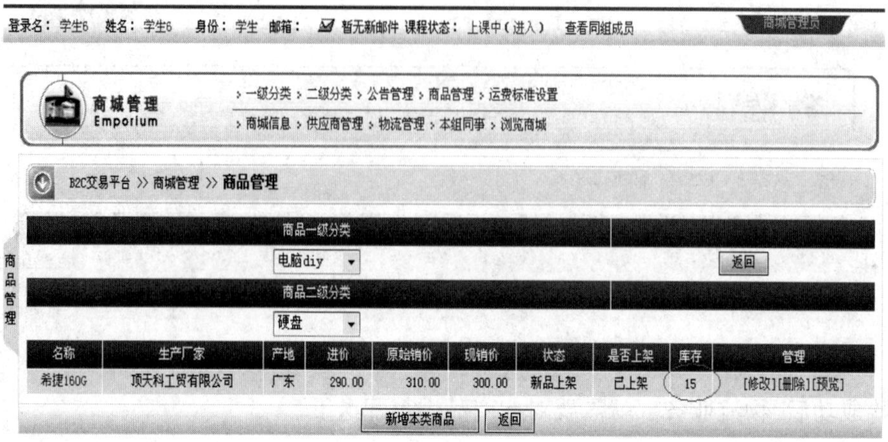

图 9-44

实验考核

(1)通过查询日志查看自己实验的完成情况。

(2)学生完成实验以后,填写主界面的实验报告并提交老师,以备老师批阅。

(3)系统会自动对学生所完成的操作进行打分,老师也可以进行修改。

实验总结

学生们完成本次实验以后,需要考虑以下问题。

(1)采购部的预警功能是如何实现的?

(2)采购部门对一个企业的重要性具体体现在哪些方面?

(3)了解预警采购中,采购部、财务部、物流运输部之间的配合。

(4)预警采购和正常采购有什么区别和联系?

通过这次实验,同学们可以看出,预警采购实际上和现实中库房的一个预警功能很相似,当商品的数量小于一个值的时候,系统就会自动判别出来,然后提示采购部门进行购买。这是电子商务网络化的一个优势。我们的系统和实验模拟了主要的操作步骤,现实中的操作要复杂得多也安全很多,而且有入库、出库等实物操作。希望同学们能够通过这次采购部预警采购实验,再次深刻地理解采购部对于一个企业的重要性。

实验四:掌握 B2C 缺货购买流程

实验概述

真实的 B2C 交易流程,我们所体会的都是消费者、购买者的流程。所以说,对于 B2C 交易模式来说,购买流程也是一个很重要的流程。此次实验设计了 B2C 缺货购买流程,当然,在实际当中我们这种缺货购买体会可能比较少。所以,这次实验的意义也是非常重要的,值得一提的是,我们在设计上面,更加着重凸显了后台处理的详细操作,对于学生理解 B2C 中的 B(企业)有非常大的帮助。

实验目标

(1)了解 B2C 缺货购买流程的含义。

(2)熟练掌握 B2C 交易流程操作。

(3)各角色掌握自己角色的操作流程。

实验任务

(1)登录电子商务教学系统,按照分配的小组,参考实验说明书进行实验。

(2)各小组配合,根据日志提示以及实验指导书进行 B2C 缺货交易流程。

(3)完成实验流程,填写实验报告,并提交给老师。

实验步骤

我们依然按照角色流转配合来介绍实验步骤。

1. 商城用户

当老师部署好了一节 B2C 模式课程以后,学生登录实验系统主界面后,就可以进入课堂了。如图 9-45、图 9-46 所示。

图 9-45

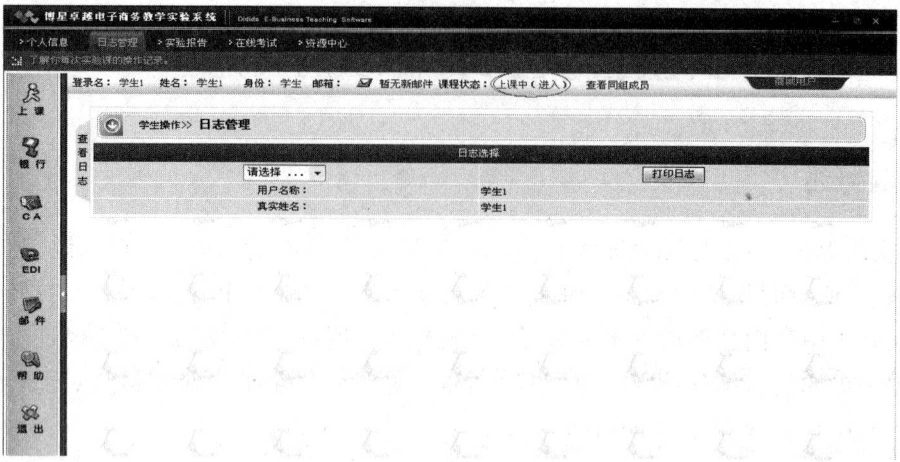

图 9-46

登录成功后，点击主界面上方的“上课中（进入）”进入上课课堂。

商城用户登录进入图 9-47 所示界面。

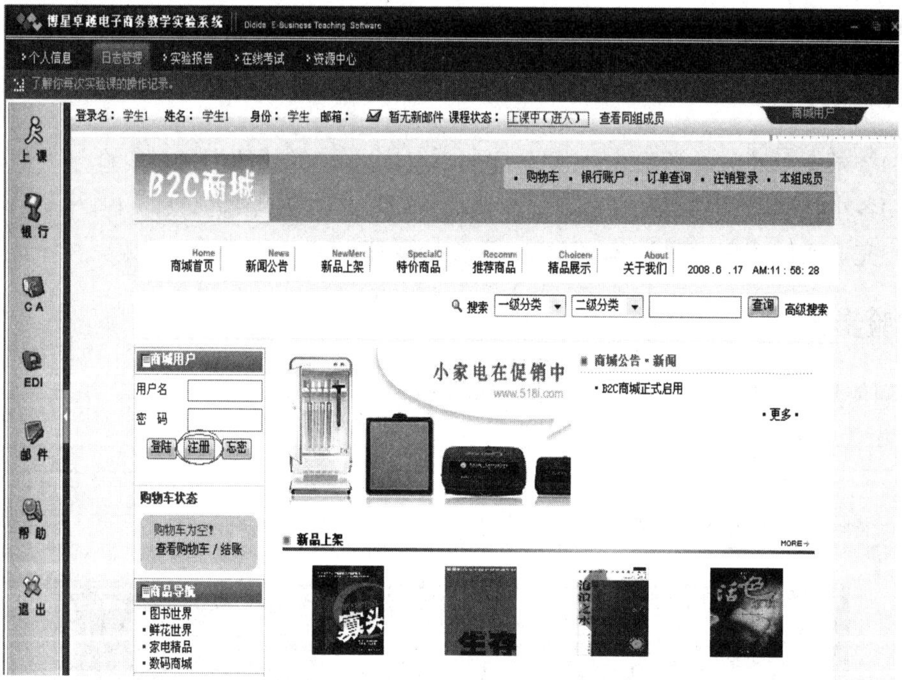

图 9-47

点击左边的“注册”进行用户注册，如图 9-48 所示。

图 9-48

首先注册银行账号，才能进行用户注册。点击“注册银行”，进入图 9-49 所示界面。

图 9-49

注册银行账户成功后，等待银行管理员审核通过，开通自己的账号后，方可注册 B2C 商城用户。成功注册后，返回首页登录。登录成功界面如图 9-50 所示。

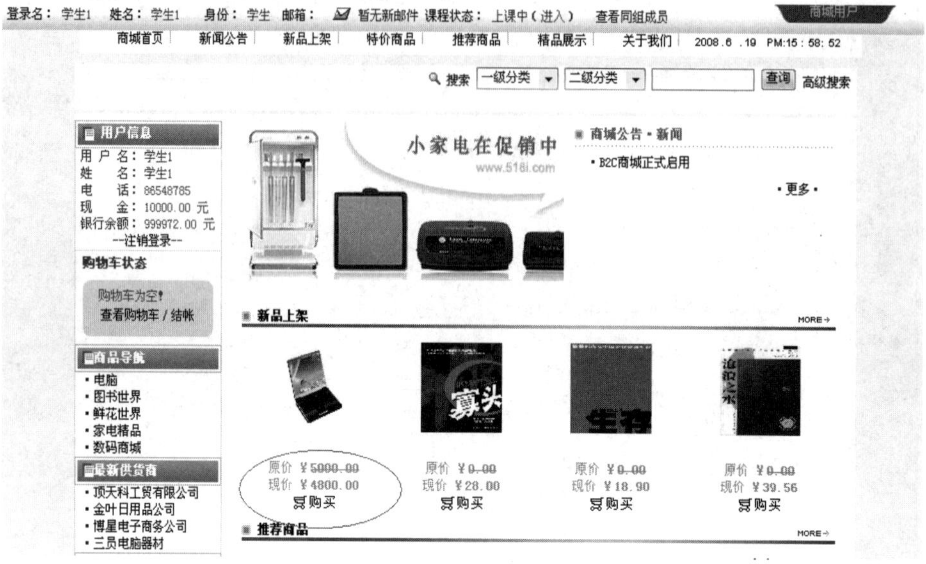

图 9-50

点击图上新品上架第一种商品（注：这件商品是商品管理员新添加的）进行购买。同正常购买流程一样依然要选择支付模式，运货模式，然后订单转交到销售部。

2. 销售部

销售部登录后依然进入图 9-51 所示界面，显示刚才商城用户提交的订单。

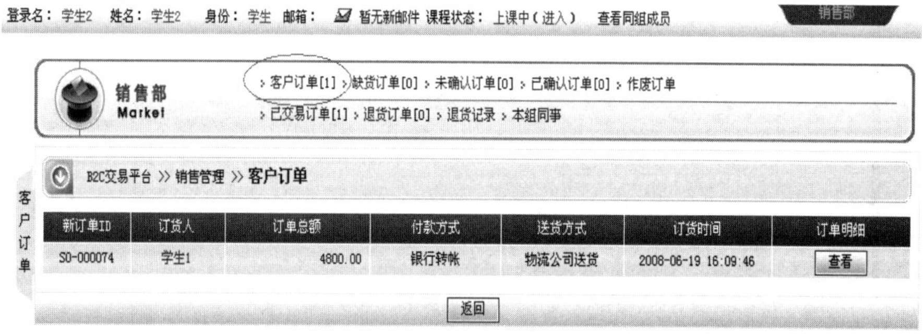

图 9-51

点击“查看”处理订单，如图 9-52 所示。

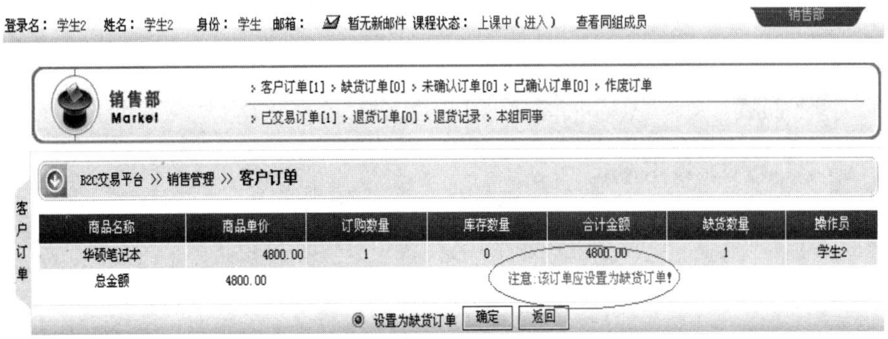

图 9-52

系统会自动判断商城用户购买的商品数量，以区分设置为缺货订单或者正常订单，由于库存数量为“0”，此订单就被设置成为缺货订单。处理后，在缺货订单里可以查看，如图 9-53 所示。

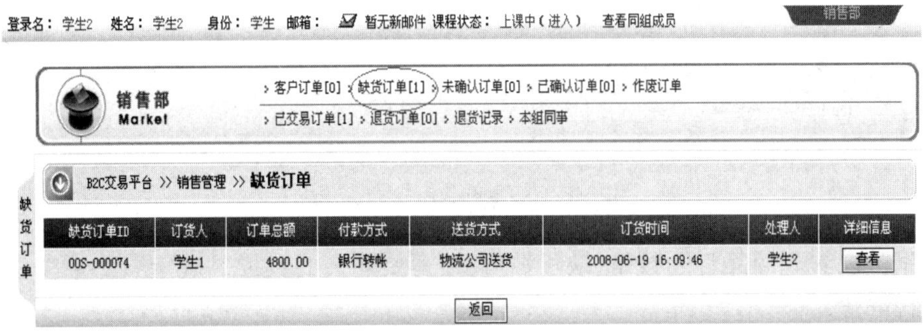

图 9-53

点击“查看”进行受理，如图 9-54 所示。

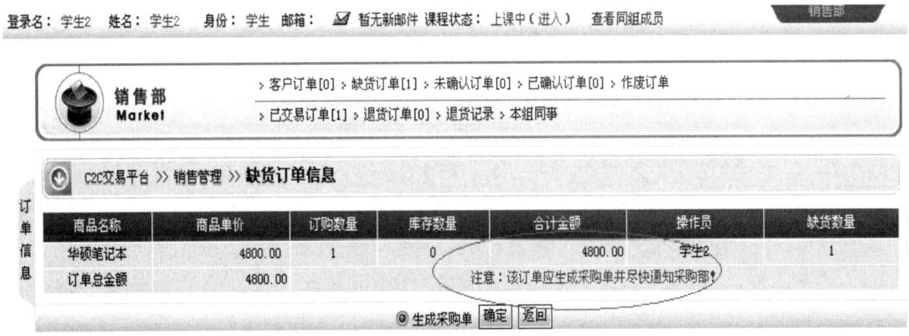

图 9-54

通过提示，我们看到此订单将会生成采购单并转至采购部门进行采购以后，再进行购买。

3. 采购部

采购部登录系统主界面如图 9-55 所示。

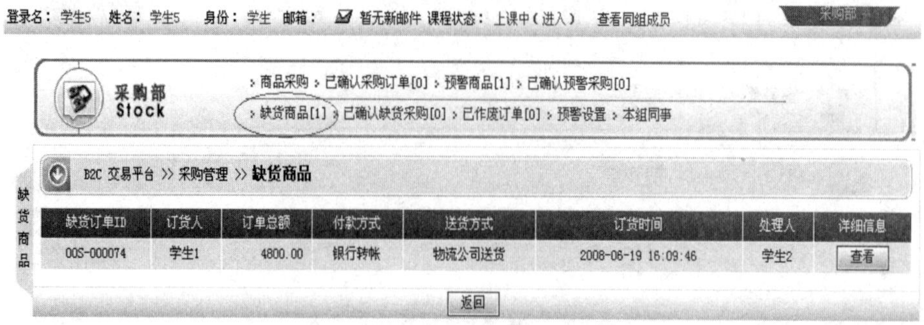

图 9-55

我们看到，这个订单是商城用户购买的订单，因为货源不足，所以订单必须转到采购部门先购买好以后才能继续转交。采购部点击“查看”进行受理，进入图 9-56 所示界面。

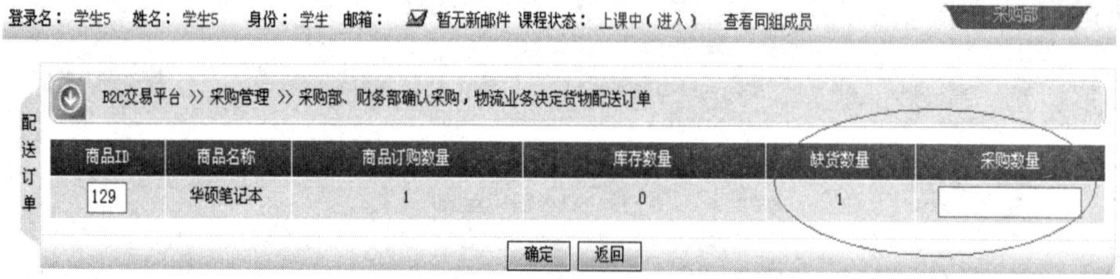

图 9-56

这里可以看到商品订购数量、缺货数量，填写要购买的数量，“确定”后，成功发送给财务部进行审核。

4. 财务部

财务部登录后，可以看到采购部门提交过来的采购单，如图 9-57 所示。

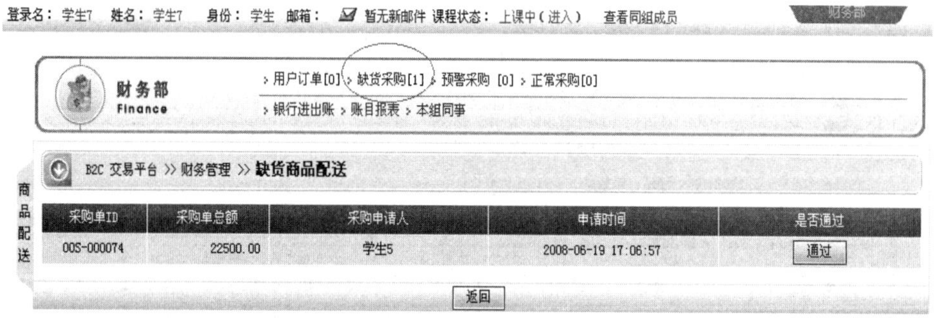

图 9-57

财务部点击“通过”，受理此采购部提交的采购单。

当财务部审核通过采购单后，采购部门就可以看到订单进行处理了如图 9-58。

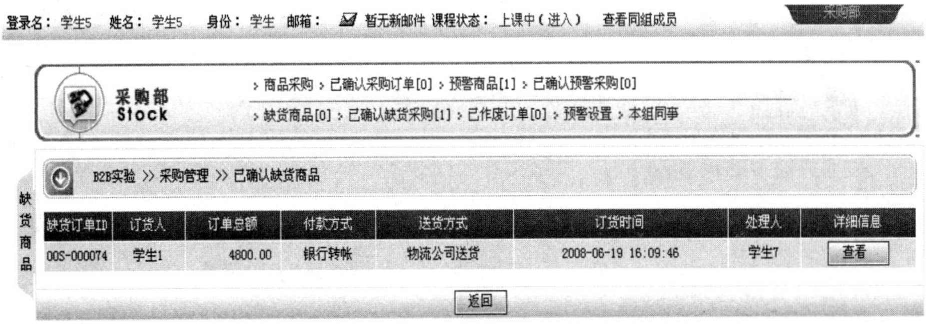

图 9-58

采购部点击“查看”进行受理，如图 9-59 所示。

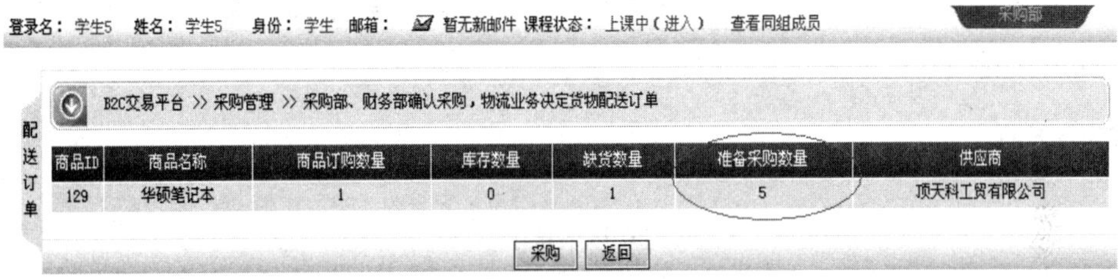

图 9-59

采购部点击“确定”进行购买，随后物流部门可以配送商品了。

5. 物流部

物流部门登录后，可以看到该缺货商品，如图 9-60 所示界面。

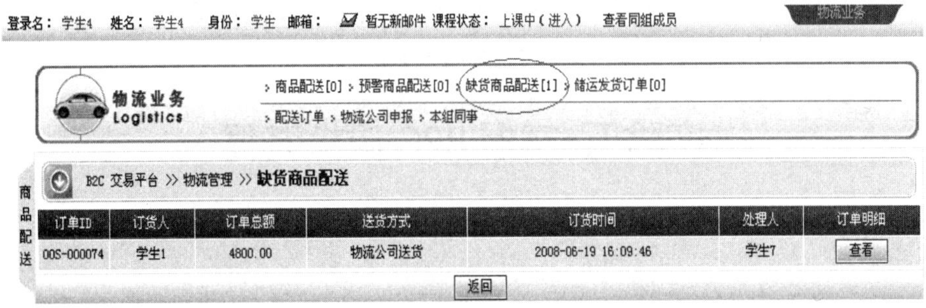

图 9-60

物流部点击查看手里订单并进行运输，订单转至储运部。

6. 储运部

储运部登录后，将缺货的商品入库，如图 9-61 所示。

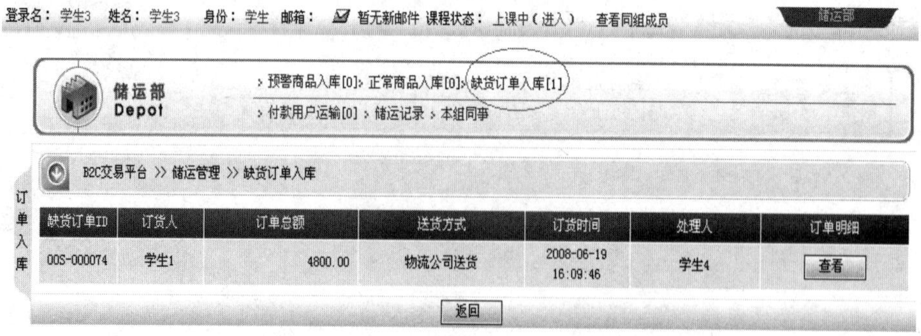

图 9-61

储运部点击“查看”将缺货商品入库，订单又被转交至销售部。

下面的操作，和 B2C 正常购买流程一样了。学生们可以按照正常购买流程的实验指导进行操作。

实验考核

（1）通过查询日志查看自己实验的完成情况。

（2）学生完成实验以后，填写主界面的实验报告并提交老师，以备老师批阅。

（3）系统会自动对学生所完成的操作进行打分，老师也可以进行修改。

实验总结

通过此次 B2C 缺货购买流程我们可以看到，缺货购买与正常购买是有区别的，而它的区别就在于商品是否缺货，在真实的消费流程中是体会不到购买商品有缺货购买的过程，所以同学们一定要仔细体会两种购买流程的联系以及区别。

实验五：掌握 B2C 退货流程

实验概述

该模式不仅模拟了电子商务 B2C 交易过程，还模拟了商城内部各部门间的工作流程。这样使学生不仅掌握了电子商务 B2C 交易过程，还使学生掌握了商城内部各部门之间的具体操作，同时也熟悉了整个商城的管理。

系统设计首次引入“模块拓展”功能，将财务部、采购部、销售部、储运部、退货部、经理等模块与 B2C 交易相结合，利用先进的计算机网络技术，使电子商务交易中的多元化、兼容性、人性化在教学中体现得淋漓尽致。

因为网上的 B2C 网站，我们只能以消费者的身份登录，购买了以后根本看不到后台处理的流程，为了让同学更加清楚地认识网站后台处理细节，我们设计了本次实验。

在本次实验中，我们将以一个小组的配合为主要实验方式，最终让学生体会退货是如何完成的。

实验目标

（1）了解 B2C 交易的含义，熟悉 B2C 退货流程。
（2）各角色掌握自己角色的操作流程。
（3）掌握 B2C 交易中，后台退货的详细处理过程。
（4）学生掌握 B2C 模式下的退货管理。

实验任务

（1）登录电子商务教学系统，按照分配的小组，参考实验说明书进行实验。
（2）各小组配合，根据日志提示进行 B2C 正常交易流程。
（3）完成实验流程，填写实验报告，并提交给老师。

实验步骤

因为此次 B2C 交易流程是一个小组配合来进行的。所以下面分别介绍每个角色的操作流程。

1. 商城用户

当老师部署好了一节 B2C 模式课程以后，学生登录实验系统主界面后，就可以进入课堂了。如图 9-62、图 9-63 所示。

图 9-62

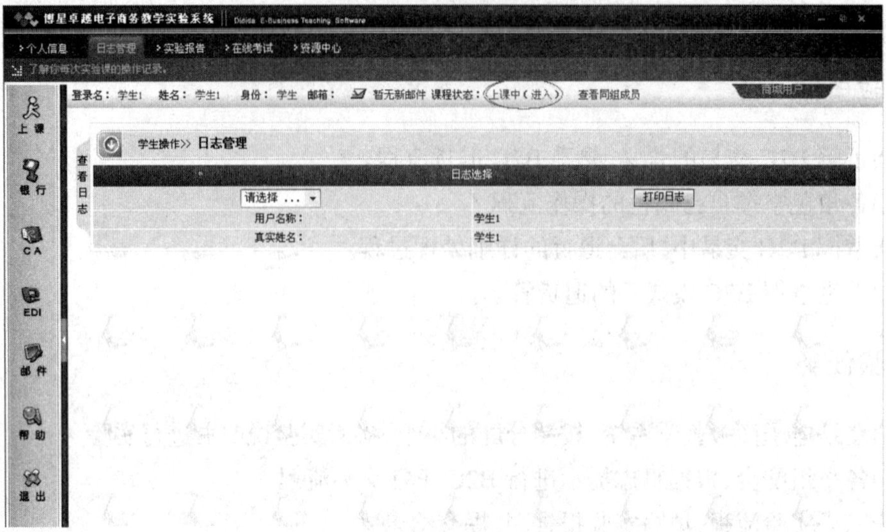

图 9-63

登录成功后,点击主界面上方的"上课中(进入)"进入上课课堂。

商城用户登录进入图 9-64 所示界面。

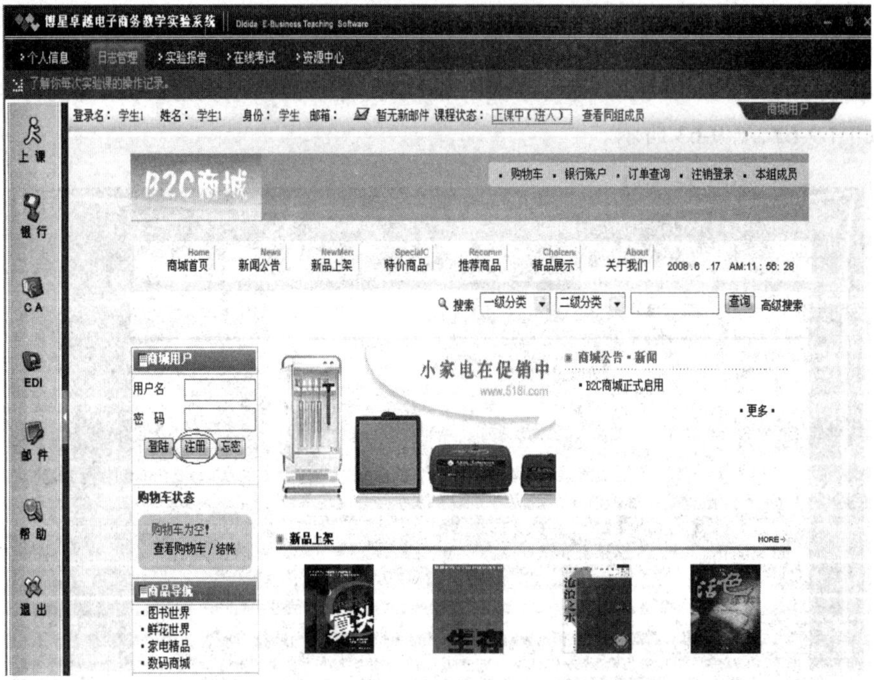

图 9-64

点击左边的"注册"进行用户注册,如图 9-65 所示。

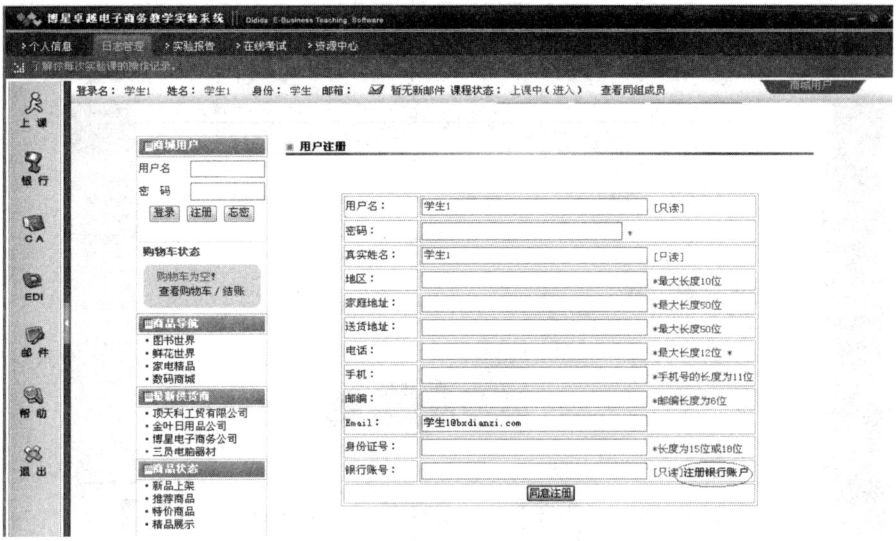

图 9-65

首先注册银行账号，才能进行用户注册。点击“注册银行”，进入图 9-66 所示界面。

图 9-66

注册银行账号成功后，等待银行管理员审核开通自己的账号后，方可注册 B2C 商城用户。成功注册后，返回首页登录。登录成功界面如图 9-67 所示。

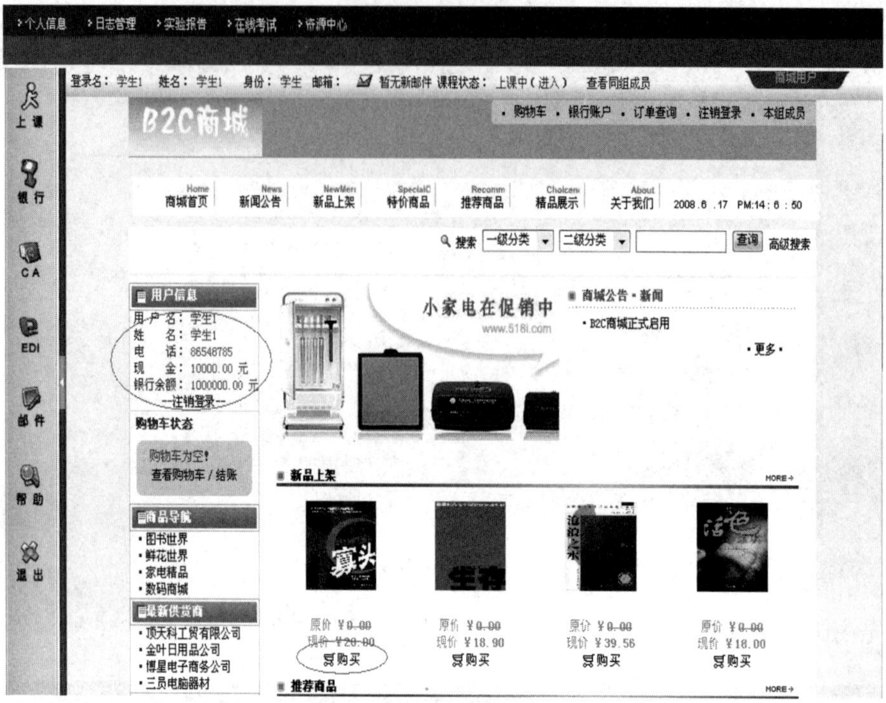

图 9-67

点击任一个物品下面的“购买”进行购买，进入图 9-68 所示界面。

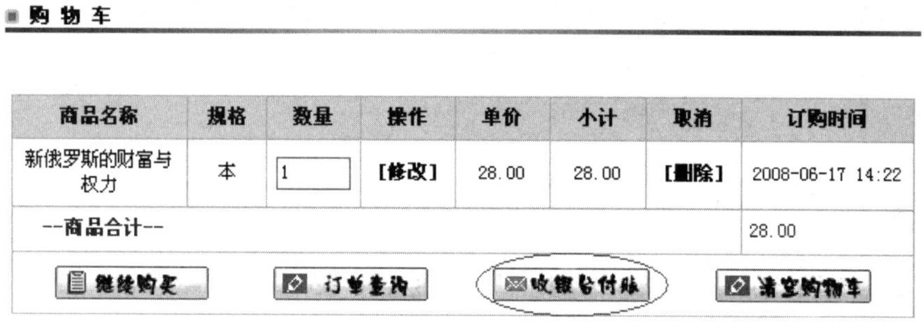

购物车

商品名称	规格	数量	操作	单价	小计	取消	订购时间
新俄罗斯的财富与权力	本	1	[修改]	28.00	28.00	[删除]	2008-06-17 14:22
--商品合计--							28.00

继续购买　订单查询　收银台付账　清空购物车

图 9-68

点击“收银台付账”进入图 9-69 所示选择支付模式界面。

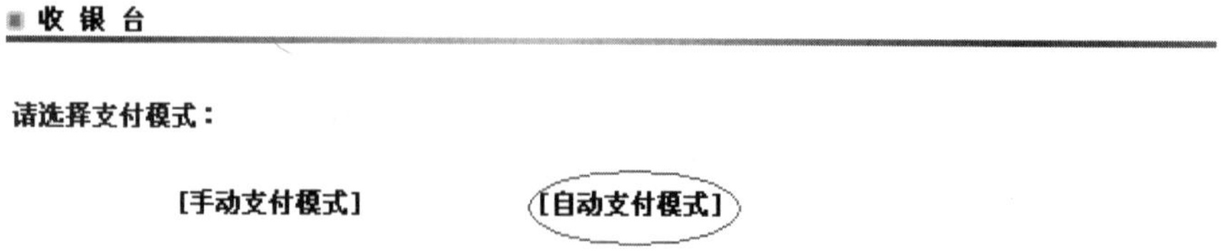

图 9-69

我们选择“自动支付模式”，进入图 9-70 所示界面。

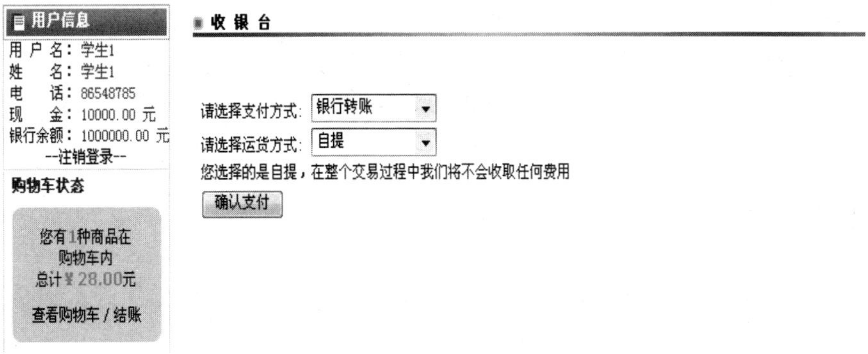

图 9-70

点击“确认支付”，支付成功。等待下一个环节(销售部)处理。当然我们也可以选择其他的支付模式。

如果买家因客观原因需要退货，具体操作步骤如下所示。

点击“订单查询”(已收到货物)，进入图 9-71 所示界面。

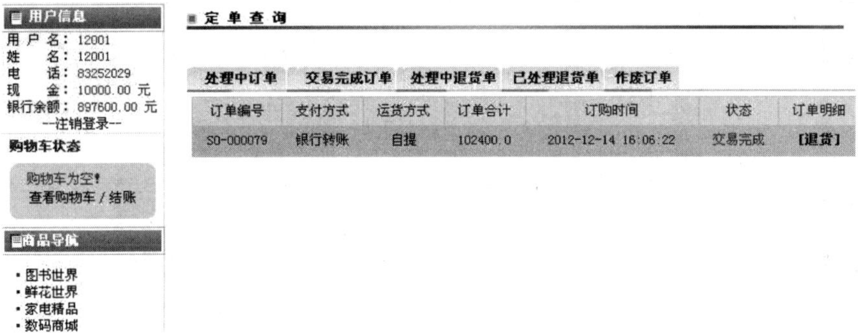

图 9-71

点击“退货”，进入图 9-72 所示界面。

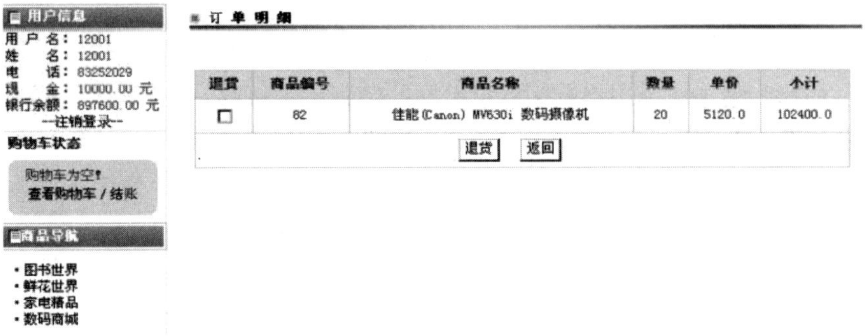

图 9-72

再次点击“退货”进入图 9-73 所示界面。

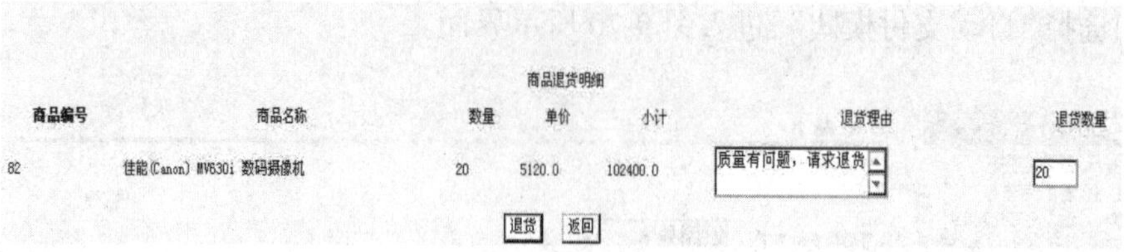

图 9-73

完成需要填写的内容后点击“退货”,完成退货申请。

2 销售部

销售部角色的同学登录系统以后,点击“上课中(进入)”进入课堂。进入图 9-74 所示界面。

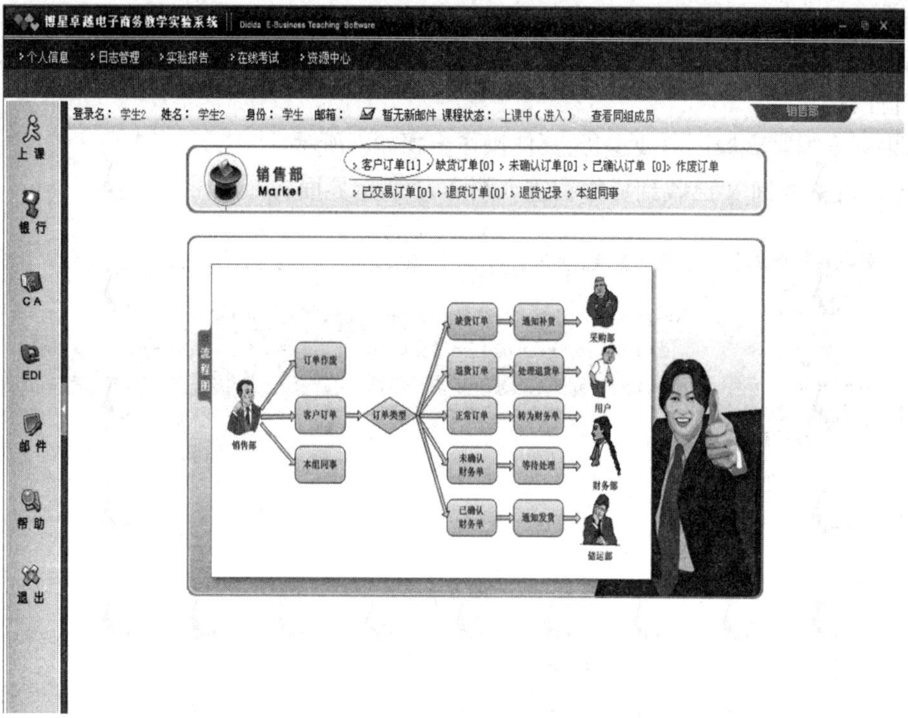

图 9-74

我们可以看到,刚才商城用户购买的订单已经转到了销售部,点击“客户订单”,出现订单详细信息,如图 9-75 所示。

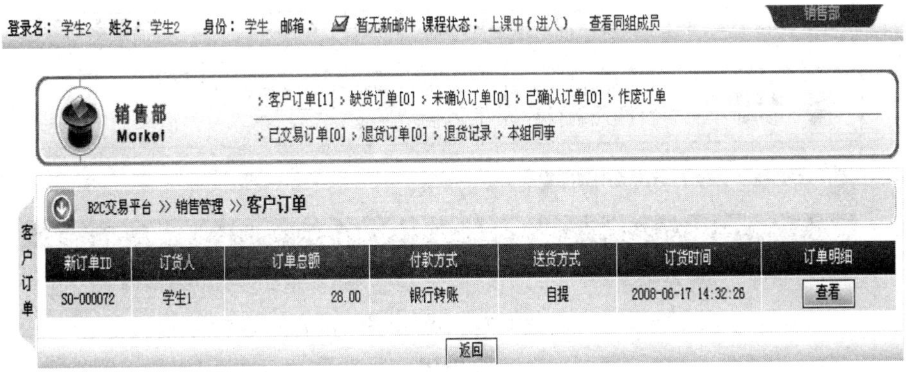

图 9-75

点击“查看”，销售部受理此订单，如图 9-76 所示。

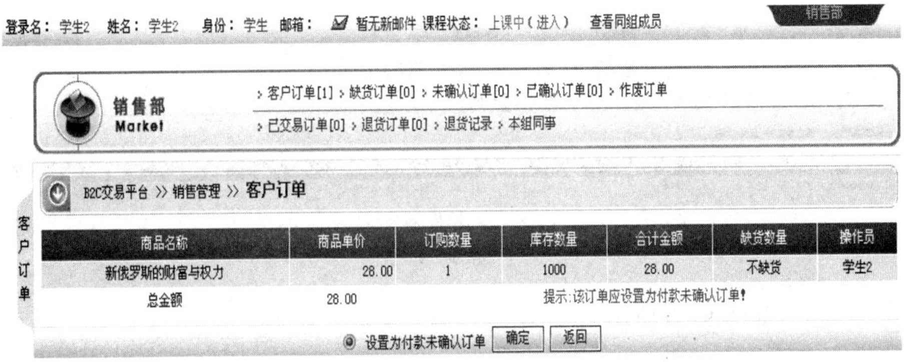

图 9-76

点击“确定”将订单设置为“付款未确认订单”。订单变为“未确认订单”。如图 9-77 所示。

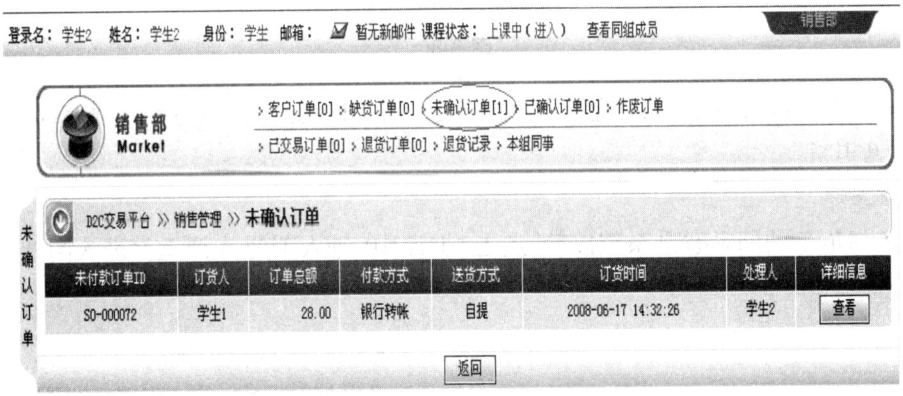

图 9-77

点击“查看”受理此未确认订单，如图 9-78。

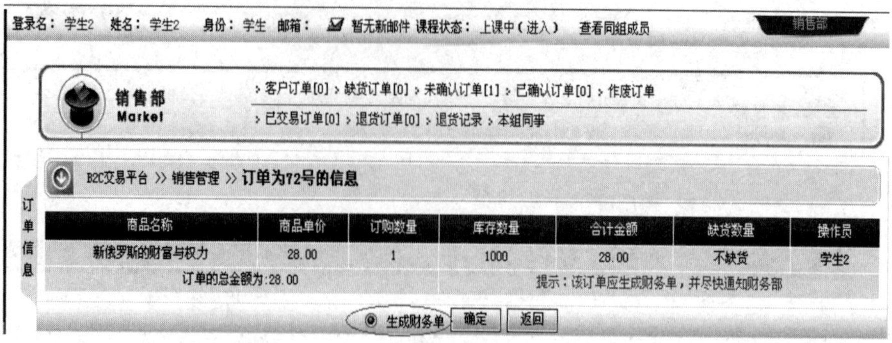

图 9-78

点击“确定”将生成财务单，流程转交到财务部。

商城用户已发送退货申请，点击“销售管理”，如图 9-79 所示

图 9-79

点击“查看”，如图 9-80 所示

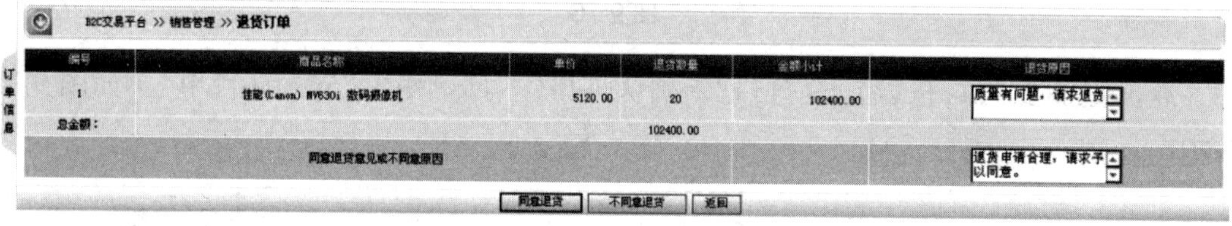

图 9-80

填写同意原因后点击“同意退货”完成退货。若不同意退货，填写不同意退货原因后单击“不同意退货”。

3. 财务部

财务部角色的同学登录系统以后，点击“上课中（进入）”进入课堂。进入图 9-81 所示界面。

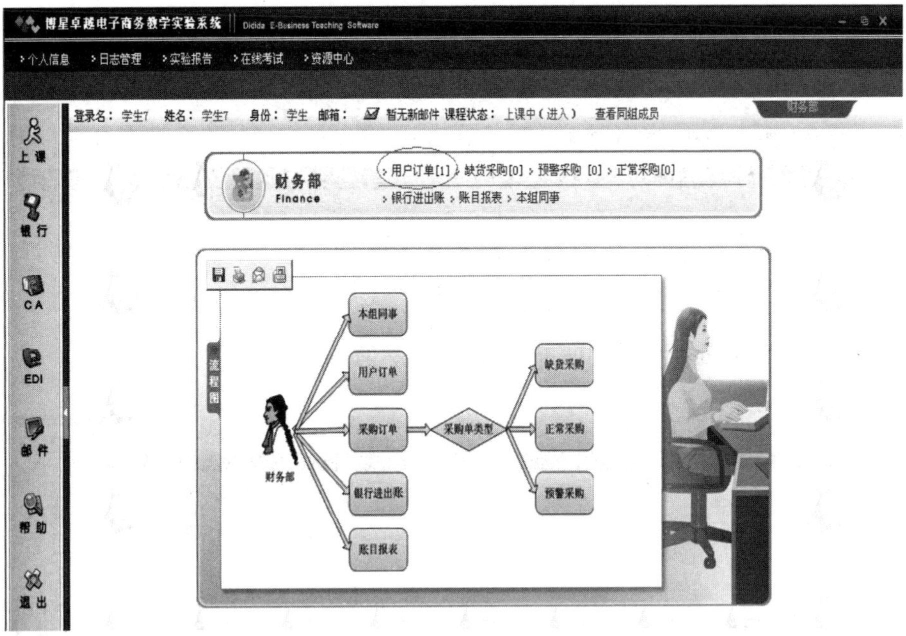

图 9-81

点击“用户订单”受理由销售部流转过来的订单。财务部同学需已经注册了银行账号，方可处理订单。如果没有注册，系统将提示注册 B2C 银行账号，如图 9-82 所示。

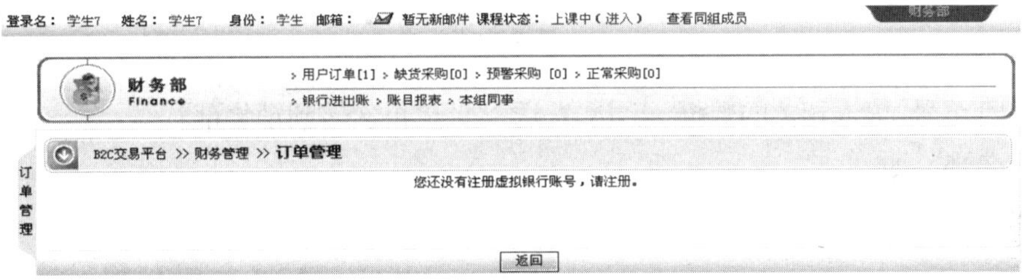

图 9-82

点击“注册”注册 B2C 银行账号，等待银行管理员审核开通以后，就可以受理订单了，如图 9-83 所示。

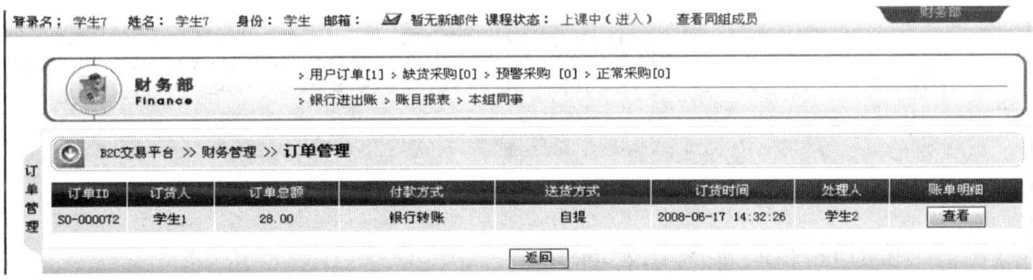

图 9-83

点击“查看”受理订单，进入图 9-84 所示界面。

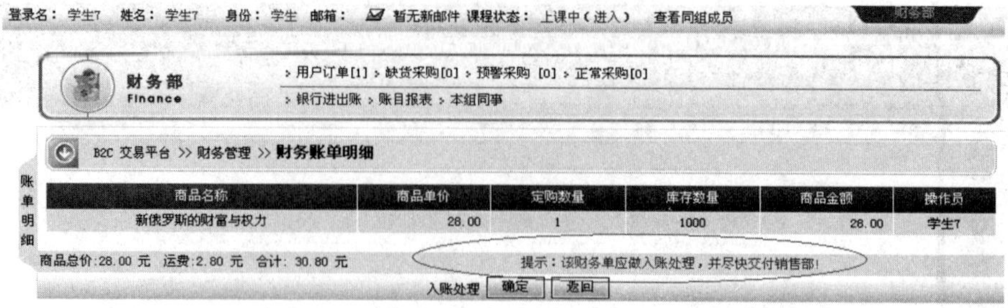

图 9-84

点击“确定”,财务单进行入账处理,进入图 9-85 所示界面。

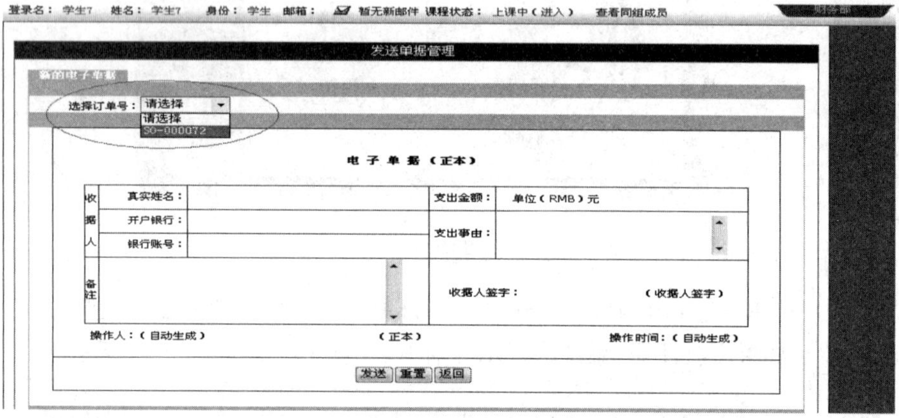

图 9-85

选择订单号,填入相关的数据,点击“发送”,订单再次转到销售部。

4. 销售部

此时销售部就可以看到订单已经被确认了,如图 9-86 所示。

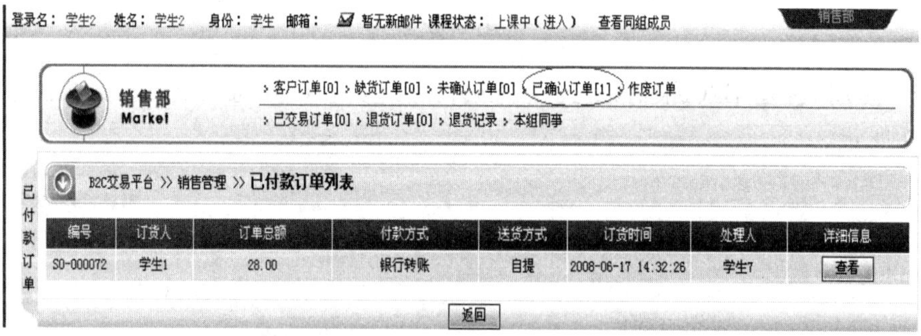

图 9-86

点击“查看”受理此订单,如图 9-87 所示。

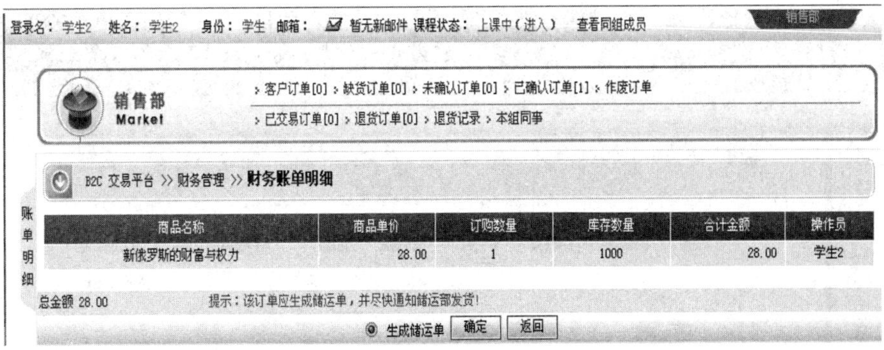

图 9-87

点击“确定”生成储运单，订单转到储运部进行储运。

5. 储运部

储运部登录以后，就可以看到订单已经成功流转过来，如图 9-88 所示。

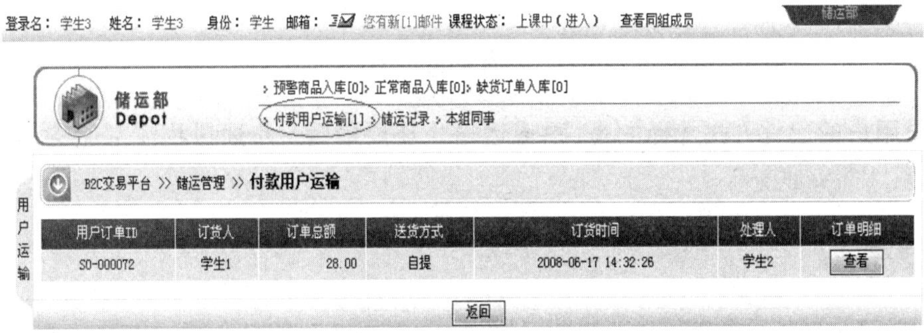

图 9-88

点击“查看”将受理此订单。进入图 9-89 所示界面。

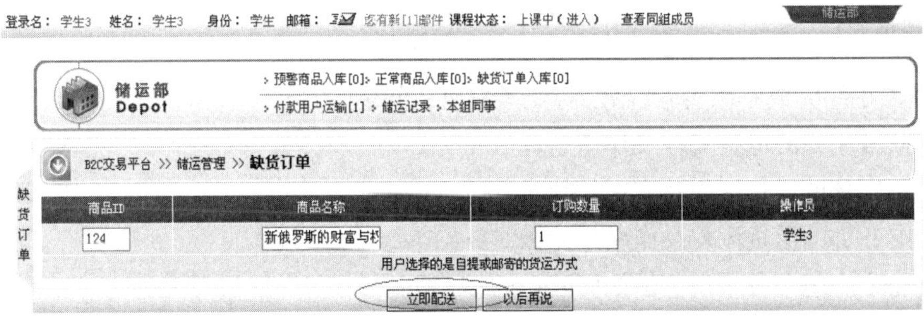

图 9-89

点击立即配送开始配送此次订单中的货物。

如果商城用户购买的时候，运货方式选择的是“自提”，本次正常购买流程到此结束，当商城用户登录以后，点击“订单查询”，就能够看到可以收货了。如图 9-90 所示。

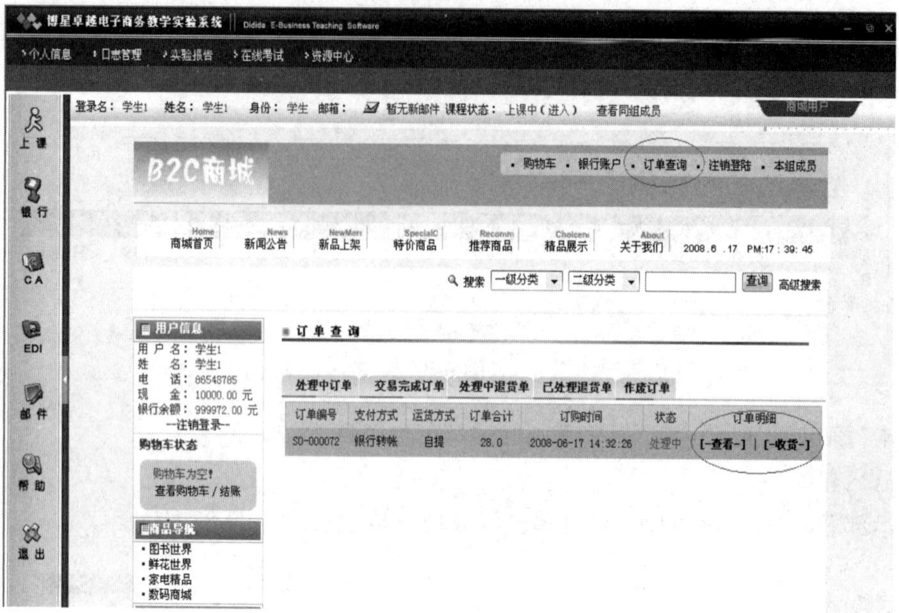

图 9-90

如果用户的运货方式选择的是“物流运输”，还要最后一步通过物流部运输，商城用户才能收货，才能完成流程。

实验考核

（1）通过查询日志查看自己实验的完成情况。
（2）学生完成实验以后，填写主界面的实验报告并提交老师，以备老师批阅。
（3）系统会自动对学生所完成的操作进行打分，老师也可以进行修改。

实验总结

学生以小组完成本次实验以后，需要考虑以下问题。
（1）商城用户的退货流程及作用是什么？
（2）销售部的退货流程及作用是什么？
（3）财务部的退货流程及作用是什么？
（4）一个小组中各个角色是如何配合的？
（5）B2C 交易中后台如何处理订单？

B2C 电子商务模拟实验通过模拟真实的 B2C 交易，使学生详细了解了 B2C 交易流程，并且体会到部门之间相互配合的重要性，现实操作中也是这样，只有相互配合，相互帮助，才能够做得更好。

实训项目十　网络工具的使用

一、实训目标

（1）能够正确设置 Internet 选项。

（2）能够进行 IE 的安全设置。

二、实训任务

（1）了解 Internet 的性能。

（2）通过对 Internet 选项的操作，掌握基本设置，了解 Internet 的安全功能。

（3）结合实训写出本单元的实训总结。

三、相关知识

1. 主页

在万维网（WWW）环境中，信息是以信息页的形式显示与链接的。信息页由 HTML 语言来实现，其中可以包含文字、表格、图像、声音、动画与视频等信息内容，信息页之间建立了超文本链接以便于浏览。

主页（HomePage）是指个人或机构的基本信息页面，用户通过主页可以访问有关的信息资源。主页通常是用户使用浏览器访问 Internet 上任何服务器（即 Web 主机）所看到的第一个页面。

主页一般包含以下几种基本元素。

（1）文本（Text）：最基本的元素，就是通常所说的文字。

（2）图像（Image）：浏览器一般只识别 GIF 与 JPEG 两种图像格式。

（3）表格（Table）：类似于 Word 中的表格，表格单元内容一般为字符类型。

（4）超链接（Hyperlink）：HTML 中的重要元素，用于将 HTML 元素与其他主页相连。

主页经常用来对运行服务器的单位进行全面介绍，也是人们通过 Internet 了解一个学校、公司、政府部门的重要手段。WWW在商业上的重要作用就体现在这里：人们可以使用 WWW 介绍一个公司的概况，展示公司新产品的图片，介绍新产品的特性，或利用它来公开发行免费的软件等。

2. 统一资源定位器 URL

统一资源定位器（Uniform Resource Locators，URL）在一个计算机网络中用来标识、定位某个主页地址，即用来定位信息资源所在位置。

URL 是 WWW 的地址编码，采用 URL 可以用一种统一的格式来描述各种信息资源，包括文件、服务器的地址和目录等。它完整地描述了Internet上超文本的地址，这种地址可以是本机磁盘，也可以是Internet上的站点。在WWW上的所有能被访问的信息资源，都有一个唯一的地址，即URL。URL的内容包括传输协议、存放该资源的服务器名称、资源在服务器上的路径及文件名。URL的格式为：（协议）://（主机名）:（端口号）/（文件路径）/（文件名）。

其中：

（1）协议或称服务方式是指http、FTP、Telnet等信息传输协议。最常用的是http协议，它是目前在WWW中应用最广的协议。

（2）主机名是指存有资源的主机名字，可以使用它的域名，也可以用它的IP地址来表示。例：http://www.shcp.edu.cn与210.35.104.1等价。

（3）端口是指进入服务器的通道，一般为默认端口，如http协议端口号为80，FTP协议的端口号为21，默认端口号在输入时可以省略。有时为了安全问题，如果不希望其他人都能够随意进入你的服务器访问信息资源时，也可以对端口号重新定义，即非标准端口，这时的端口号就不能省略。

（4）文件路径是指文件在服务器系统中的相对路径，而不是指文件在主机中实际存取的绝对路径。

（5）文件名是指信息资源文件的名称。

（6）协议和主机名之间用"://"符号隔开；主机名、文件路径和文件名间用符号隔开。

（7）协议和主机名是不可缺少的，在使用常用的浏览器时，http是默认协议，因此在输入地址时常常被省略，而文件路径和文件名有时也可以省略。

（8）本地URL用于浏览器访问本地机器上的文件，文件类型可以是HTML文件，也可以是图像或声音文件。

如http://www.microsoft.com/china/msolownlood/default.，htm. 此URL表明的信息是当前用户正在使用http协议来读取www. microsoft. com服务器上china/ msolownlood/目录下的default. htm页面文件。

3. 安全等级

Internet Explorer将Internet划分成四个区域：Internet区域、本地Internet区域、可信站点、受限站点。单击自定义级别按钮可自定义安全等级。单击默认级别按钮可自动设置安全等级。在默认情况下，Internet区域包含了不在用户的计算机和Internet上以及未分配到其他区域的所有站点，Internet区域的默认安全等级为"中"。

本地Internet区域：该区域适用于连接到本地网络的计算机，该区域默认安全等级为"中低"。可信站点区域：该区域可直接下载或运行文件，而不用担心会危害个人计算机的辅助机构或是值得信任的商业伙伴WEB站点。该区域默认安全等级为"低-受限站点区域"：该区域包含用户不信任-站点。该区域默认安全等级为"高"。

4.TCP/IP协议

在计算机网络中有许多互相连接的结点，这些结点间要不断地进行数据交换。要做到有条不紊地交换数据,每个结点必须遵守一些事先约定好的规则。这些规则规定了数据交换的格式及同步问题。为进行网络中数据交换而建立规则、标准或约定叫作网络协议。

TCP/IP(Transmission Control Protocol/Internet Protocol)协议是 Internet 所使用的标准网络协议。TCP 是传输控制协议,规定一种可靠-数据信息传递 服务。IP 协议又称互联网协议,提供网间网连接-完善功能。

5.IP 地址

网络中,每一台主机必须有一个 IP 地址,以确定主机的位置。这个 IP 地址在整个网络中必须是唯一的。Internet 上计算机的 IP 地址有两种表示形式:IP 地址和域名。

TCP/IP 协议规定,每个 IP 地址由网络地址(NETID)和主机地址(HOSTID)两部分组成。网络地址长度决定整个网间网能包含多少个网络,主机地址长度决定每个网络能容纳多少台主机。每个 IP 地址由 32 个二进制位构成,分 4 组,每组 8 个二进制位。实际表示中,每组以十进制数字。0~255 表示,每个组间以“.”隔开,称为点分十进制编址,例如:

202.44.102.13;102.33.2.3;19.29.50.1。

TCP/IP 根据网络规模大小将 IP 地址分为 5 类,即 A 类、B 类、C 类、D 类和 E 类。其中 D 类地址叫多目地址, E 类地址用于将来的扩展之用,这两地址并不常用。我们常用地址有 A 类、 B 类和 C 类地址,所以有的资料上称 IP 地址有三类。它们的二进制位分布如图 10-1 所示。从图中可以看出,A、B、C 类地址区别之处在第一组二进制位。

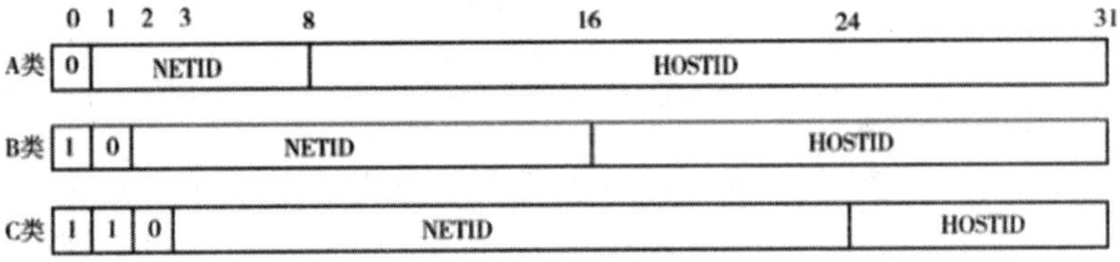

图 10-1

A 类地址第一组数字的首位一定为 0。IP 地址规定第一组数字不能为 0,第一组数字中不能使用 127(十进制 ' 故 A 类地址的范围是 1~126(00000001—01111110), 所以全世界范围内只有 126 个 A 类网络。在 A 类网络中,每个网络能容纳 16777214 台主机。

B 类地址的范围是 128~191 (10000000—10111111),即第一组数字的第一位一定为 1,第二位一定为 0。每个 B 类网络所能容纳的主机数量为 65534 台。

C 类地址第一组数字的第一位一定为 1,第二位一定为 1,第三位一定为 0,所以 C 类地址的范围是 192~223(11000000—11011111),每个 C 类网络所能容纳的主机数为 254 台。

使用点分十进制编址很容易识别 IP 地址属于哪一类 IP 地址,方法是查看第一组数字例如, 193.141.15.163 是一个 C 类地址; 184.12.15.6 是一个 B 类地址; 23.34.23.1 是一个 A 类地址。

6. 域名

所谓域名(Domain Name),就是用人性化的名字表示主机地址,这比用数字式的 IP 地址表示主机地址更容易记忆。

在 Internet 上所有主机都有一个“名字—地址”及“地址—名字”的映射,完成这一映射的系统叫作域名系统 DNS(Domain Name System),完成映射的过程叫地址解析,完成“名字—地址”映射的过程叫正向解析,完成“地址—名字”映射的过程叫反向解析。域名系统对名字结构作了定义:名字从左到右结构,而表示的范围从小到大,这与 IP 地址表示的顺序正好相反。一个域名由若干部分组成,各部分用“.”分隔,最后一部分是一级域名,也称顶级域名。例如,在 www.pku.edu.cn 中,www 表示 WWW 服务器; pku 表示北京大学; .edu 表示教育机构;.cn 表示中国。

四、实训步骤

(1)常规选项卡用来设置 Internet Explorer 的常规配置,在“工具”菜单中选择“Internet 选项”,如图 10-2 所示。

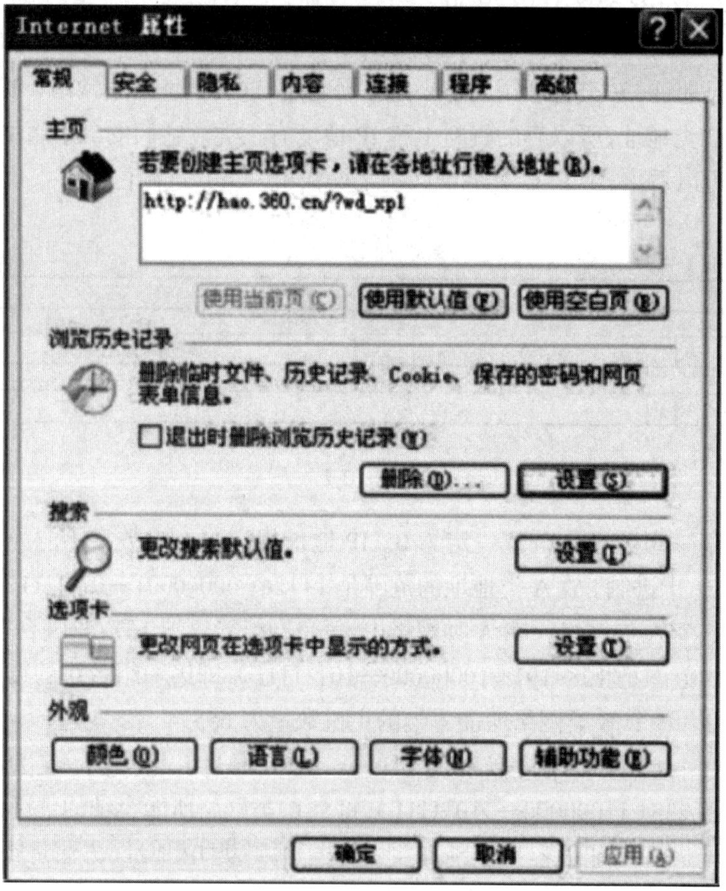

图 10-2

①设置主页。“主页”是 Internet Explorer 每次启动时最先打开的起始页,有四种设置方法:使用当前页;使用默认页;使用空白页;自定义。以上操作均要点击“确定”或“应用”按

钮才生效。

②设置 Internet 临时文件夹。用户访问过的所有网页内容都保存在特定的文件夹中，其目的是便于用户浏览后可以快速访问已访问过的网页。

删除文件：当硬盘空间不足，或不再需要这些网页时，可以删除临时文件夹中的内容。单击“删除文件”按钮完成操作。

设置：单击“设置”按钮出现对话框如图 10-3 所示。

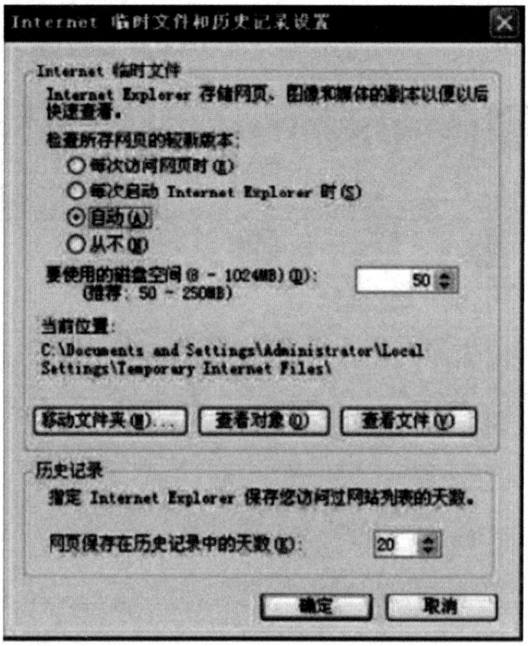

图 10-3

每次访问此页时检查：当返回到以前查看过的网页时，指定 Internet Explorer 检查该网页自上次查看以来是否有改变。

每次启动 Internet Explorer 时检查：只有每次启动 Internet Explorer 时，检查以前查看过的网页是否有改变。这一选项能适当加快浏览已查看过网页的速度。

自动：选择此项，则系统自动检查以前查看过的网页是否有改变。若有，则下载最新页，并把它存储到 Temporary Internet Files 文件中。

不检查：当返回到以前查看过的网页时，Internet Explorer 不检查该页是否有改变。这一选项能显著提高浏览显示已下载过的网页的速度。

使用的磁盘空间：“使用的磁盘空间”标尺可以用来调整 Internet 临时文件夹的空间大小。此处也可以手工输入磁盘空间大小。

移动文件夹：将 Internet 临时文件夹 Temporary Internet Files 移到其他目录中。

以上操作点击“确定”按钮生效。

③设置历史记录。

历史记录：该选项用来设置 Internet Explorer 在“历史记录”列表中保留已查看网页的

天数。

清除历史记录:单击“清除历史记录”按钮,将清空 History 文件夹,并且可以进一步删除在本地存储的所有预订内容。

Internet Explorer 中文版对访问过的页面在 History 文件夹中保存快捷方式链接!单击该链接可以快速访问已查看过的网页。如果用户的磁盘空间不够,可以适当减少网页保存在历史记录中的天数。

“常规”选项卡除上述选项外,还可对“语言”“颜色”“字体”等进行设置。

安全设置如图 10-4 所示。

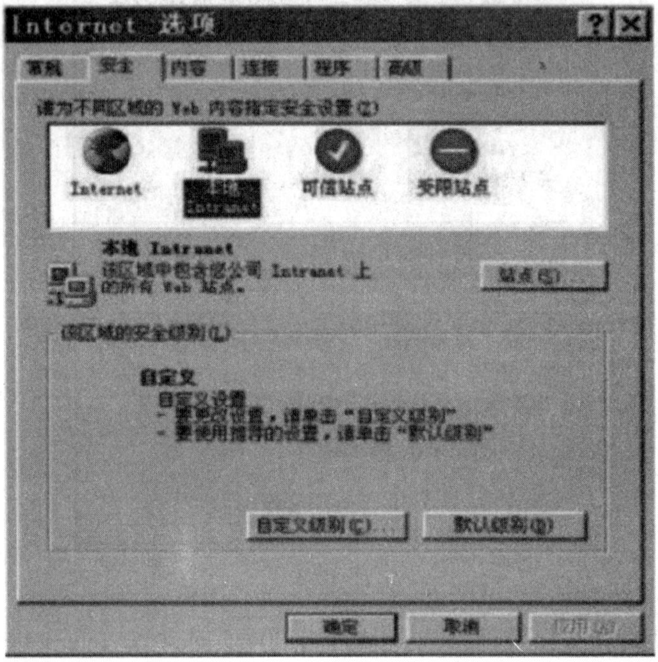

图 10-4

Internet Explorer 把各种 Web 站点分成四种安全区域,并对各个区域分别指定不同的安全等级,以便在下载 Web 站点的内容和运行 Internet 上的应用程序时进行限制。

这四种区域分别是 Internet 区域、本地企业网区域、信站点区域和受限站点区域。其中,Internet 区域是默认区域,用来包括除其他三个区域之外的所有 Web 站点。

设置安全级别。安全级别共有四种,分别为高、中、低和自定义。其中, Internet 区域和本地企业网区域的默认安全级别是中,可信站点区域的安全级别是高,受限站点区域的安全级别是低。另外,用户也可以自定义安全设置,点击“自定义”进行。

向某个区域添加 Web 站点。Web 站点默认时定义到了 Internet 区域,具有中等安全性级别。用户也可以把一些站点指派为本地企业网区域、可信站点区域和受限,站点区域,以使这些站点具有该区域的安全级别。

五、重点及注意事项

（1）“清除历史记录”，指清除 URL 地址中存储的地址条目。

（2）在设置“内容”选项卡时，注意密码的使用，一旦设置密码就要记好。

六、动手练习

（1）将 IE 浏览器进行 Internet 选项设置，要求如下。

①将您的计算机 Internet Explorer 的主页地址设置为 http://www. 263.net，把临时文件夹使用的磁盘空间改为 100 M，清空历史记录，把 http://www.sina.com.cn 添为可信站点。

②设置 Internet 临时文件，自动检查浏览器的最新版本；存放临时文件的磁盘空间为 100 M；将临时文件存放地址改变为 D:/ABC。

③将 HTML 编辑器默认为“记事本”。

④在“内容”里设置清除个人信息。

⑤设置浏览器中 Internet 选项，要求：在个人信息中将“清除自动完成历史记录”设为清除表单、清除密码。

⑥假设“电子商务实验室”首页的 URL 为 http://www.eblab.net 将 IE 浏览器的主页设置为“电子商务实验室”首页。

⑦设置临时文件夹为 D:/ABC（可以不点击确定，以免重启电脑）。

实训项目十一　HTML 网页制作

一、实训目标

（1）了解 HTML 语言。

（2）熟悉 HTML 标记。

（3）能使用 HTML 语言进行简单网页的书写。

二、相关知识

1.HTML 超文本描述语言

HTML（HyperText Markup Language）的中文名称为“超文本标记语言 ",是一种专门用来设计网页的计算机标记语言。HTML 对网页上的文字、图片等多媒体数据所出现的位置、形式、顺序及关系都使用标记 <Tag> 语法作定义以及对网页间加注超链接关系。通常，HTML 文件以“.html”或者“.htm”为扩展名，浏览器根据 Tag 语法对 *.htm 或者 *.html 文件的内容加以处理，按照其指定方式将文字、图片等多媒体数据显示或播放出来。

2.HTML 文件的结构

HTML 通过使用标记和元素（不区分大小写）来建立文件，并利用标记来控制文件的结构。一个标准的 HTML 文件是以 <html> 标记开始，并以 </html> 标记结束的，用来告知浏览器这是整个 HTML 文件的范围。

在 <html>—</html> 之间包含两个主要的部分：一个是 HTML 文件的头部 <Head>，称为“标题设定区”，放置一些有关该文件的识别数据，前后使用 <head>—</head> 标记框住；另一个是文件的主体 <Body>，称为“HTML 网页文本区”，是显示在浏览器中的文件内容及其格式，前后使用 <body>—</body> 标记框住。

3.HTML 标记的格式

HTML 文件的所有控制语句称为标记，标记在一对尖括号之间，格式如下：

< 标记 >HTML 语言元素 </ 标记 >

（1）标记分为成对标记符和非成对标记符。标记符忽略大小写，HTML 源文件为文本文件，多个标记符可写成一行，甚至整个文件可写成一行，一个标记符的内容可以写很多行。

（2）可使用标记符的属性来进一步限定标记符，一个标记可以有多个属性项，各属性项的次序不限定，各属性项间用空格进行分隔。

（3）HTML 中使用的注释语句为 <!--……-->，注释内容可插入文本中任何位置，注释内容将不显示。

三、实训步骤

1. 基本架构

（1）用记事本编写以下代码。

<HTML>

<HEAD>

<TITLE> 标题 </TITLE>

</HEAD>

<BODY>

正文

</BODY>

</HTML>

（2）将其保存为如“HTM”格式的文件。

（3）浏览“HTM”格式的文件。

2. 建立 HTML 文件

操作步骤如下。

（1）单击“开始”按钮，选择“程序”→“附件”→“记事本”，并打开“记事本”窗口。

（2）在记事本中，输入如图 11-1 所示的 HTML 语句。

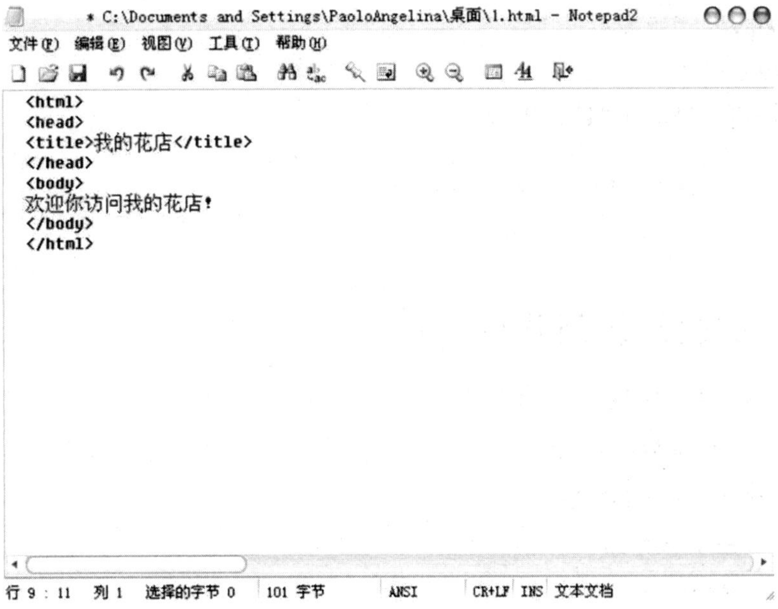
* C:\Documents and Settings\PaoloAngelina\桌面\1.html - Notepad2
文件(F) 编辑(E) 视图(V) 工具(T) 帮助(H)
<html>
<head>
<title>我的花店</title>
</head>
<body>
欢迎你访问我的花店!
</body>
</html>
行 9 : 11 列 1 选择的字节 0 101 字节 ANSI CR+LF INS 文本文档

图 11-1

（3）执行“文件”→“保存”命令，将文件保存为 9.htm。

（4）在浏览器中打开所建立的 HTML 文件。

说明:除了记事本之外,还可以使用写字板来编辑 HTML 语句。

3. 常用的 HTML标记设置

步骤一:在文本文件编辑器中编写 HTML文件(可参考下面的示例编写)。

步骤二:保存 HTML文件。

步骤三:在浏览器中观察所编辑的 HTML文件的显示效果。

4.HTML 示例

[示例 1]<hi> 标题标记,在记事本中输入以下 HTML 语句。

```
<html>
<head>
<title> 我的花店 </title>
</head>
<body>
<h1> 欢迎你访问我的花店! </h1>
<h2> 欢迎你访问我的花店! </h2>
<h3> 欢迎你访问我的花店! </h3>
<h4> 欢迎你访问我的花店! </h4>
<h5> 欢迎你访问我的花店! </h5>
<h6> 欢迎你访问我的花店! </h6>
<h7> 欢迎你访问我的花店! </h7>
</body>
</html>
```

保存后浏览效果,如图 11-2 所示。

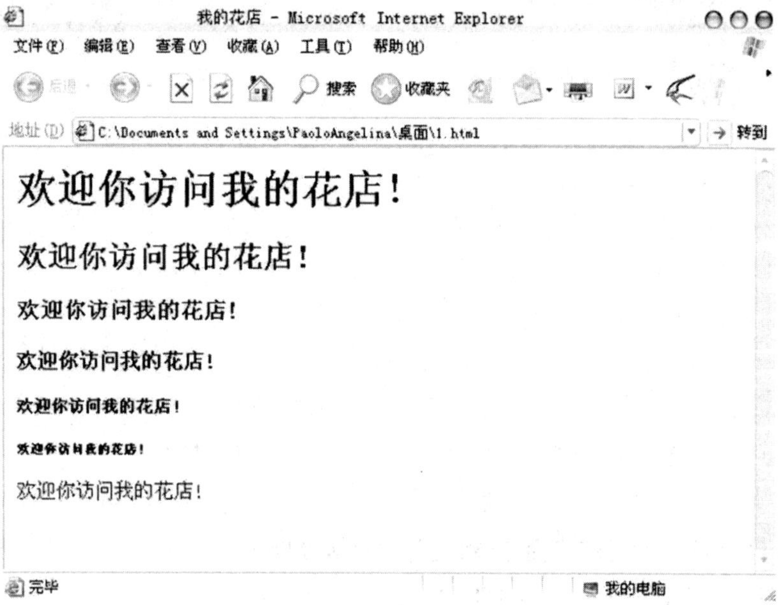

图 11-2

说明：<hi> 标记符用于定义段落标题的大小级数。最大的标题级数是 <h1>，最小的标题级数是 <h6>。使用 <hi> 标记符的 align 属性可控制文字的对齐方式，属性值可以是 left（左对齐）、center（居中对齐）或者 right（右对齐）。

[示例 2]<p> 段落标记符，输入 HTML 语句如下：

```
<html>
<head>
<title> 我的花店 </title>
</head>
<body bgcolor="#FFFF99">
<h1 align="center"> 我的花店！ </h1>
<p align="center"> 欢迎您访问我的花店 </p>
<p align="center"> 花可以传情，可表达思念之情，亲情，感恩的心情，衷心的祝福！</p>
<p align="center"> 祝愿进入我的花店的朋友天天有好心情！ </p>
</body>
</html>
```

保存后的浏览效果如图 11-3 所示。

我的花店 - Microsoft Internet Explorer
我的花店！
欢迎您访问我的花店
花可以传情，可表达思念之情，亲情，感恩的心情，衷心的祝福！
祝愿进入我的花店的朋友天天有好心情！

图 11-3

说明：<p> 标记符用于划分段落，控制文本的位置。<p> 是成对标记符，用于定义内容从新的一行开始，并与上段之间的一个空行，其 align 属性定义新开始的一行内容在页面中的对齐位置，属性值可以是 left（左对齐）、center（居中对齐）或者 right（右对齐）。

[示例 3]
 换行标记，将 [示例 2] 中相应段落中的段落标记 <p> 替换为换行标记

,HTML 语句如下：

```
<html>
<head>
<title> 我的花店 </title>
</head>
<body bgcolor="#FFFF99">
<h1 align="center"> 我的花店！ </h1>
<hr align="center" width="100%" size="4" color="#3333FF">
<p align="center"> 欢迎您访问我的花店 </p>
花可以传情，可表达思念之情，亲情，感恩的心情，衷心的祝福！ <br>
祝愿进入我的花店的朋友天天有好心情！ <br>
<hr align="center" width="100%" size="4" color="#3333FF">
</body>
</html>
```

保存后的浏览效果如图 11-4 所示。注意段落标记 <p> 和换行标记
 预览效果的不同。

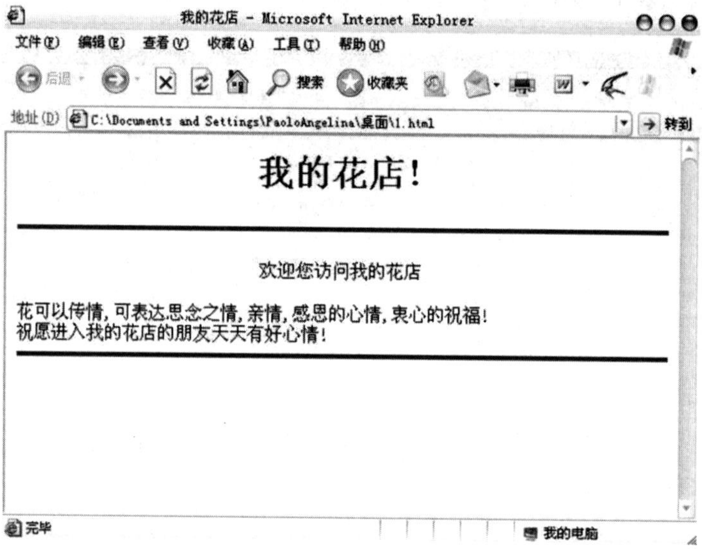
我的花店 - Microsoft Internet Explorer
文件(F) 编辑(E) 查看(V) 收藏(A) 工具(T) 帮助(H)
后退
搜索
收藏夹
地址(D) C:\Documents and Settings\PaoloAngelina\桌面\1.html
转到
我的花店！
欢迎您访问我的花店
花可以传情，可表达思念之情，亲情，感恩的心情，衷心的祝福！
祝愿进入我的花店的朋友天天有好心情！
完毕
我的电脑

图 11-4

说明：
 标记符用于定义从新的一行显示，它不产生一个空行，但连续多个
 标记可以产生多个空行的效果。
 标记符是非成对标记符。

[示例 4] 项目列表标记 <ul>，HTML 语句如下。

```
<html>
<head>
<title> 花语 </title>
```

```
</head>
<body bgcolor="#FFFF99">
<hl align="center"><font face=" 宋体 "> 花语 </font></hl>
<p> 各种花所代表的含义如下:</p>
<ul>
<li> 玫瑰:纯洁的爱 </li>
<li> 剑兰:用心坚固 </li>
<li> 百合:百年好合 </li>
<li type="circle"> 满天星:爱怜 </li>
<li type="circle"> 菊花:吉祥 </li>
<li type="circle"> 康乃馨:亲情思念 </li>
<li type="circle"> 郁金香:爱的表白 </li>
<li type="circle"> 紫罗兰:永恒之美 </li>
<li type="circle"> 勿忘我:爱到永远 </li>
</ul>
</body>
</html>
```

保存后的浏览效果如图 11-5 所示。

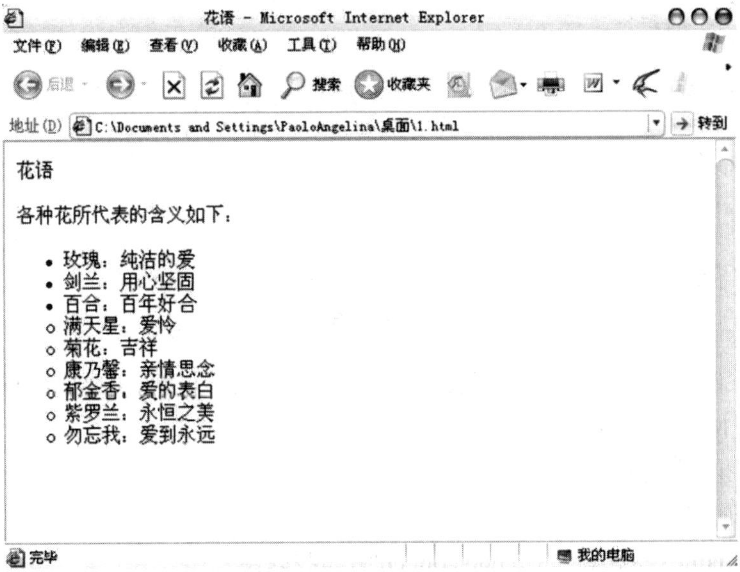
花语 - Microsoft Internet Explorer
文件(F) 编辑(E) 查看(V) 收藏(A) 工具(T) 帮助(H)
后退 搜索 收藏夹
地址(D) C:\Documents and Settings\PaoloAngelina\桌面\1.html
转到
花语
各种花所代表的含义如下：
• 玫瑰：纯洁的爱
• 剑兰：用心坚固
• 百合：百年好合
○ 满天星：爱怜
○ 菊花：吉祥
○ 康乃馨：亲情思念
○ 郁金香：爱的表白
○ 紫罗兰：永恒之美
○ 勿忘我：爱到永远
完毕
我的电脑

图 11-5

列表标记包括“项目列表”标记 <ul>、“编号列表”标记 <ol>。<ul> 和 <ol> 标记都是成对标记。在 <ul> 标记之间还可以使用 <li> 标记来设定项目内容，其 type 属性可以显示不同形状的项目符号。

[示例 5]<a> 链接标记的设置，输入如下所示的 HTML 语句。

```
<html>
<head>
</head>
<body bgcolor="#FFFF99">
<p><a href="1-7.htm"> 花语 </a></p>
<p><a href="bg.htm" target="right"> 花节 </a></p>
<p><a href="http://www.sina.com.cn"> 友情链接 </a></p>
<p><a href="mailto:gltxiaohong@buu.com.cn"> 与我联系 </a></p>
</body>
</html>
```

保存后的浏览效果如图 11-6 所示。

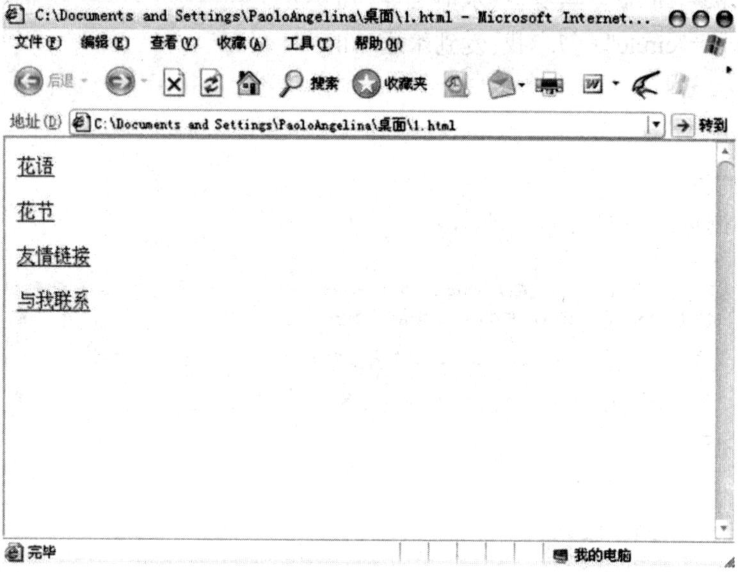

图 11-6

HTML 是通过 <a> 标记符来实现超链接的，它是成对标记符，主要属性有以下几点。

①href：链接文件的地址。

②target：链接目标的位置。

指向电子邮件的链接：

```
<a href="mailto:gltxiaohong@buu.com.cn"> 与我联系 </a>
```

指向站点内文件的链接：

```
<a href="bg.htm" target="right"> 花节 </a>
```

指向其他网站文件的链接：

```
<a href="http://www.sina.com.cn"> 友情链接 </a>
```

[示例 6]<font> 字体标记的设置，[示例 2] 中相应段落的字体，HTML 语句如下：

```
<head>
<title> 我的花店 </title>
</head>
<body bgcolor="#FFFF99">
<h1 align="center"><b><font color="#FF0000" face=" 隶书 " size="+5"> 我的花店！ 花店</font></b></h1>
<hr align="center" width="100%" size="4" color="#3333FF">
<p align="center"> 欢迎您访问我的花店 </p>
花可以传情，可表达思念之情，亲情，感恩的心情，衷心的祝福！ <br>
祝愿进入我的花店的朋友天天有好心情！ <br>
<hr align="center" width="100%" size="4" color="#3333FF">
</body>
</html>
```

保存后浏览效果如图 11-7 所示。

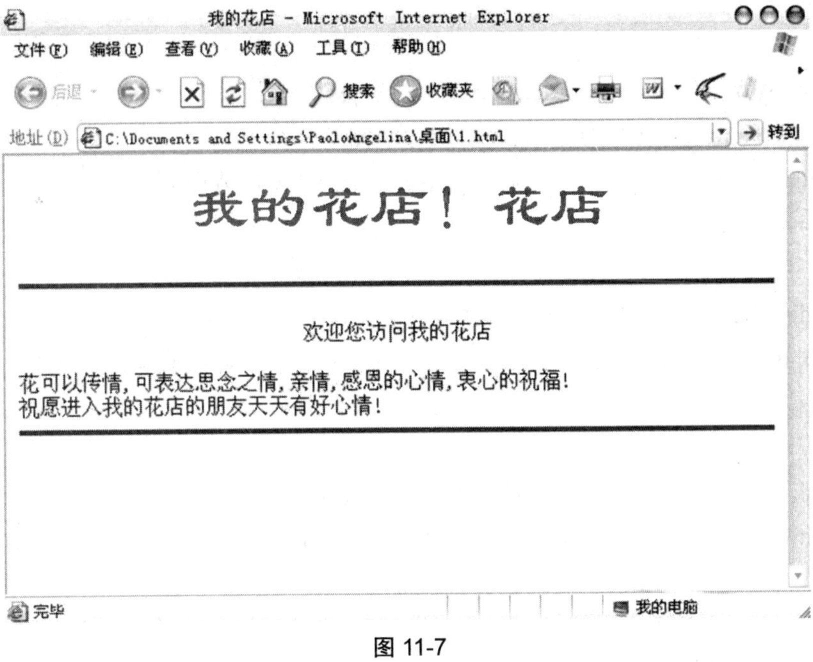
我的花店 - Microsoft Internet Explorer
文件(F)　编辑(E)　查看(V)　收藏(A)　工具(T)　帮助(H)
后退　搜索　收藏夹
地址(D)　C:\Documents and Settings\PaoloAngelina\桌面\1.html　转到
我的花店！ 花店
欢迎您访问我的花店
花可以传情，可表达思念之情，亲情，感恩的心情，衷心的祝福！
祝愿进入我的花店的朋友天天有好心情！
完毕　我的电脑

图 11-7

<font> 标记用来定义文字的字体、大小和颜色，是成对标记符。主要属性有以下几点。

①face 属性：定义文字所使用的字体，如 face=" 隶书 "。

②size 属性：定义文字的大小，属性值为 1~7，也可以使用相对大小来设置，如 size="+5"，size="−5"。

③color 属性：定义文字的颜色，可以使用颜色的英文名称来表示颜色，如 color="red"；也可使用 16 进制的 RGB 代码来表示颜色，如 color="#FF0000"。在使用 16 进制的 RGB

代码来表示颜色时，需在颜色代码前加“#”。

此外，字体标记符还包括 <b>…</b> 粗体标记符、<i>…</i> 斜体标记符等。

[示例 7]<table> 表格标记的设置，在记事本中输入以下 HTML 语句。

```
<html>
<head>
<title> 我的花店 </title>
<style type="text/css">
<!--.style3 {font-size:24px; }-->
</style>
</head>
<body bgcolor="#FFFF99">
<table width="317" height="182" border="1">
<tr>
<td colspan="2"><div align="center" class="style3"> 节日 </div></td>
<td><div align="center" class="style3"> 名称 </div></td>
</tr>
<tr>
<td rowspan="3"><div align="center" class="style3">5 月 </div></td>
<td><div align="center" class="style3">1 日 </div></td>
<td height="36"><div align="center" class="style3"> 国际劳动节 </div></td>
</tr>
<tr>
<td><div align="center" class="style3">4 日 </div></td>
<td height="31"><div align="center" class="style3"> 中国青年节 </div></td>
</tr>
<tr>
<td><div align="center" class="style3">12 日 </div></td>
<td><div align="center" class="style3"> 护士节 </div></td>
</tr>
<tr>
<td colspan="2"><div align="center" class="style3">6 月 1 日 </div></td>
<td><div align="center" class="style3"> 儿童节 </div></td>
</tr>
</table>
</body>
</html>
```

保存后在浏览器中浏览，效果如图 11-8 所示。

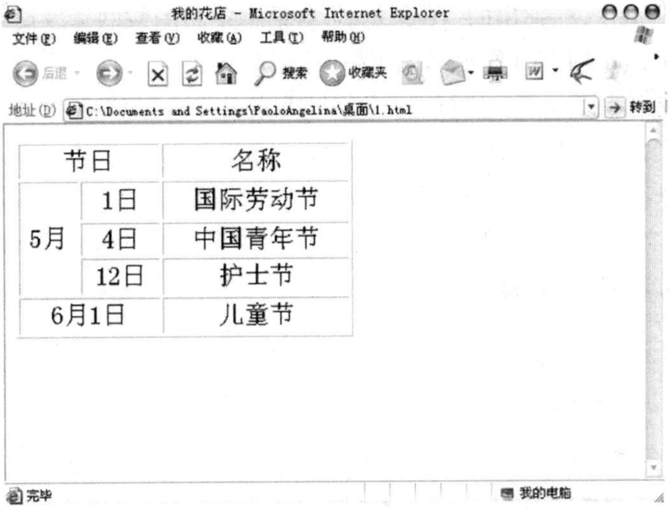

图 11-8

在 <table> 和 </table> 之间放置表格内容，<table> 标记是成对标记。在表格中，行是用 <tr>…</tr> 标记来定义的，一行使用一个 <tr>…</tr> 标记，每行中的列是用 <td>…</td> 标记定义的，一列使用一个 <td>…</td> 标记。<table>、<tr>、<td> 标记都有相应的属性，用来定义表格中内容的显示方式。<table> 表格标记的主要属性有以下两点。

①rowspan：定义该单元格所跨行数。

②colspan：定义该单元格所跨列数。

[示例 8] 在 FrontPage 中利用横幅广告管理器组件插入横幅广告。

横幅广告中的图片尺寸应尽量一致，为此需要利用图像编辑处理软件对图像进行适当的处理。我们以 Photoshop 工具为例进行介绍，对图片进行适当的处理，图片大小设置为 200×100 像素，操作步骤如下：

(1)单击“开始”按钮，选择“程序”→“Adobe Photoshop 9.0”，打开 Photoshop 工作窗口，如图 11-9 所示。

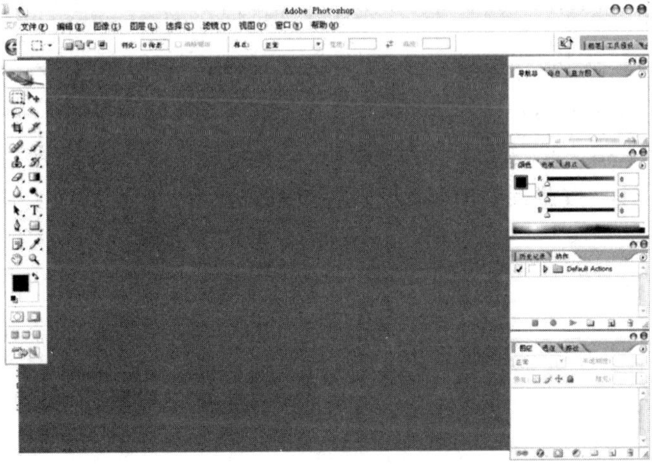

图 11-9

（2）在 Photoshop 工作窗口中执行“文件”→“打开”命令，打开图像文件，然后执行“图像”→“图像大小”命令，在弹出的“图像大小”对话框中将图像的宽度设置为 200 像素，高度设置为 100 像素，如图 11-10 所示，单击“好”按钮。

（3）对图像应用滤镜效果。执行“滤镜”→“风格化”→“风”命令，在弹出的“风”对话框中进行参数设置，单击“好”按钮。

（4）保存图像。执行“文件”→“存储为”命令，在弹出的“存储为”对话框中设置保存路径、文件名称及文件的类型。单击“保存”按钮，会弹出选项对话框，进行品质等设置后单击“好”按钮，完成文件的保存操作。

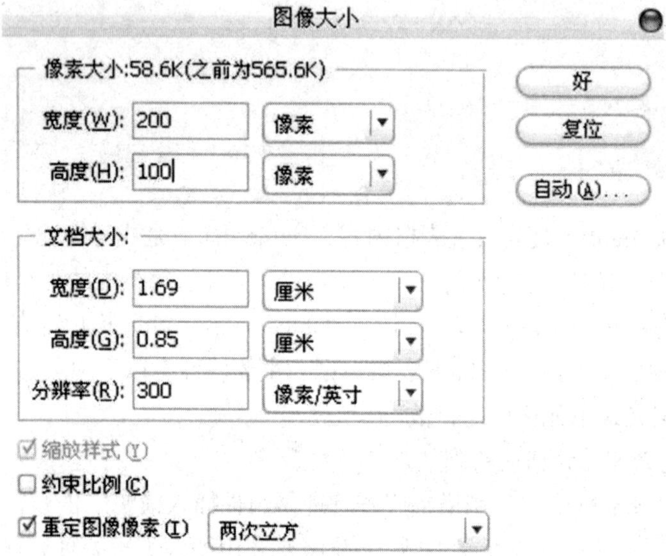

图 11-10

[示例 9] 在 FrontPage 中插入横幅广告。

操作步骤如下。

（1）单击“开始”按钮，选择“程序”→“Microsoft FrontPage”，在“Microsoft FrontPage”窗口中，执行“文件”→“保存文件”命令，将新建文件保存为 guanggao.htm。

（2）在 FrontPage 中执行“插入”→“组件”→“横幅广告管理器”命令，打开“横幅广告管理器属性”对话框，如图 11-11 所示，设置宽度为 200 像素，高度为 100 像素，过滤效果为“分解”，每幅图片显示 3 秒，单击“添加”按钮，将所需要的图片添加到“显示图片”列表框中，单击“上移”“下移”按钮调整横幅广告图像变换的次序，单击“确定”按钮。

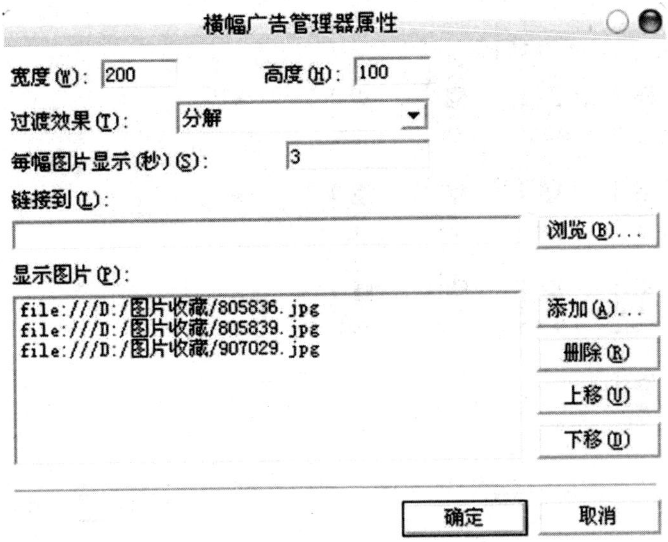

图 11-11

(3)保存后在浏览器中进行预览,每隔 3 秒钟变换一幅图片。

[示例 10] 在 FrontPage 中应用动态 HTML 效果。

操作步骤如下:

(1)单击"开始"按钮,选择"程序"→"Microsoft FrontPage",打开"Microsoft FrontPage"窗口,执行"文件"→"保存文件"命令,将新建文件保存为 dtsg.htm。

(2)在 FrontPage 窗口中输入文本"电子商务",然后选中文本执行"格式"→"动态 HTML 效果"命令,在出现的"DHTML 效果"工具栏中进行设置,如图 11-12 所示。

图 11-12

(3)保存后在浏览器中进行预览。

[示例 11] 建立及应用 CSS 样式文件,使用 FrontPage 建立名为 mystyle.css 的外部 CSS 样式文件,并在其他页面文件中应用此样式文件。

(1)创建 CSS 样式文件。其操作步骤如下。

①单击"开始"按钮,选择"程序"→"Microsoft FrontPage",打开"Microsoft FrontPage"窗口。

②在 FrontPage 窗口中,选择"文件"→"新建"→"网页",如图 11-13 所示,在"新建"对话框中单击"样式表"选择卡,选择要创建的样式类型,然后单击"确定"按钮。

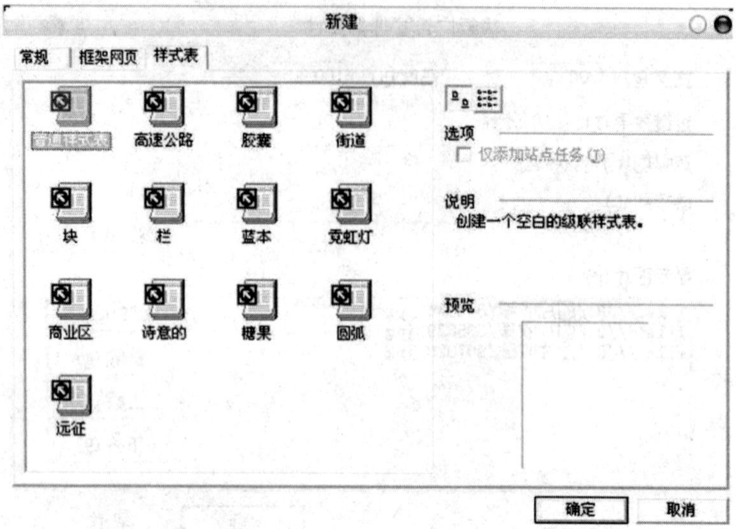

图 11-13

③单击“样式”工具栏中的“样式”按钮，弹出“样式”对话框。

④单击“样式”对话框中的“新建”按钮，弹出“新样式”对话框，如图 11-14 所示，在“名称(选择器)”中输入样式名称，单击“格式”按钮进行字体、段落、边框等样式的设置。

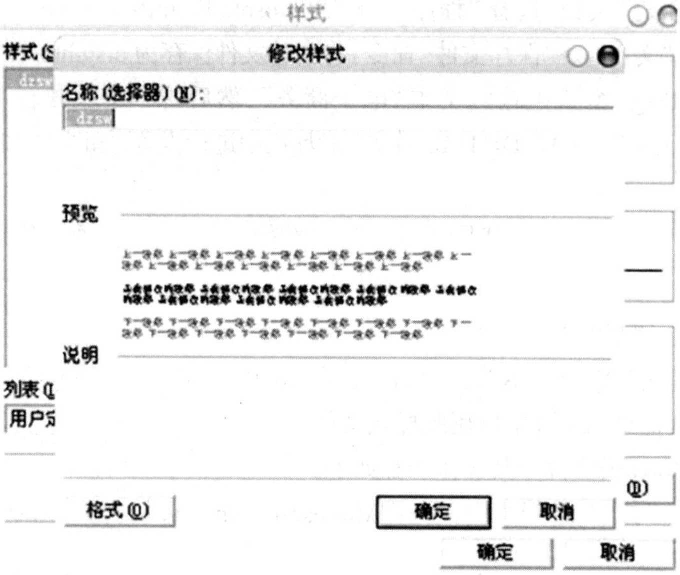

图 11-14

⑤单击“确定”按钮后，会在“样式”对话框的样式栏中显示用户自定义的样式。再单击“确定”按钮，完成样式文件的创建。

⑥执行“文件”→“保存文件”命令，以“mystyle.css”保存文件。

(2)应用外部 CSS 样式。其操作步骤如下。

①新建页面文件并进行保存操作，输入文字内容“电子商务网页制作 FrontPage 样式的

应用”。

②执行“格式”→“样式表链接”命令，在打开的“链接样式表”对话框（见图 11-15）中进行设置，选择“所选的网页”选项，单击“添加”按钮选择所要链接的样式表文件，单击“确定”按钮。

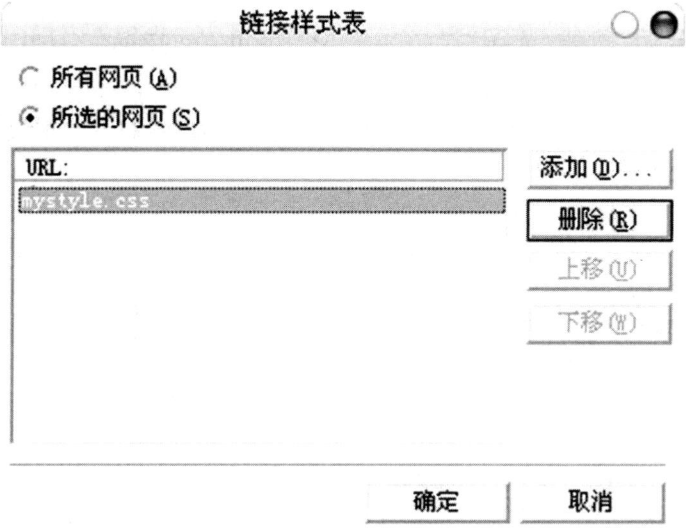

图 11-15

③选中文字，切换到 HTML 视图下，将 <body> 区中的“<p> 这是样式的应用 </p>”HTML 语句修改为“<p class="dzsw"> 这是样式的应用 </p>”，保存文件后浏览效果如图 11-16 所示。

图 11-16

大多数时候可以不为具体的 HTML 标记符定义格式，而是定义一些开放的格式，在内容需要的时候才引用这些格式。

[示例 12] 在页面背景中插入音乐，使用 <bgsound> 背景音乐标记符在页面中插入背景音乐，操作步骤如下。

（1）以“记事本”方式打开要插入背景音乐的文件或在 FrontPage 中切换到“HTML”视图下。

（2）在 <head>…</head> 输入下列语句：

```
<head>
<bgsound src="music.mid" loop="-1">
</head>
```

（3）执行“文件”→“保存文件”命令，将文件保存为 music.html。

（4）在浏览器中进行浏览。

<bgsound>背景音乐标记符可以在展示页面的同时播放音乐，其主要属性有：

①Src：链接的声音文件地址。

②loop：播放音乐的次数，当 loop<0 时为无穷次循环。

[示例 13] 在 FrontPage 中插入 Flash 动画。

操作步骤如下。

（1）单击“开始”按钮，选择“程序”→“Microsoft FrontPage”，打开“Microsoft FrontPage”窗口。

（2）在 FrontPage 中执行“插入”→“高级”→“插件”命令，打开“插件属性”对话框并进行设置，如图 11-17 所示。

图 11-17

（3）执行“文件”→“保存文件”命令，将文件保存为 flash.htm。

（4）在浏览器中进行浏览，如图 11-18 所示。

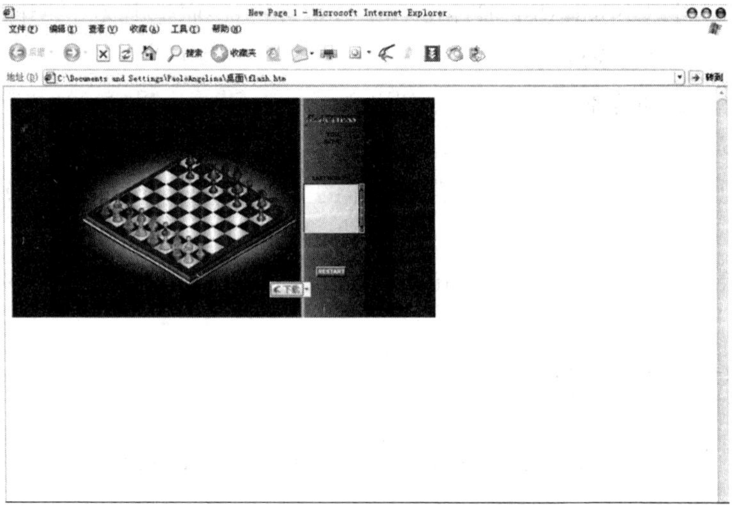

图 11-18

注意：

（1）在网页中插入的 Flash 动画文件格式为 swf。

（2）在 FrontPage 中使用 <embed> 标记来定义 Flash 动画文件。

四、实验练习

（1）用记事本或 Dreamweaver 等文本编辑器编写如图 11-19 所示的网页。

图 11-19

（2）用记事本等文本编辑器编写下面如图 11-20 所示的网页。

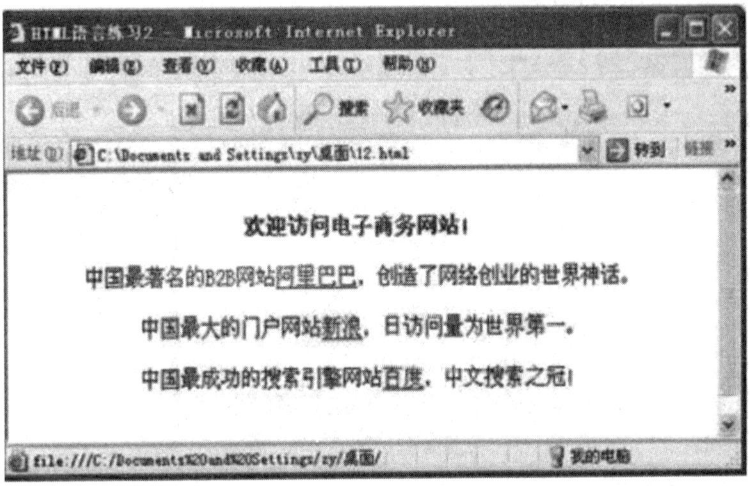

图 11-20

实训项目十二 Dreamweaver 网站建设

实验一：Dreamweaver 8.0 的操作环境与站点搭建

一、实验目标

通过学习本单元的内容，掌握 Dreamweaver 本地站点的搭建与管理。

二、实训步骤

1.Dreamweaver 8.0 的操作环境

在首次启动 Dreamweaver 8.0 时会出现一个“工作区设置”对话框，在对话框左侧是 Dreamweaver 8.0 的设计视图，右侧是 Dreamweave 8.0 的代码视图。Dreamweaver 8.0 设计视图布局提供了一个将全部元素置于一个窗口中的集成布局。我们选择面向设计者的设计视图布局。

新建或打开一个文档，进入 Dreamweaver 8.0 的标准工作界面。Dreamweaver 8.0 的标准工作界面包括：标题显示、菜单栏、插入面板组、文档工具栏、标准工具栏、文档窗口、状态栏、属性板和浮动面板组，如图 12-1 所示。

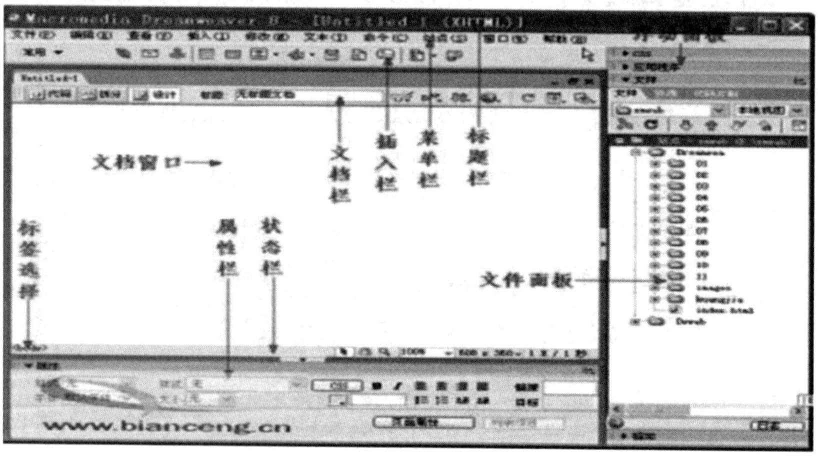

图 12-1

（1）菜单栏。

Dreamweave 8.0 的菜单共有 10 个，即文件、编辑、视图、插入、修改、文本、命令、站点、窗口和帮助，如图 12-2 所示。其中，编辑菜单里提供了对 Dreamweaver 菜单中【首选参数】的访问。

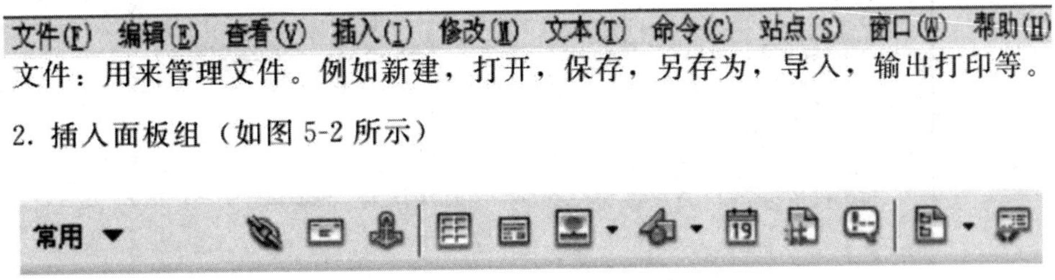

图 12-2

（2）文档工具栏，如图 12-3 所示。

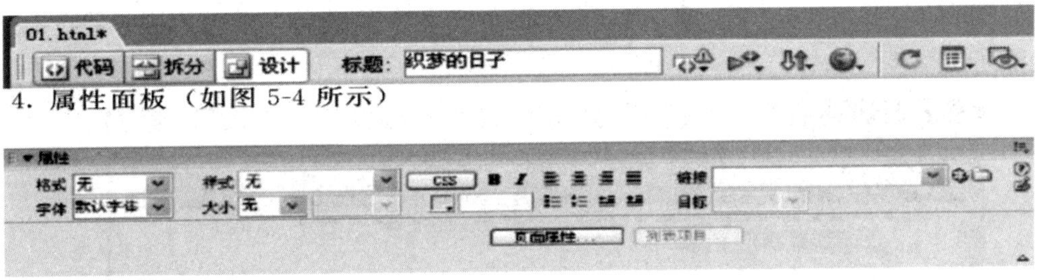

图 12-3

2.Dreamweaver8.0 本地站点的搭建与管理

（1）规划站点结构。

（2）创建站点。

选择菜单栏→站点，出现“管理站点”对话框。点击“新建”按钮，选择弹出菜单中的“站点”项，如图 12-4 所示。

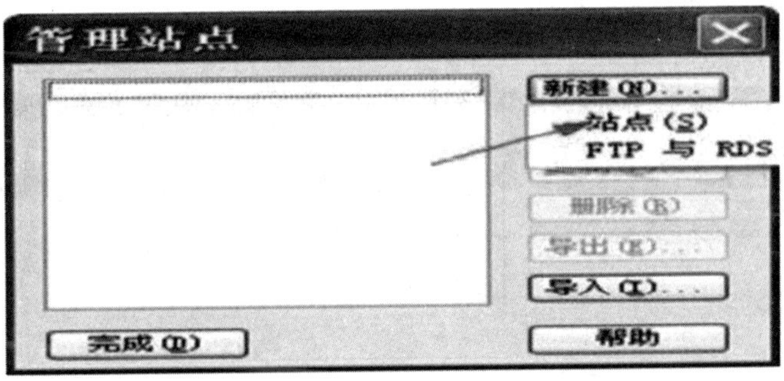

图 12-4

在打开的窗口上方有“基本”和“高级”两个标签，可以在站点向导和高级设置之间切换。下面选择“基本”标签，如图 12-5 所示。

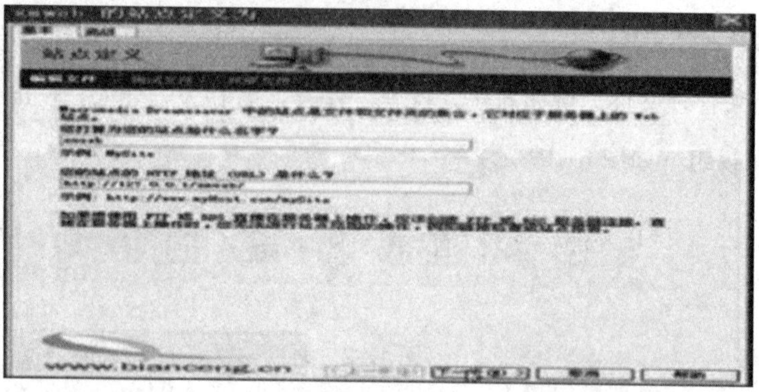

图 12-5

在文本框中,输入一个站点名字以在 Dreamweaver 8.0 中标识该站点。这个名字可以是任何你需要的名字。单击“下一步”出现向导的下一个界面,询问是否使用服务器技术,如图 12-6 所示。

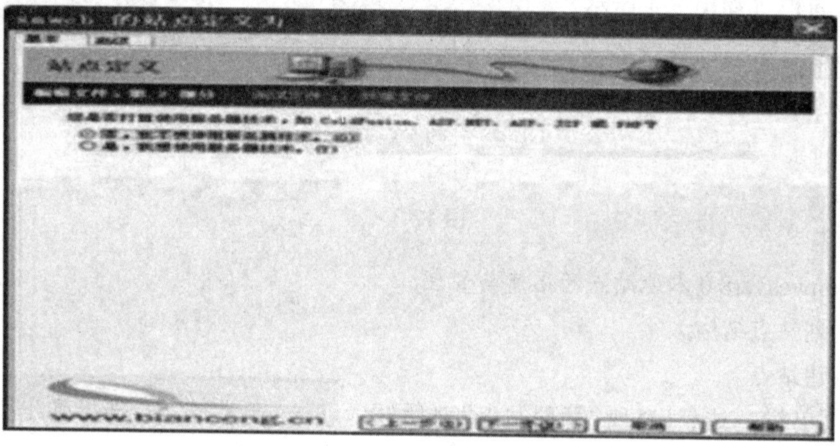

图 12-6

我们现在建立的是一个静态页面,所以选择“否”,如图 12-7 所示。

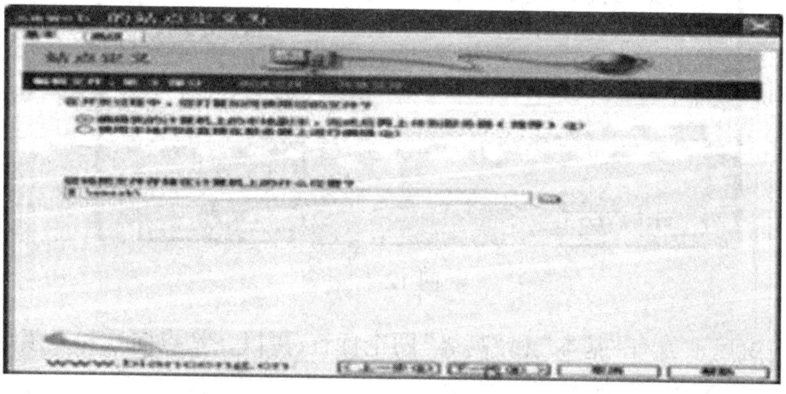

图 12-7

点"下一步",在文档框设置本地站点文件夹的地址,如图 12-8 所示。

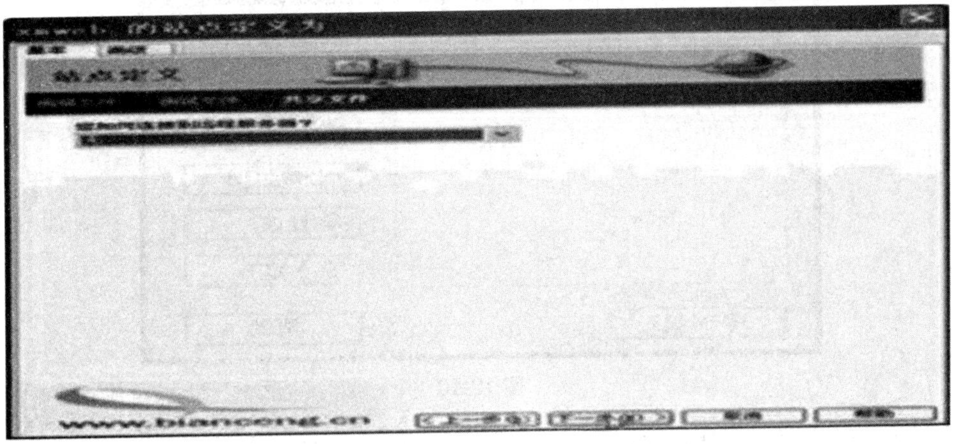

图 12-8

点击"下一步",进入站点定义,我们将在站点建设完成后再与 FTP 链接,这里选择"无",如图 12-9 所示。

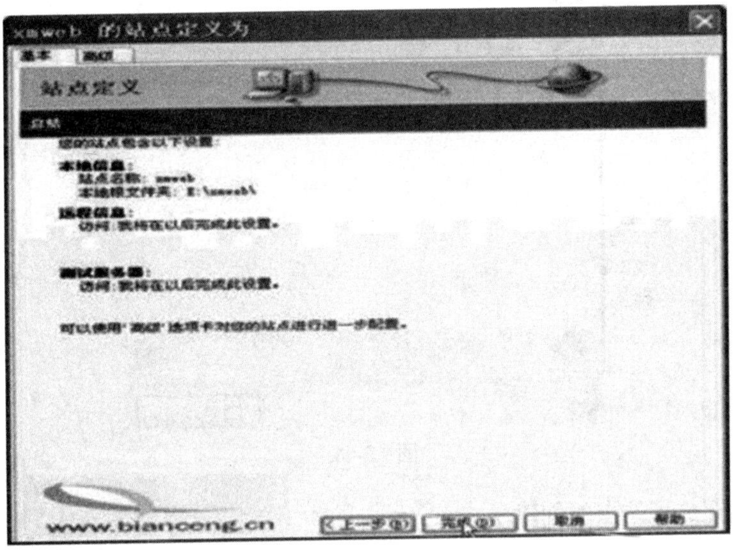

图 12-9

单击"完成"按钮,结束"站点定义"对话框的设置,如图 12-10 所示。

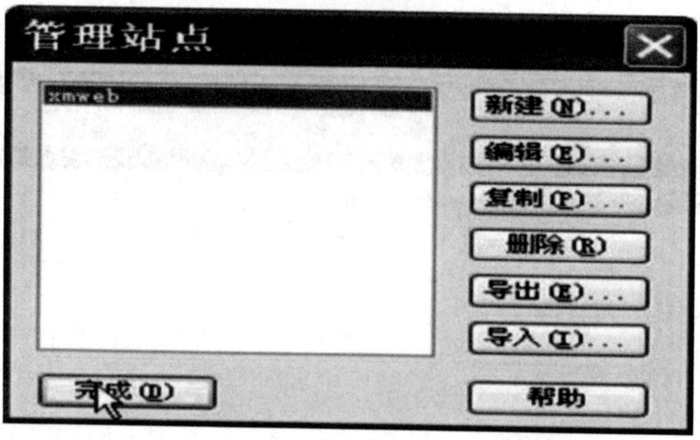

图 12-10

单击“完成”按钮，文件面板显示出刚才建立的站点，如图 12-11 所示。

图 12-11

到此，我们完成了站点的创建。

(3)搭建站点结构。

站点是文件与文件夹的集合，下面我们根据前面对 xmweb 网站的设计，来新建 xmweb 站点要设置的文件夹和文件。

新建文件夹，在文件面板的站点根目录下单击鼠标右键，从弹出菜单中选择“新建文件夹”项(如图 12-12 所示)，然后给文件夹命名。这里我们新建 8 个文件夹，分别命名为 img、med、swf、txt、css、js、moan 和 fy。

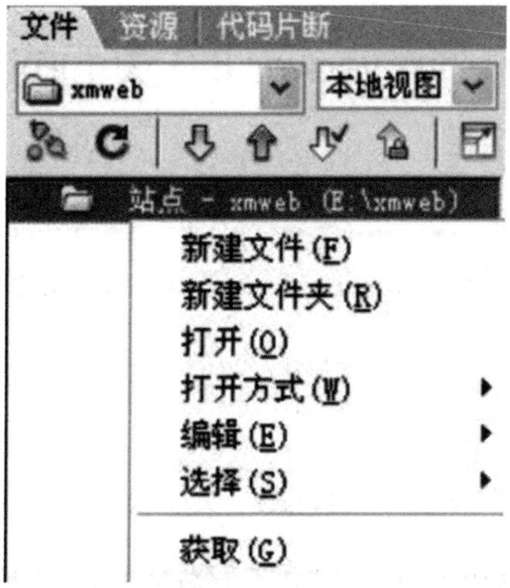

图 12-12

创建页面,在文件面板的站点根目录下单击鼠标右键,从弹出菜单中选择“新建文件”项,然后给文件命名。首先要添加首页,我们把首页命名为 index, html(如图 12-13 所示)。再分别新建 01.html、02.html、03.html、04.html 和 05.html。

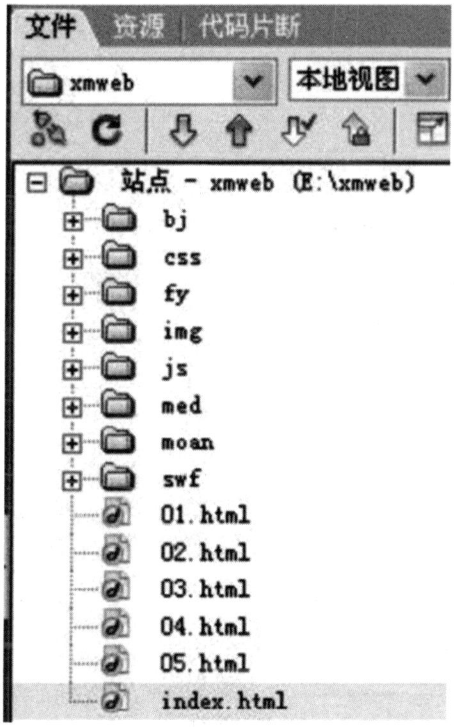

图 12-13

实验二：Dreamweaver 8.0 页面的总体设置

一、实验目标

通过学习本单元的内容，掌握 Dreamweaver 页面的总体设置

二、实验步骤

1. 设置页面属性

单击“属性栏”中的“页面属性”按钮，打开“页面属性”对话框，如图 12-14 所示。

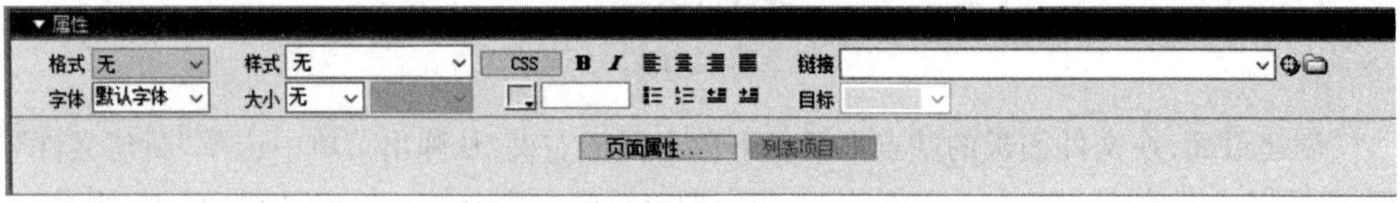

图 12-14

设置外观，“外观”是设置页面的一些基本属性。我们可以定义页面中的默认文本字体、文本字号、文本颜色、背景颜色和背景图像等。我们设置页面的所有边距为，如图 12-15 所示。

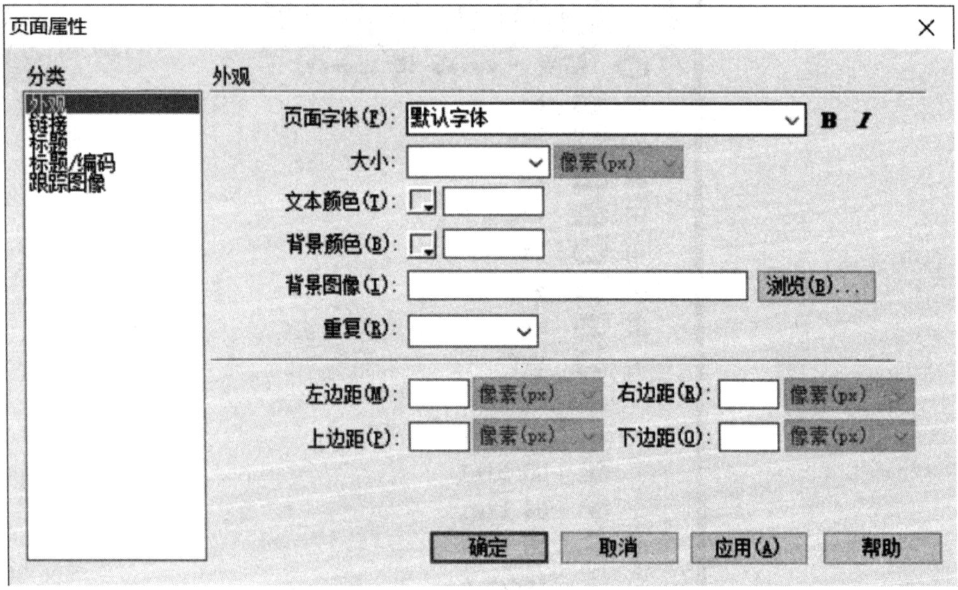

图 12-15

设置链接，“链接”选项内是一些与页面的链接效果有关的设置。“链接颜色”定义超链接文本默认状态下的字体颜色，“变换图像链接”定义鼠标放在链接上时文本的颜色，“已访问链接”定义访问过的链接的颜色，“活动链接”定义活动链接的颜色。“下划线样式”可以

定义链接的下划线样式，如图 12-16 所示。

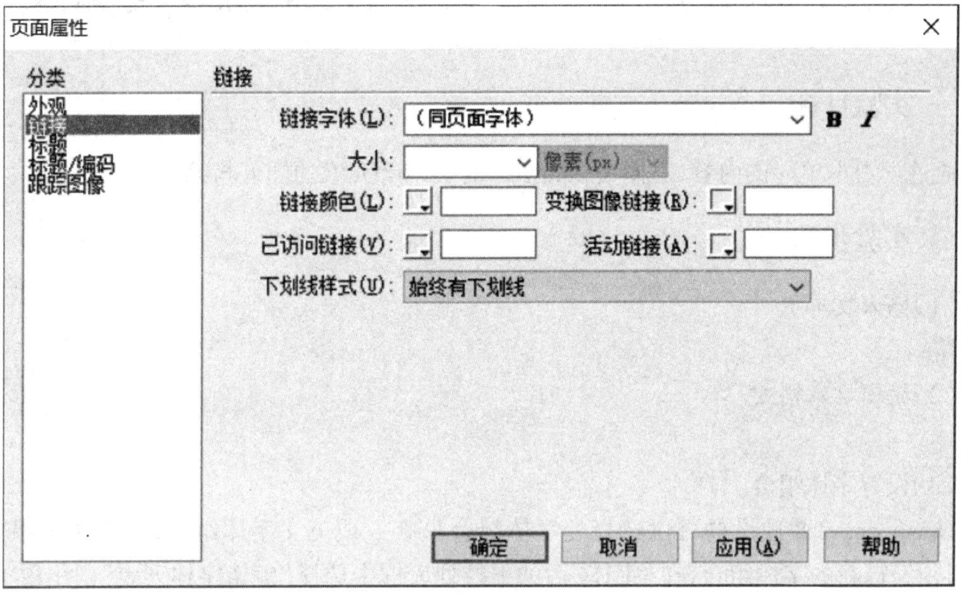

图 12-16

设置标题，“标题”用来设置标题字体的一些属性。如图 12-17 所示，在左侧“分类”列表中选择“标题”，这里的标题指的并不是页面的标题内容，而是可以应用在具体文章中各级不同标题上的一种标题字体样式。我们可以定义“标题字体”及 6 种预定义的标题字 体样式，包括粗体、斜体、大小和颜色。按自己的喜欢的风格设置。

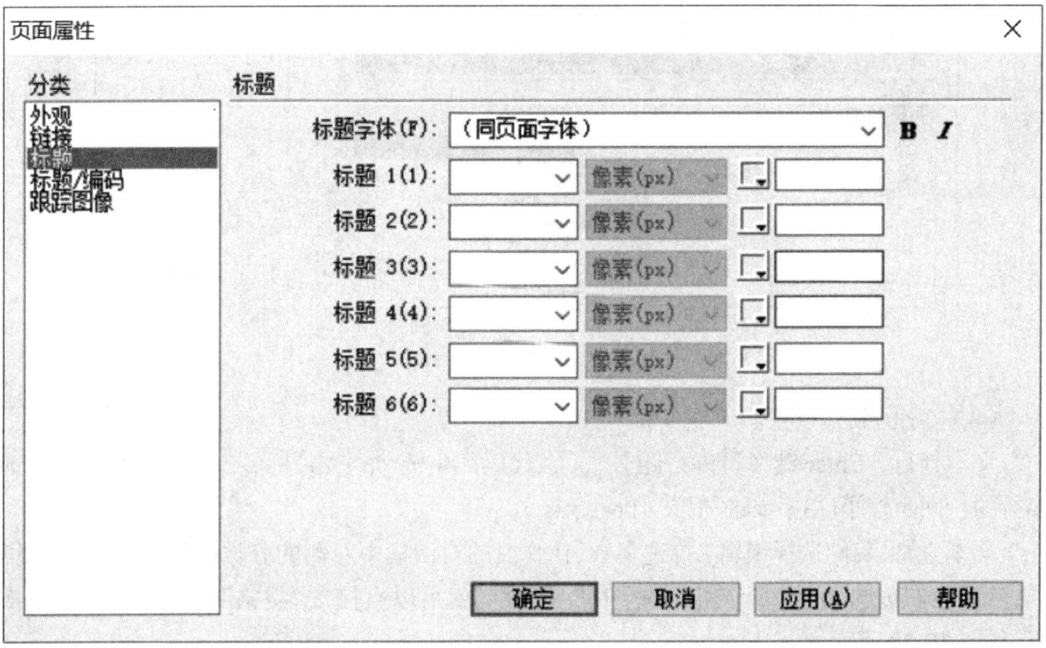

图 12-17

实验三：Dreamweaver 8.0 文本等元素的插入与编辑

一、实验目标

通过学习本单元的内容，掌握 Dreamweaver 文本等元素的插入与编辑。

二、实验步骤

（1）插入文本。

略。

（2）编辑文本格式。

略。

（3）设置字体组合。

Dreamweaver8 预设的可供选择的字体组合只有 6 项英文字体组合，要想使用中文字体，必须编辑新的字体组合，在“字体”后的下拉列表框中选择“编辑字体列表”（图 12-18），弹出“编辑字体列表”对话框，如图 12-19 所示。

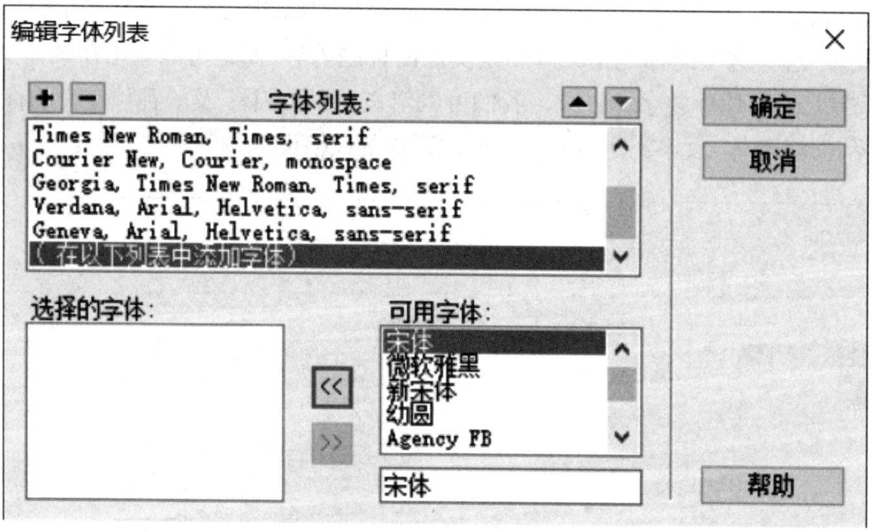

图 12-18

（4）文字的其他设置。

文本换行，Enter 键换行的行距较大（在代码区生成 <p></p〉标签），按 Enter + Shift 键换行的行间距较小（在代码区生成
 标签）。

文本空格，我们选择编辑 / 首选参数，在弹出的对话框中左侧的分类列表中选择“常规”项，然后在右边选“允许多个连续的空格”项，我们就可以直接按“空格”键给文本添加空格了，如图 12-20 所示。

图 12-19

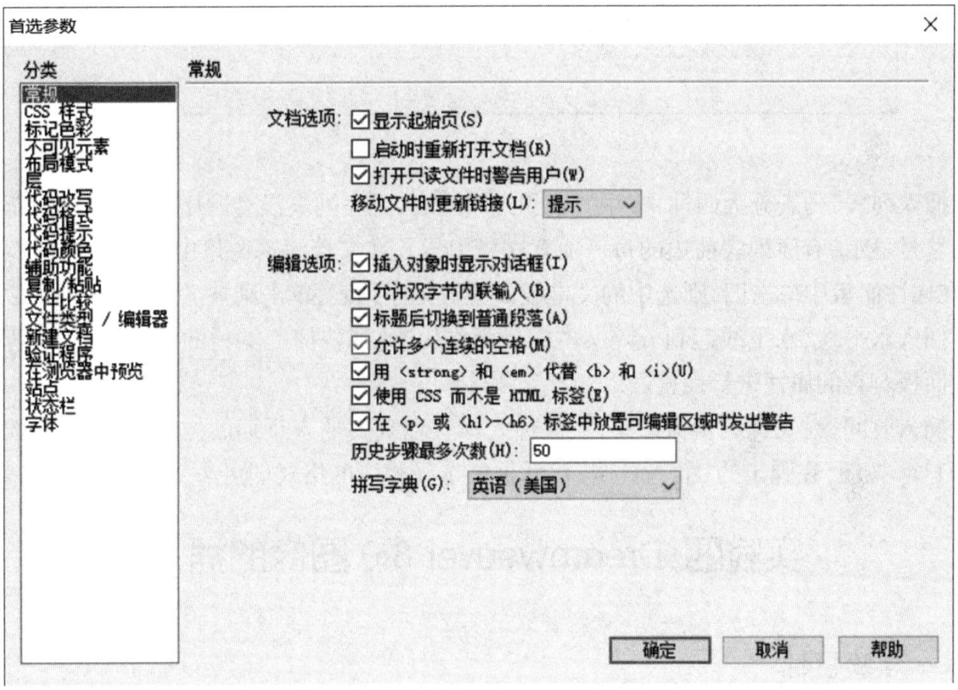

图 12-20

特殊字符，要向网页中插入特殊字符，需要在快捷工具栏选择“文本”，切换到字符插入栏，单击文本插入栏的最后一个按钮，可以向网页中插入相应的特殊符号，如图 12-21 所示。

（5）插入 --HTML-- 特殊字符。

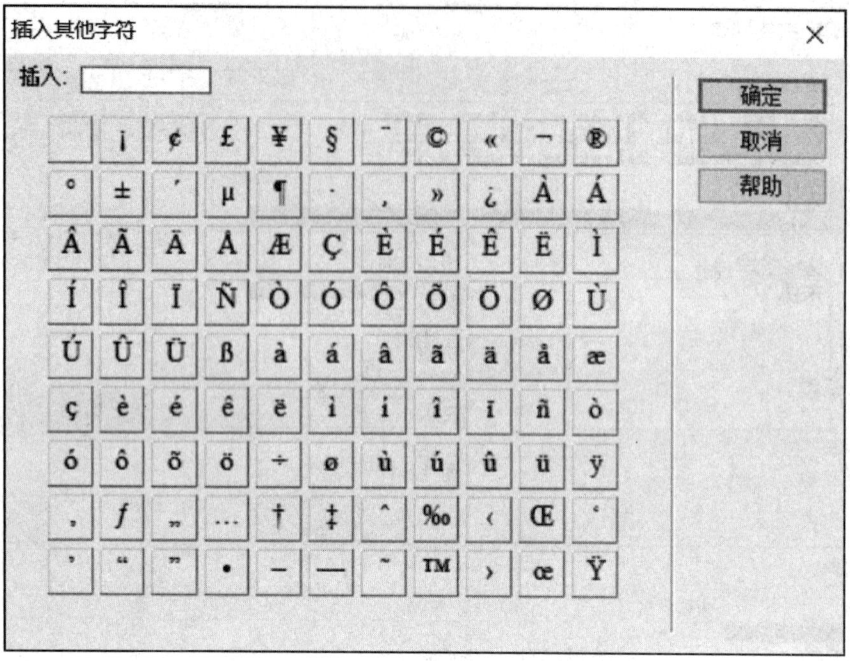

图 12-21

插入列表,列表分为两种,有序列表和无序列表,无序列表没有顺序,每一项前边都以同样的符号显示,有序列表前边的每一项有序号引导。在文档编辑窗口中选中 需要设置的文本,在属性面板中单击旧,则选中的文本被设置成无序列表,单击则被 设置成有序列表。

插入水平线,水平线起到分隔文本的排版作用,选择快捷工具栏的"HTML"项,可以在属性面板对它的属性进行设置。

插入时间,在文档编辑窗口中,将鼠标光标移动到要插入日期的位置,单击常用插入栏的"日期"按钮,在弹出的"插入日期"对话框中选择相应的格式即可。

实验四:Dreamweaver 8.0 图像的插入

一、实验目标

通过学习本单元的内容,掌握 Dreamweaver 插入图像。

二、实验步骤

目前互联网上支持的图像格式主要有 GIF、JPEG 和 PNG,其中使用最为广泛的是 GIF 和 JPEG。

1. 插入图像

在制作网页时,先构想好网页布局,在图像处理软件中将需要插入的图片进行处理,然后存放在站点根目录下的文件夹里。

插图图像时，将光标放置在文档窗口需要插入图像的位置，然后鼠标单击常用插入栏的“图像”按钮，如图 12-22 所示。

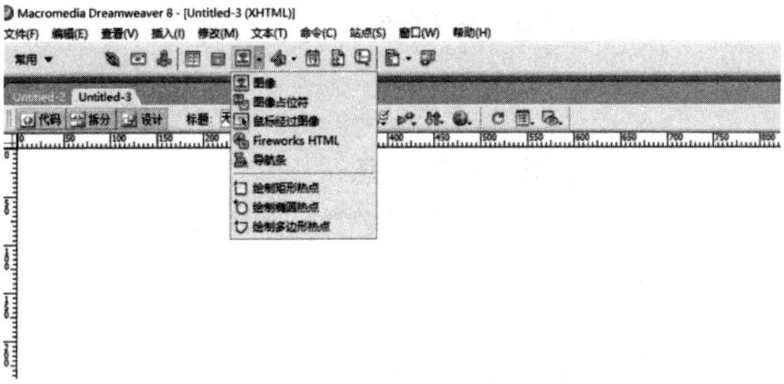

图 12-22

弹出的“选择图像源文件”对话框，选择 img/001.jpg，单击“确定”按钮即可把图像 001.jpg 插入了网页中，如图 12-23 所示。

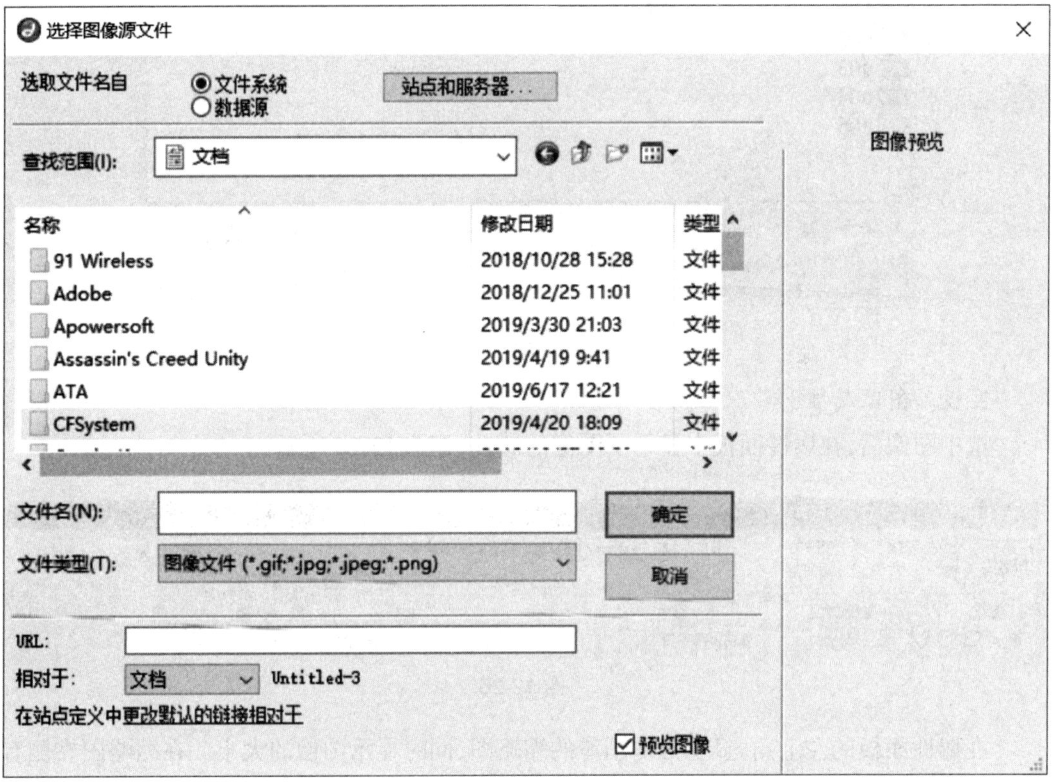

图 12-23

注意：如果我们在插入图片的时候，没有将图片保存在站点根目录下，会弹出图 12-24 所示的对话框，提醒我们要把图片保存在站点内部，这时单击“确定”按钮。

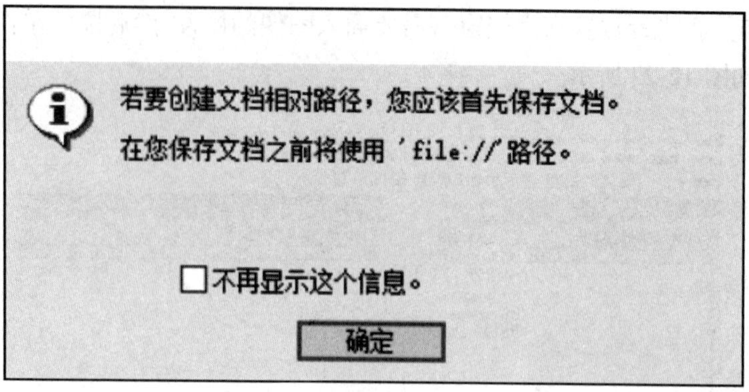

图 12-24

然后选择本地站点的路径将图片保存，图像也可以被插入网页中，如图 12-25 所示。

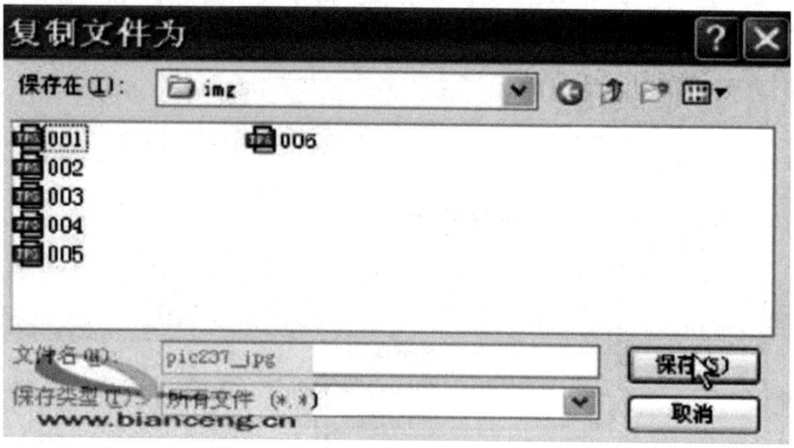

图 12-25

2. 设置图像属性

选中图像后，在属性面板中显示了图像的属性，如图 12-26 所示。

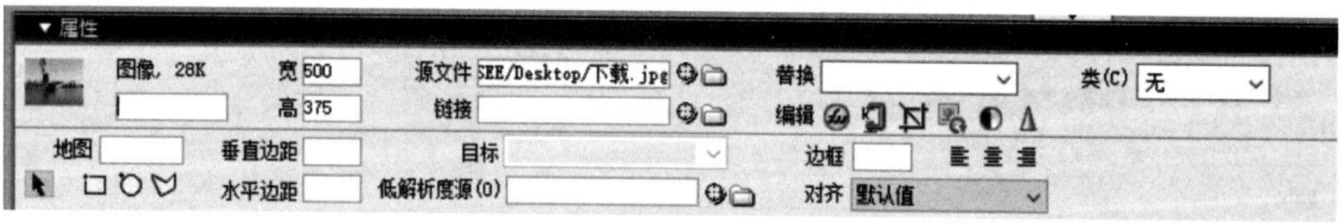

图 12-26

在属性面板的左上角，显示当前图像的缩略图，同时显示图像的大小。在缩略图右侧有一个文本框，在其中可以输入图像标记的名称。

图像的大小是可以改变的，但是在 DW 里更改是极不好的习惯，如果我们的电脑安装了 FW 软件，单击属性面板的“编辑”旁边“W”即可启动 FW 对图像进行缩放等处理当图像大小改变时，属性栏中“宽”和“高”数值会以粗体显示，并在旁边出现一个弧形箭头，单击它可以恢复图像的原始大小。

“水平边距”和“垂直边距”文本框用来设置图像左右和上下与其他页面元素的距离。

“框”文本框时用来设置图像框的宽度，默认的边框宽度为 0

“替代”文本框用来设置图像的替代文本，可以输入一段文字，当图像无法显示时，将显示这段文字：

单击属性面板中的对齐按钮，可以分别将图像设置成浏览器居左对齐、居中对齐、居右对齐。

在属性面板中，“对齐”下拉列表框时设置图像与文本的相互对齐方式，共有 10 个选项。通过它我们可以将文字对齐到图像的上端、下端、左边和右边等，从而可以灵活地实现文字与图片的混排效果。

3. 插入其他图像元素

在我们单击常用插入栏的“图像”按钮时，可以看到，除了第 1 项“图像”外，还有“图像占位符”“插入鼠标经过图像”“导航条”等项目。

插入图像占位符，在我们布局页面时，如果要在网页中插入一张图片，可以先不制作图片，而是使用占位符来代替图片位置。单击下拉列表中的“图像占位符”，打开“图像占位符”对话框。按设计需要设置图片的宽度和高度，输入待插入图像的名称即可，如图 12-27 所示。

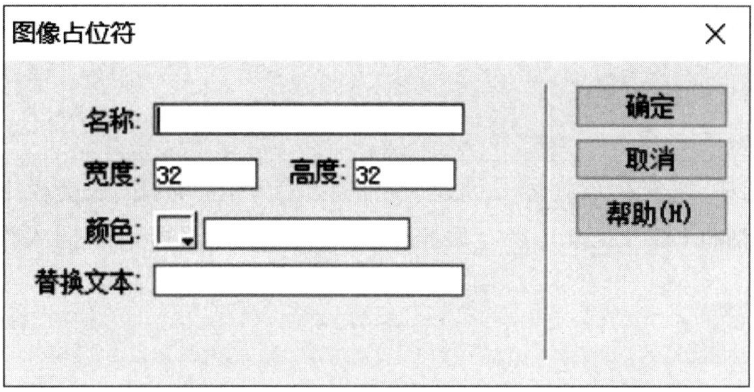

图 12-27

鼠标经过图像，实际上由两个图像组成，主图像（当首次载入页时显示的图像）和次图像（当鼠标指针移过主图像时显示的图像）（图 12-28）。这两张图片要大小相等，如果不相等，DW 自动调整图片的大小到跟主图像大小一致。

图片与文本一样，是网页中最常用到的内容，其变化相对较少，要想排出精致美观的网页，下一节课的内容可是必不可少的。

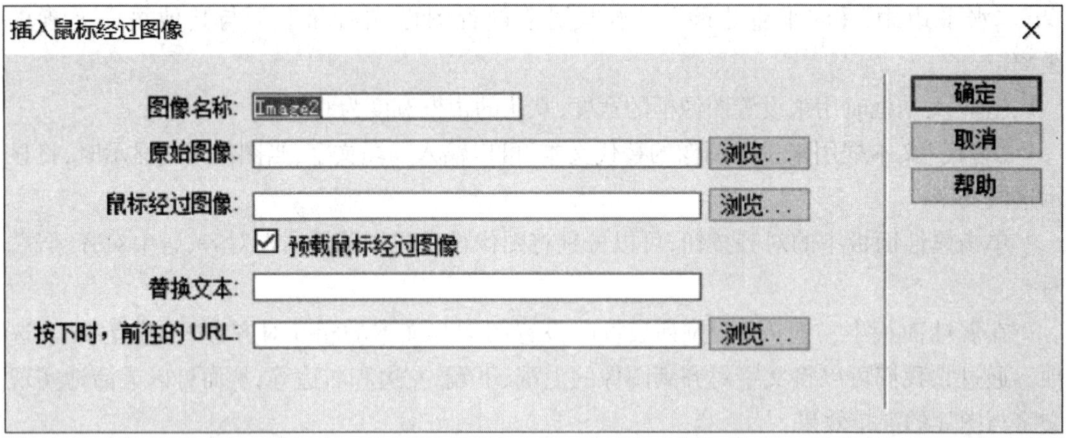

图 12-28

实验五:Dreamweaver 8.0 表格插入与编辑

一、实验目标

通过学习本单元的内容,掌握 Dreamweaver 插入并编辑表格。

二、实验步骤

1. 插入并编辑表格

1)插入表格

在文档窗口中,将光标放在需要创建表格的位置,单击“常用”快捷栏中的表格按钮弹出的“表格”对话框(图 12-29),指定表格的属性后,在文档窗口中插入设置的表格(图 12-30)。

图 12-29

2)选择单元格对象

3)设置表格属性

选中一个表格后,可以通过属性面板更改表格属性,如图 12-32 所示。

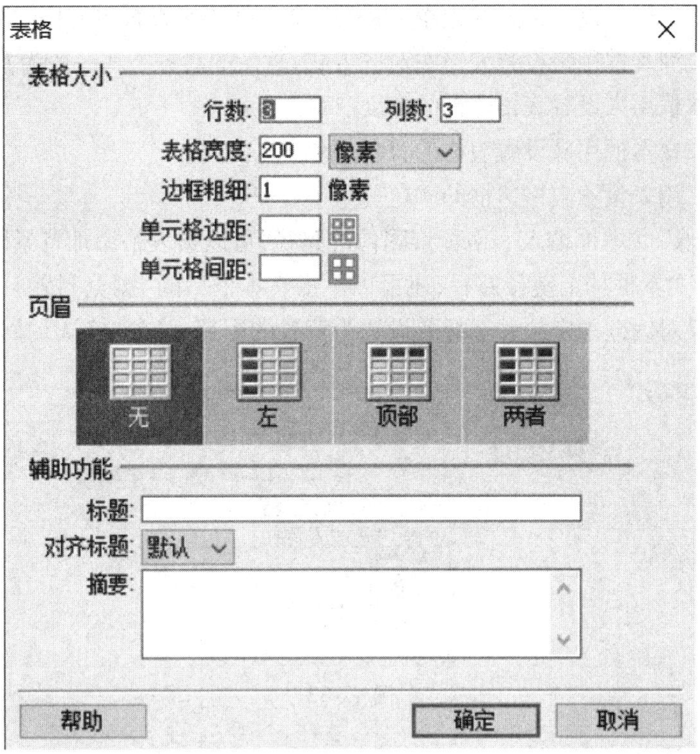

图 12-30

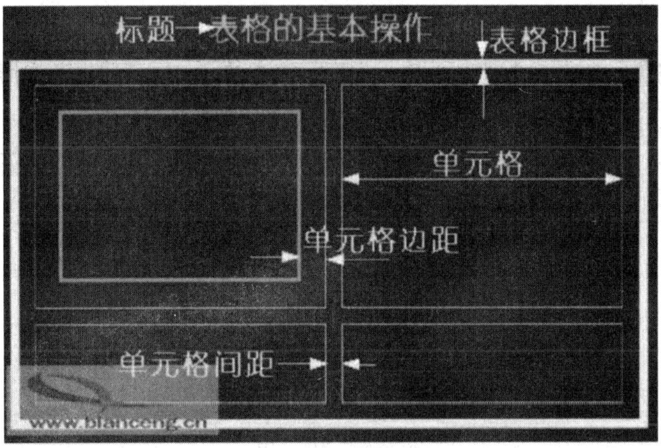

图 12-31

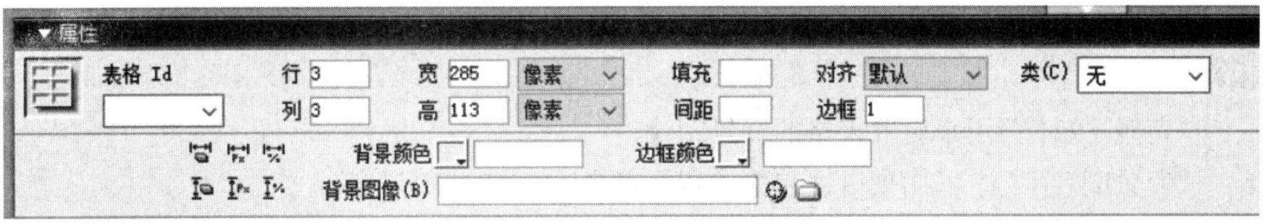

图 12-32

“填充”文本框用来设置单元格边距，“间距”文本框用来设置单元格间距。

“对齐”下拉列表框用来设置表格的对齐方式，默认的对齐方式一般为左对齐。

“边框”文本框用来设置表格边框的宽度。

“背景颜色”文本框用来设置表格的背景颜色。

“边框颜色”用来设置表格边框的颜色。

在“背景图像”文本框填入表格背景图像的路径，可以给表格添加背景图像。也可以如图 12-33 所示给文本框加上链接路径，还可以单击文本框后的“浏览”按钮，查找图像文件，在“选择图像源”对话框中定位并选择要设置为背景的图片，单击“确认”按钮即可。

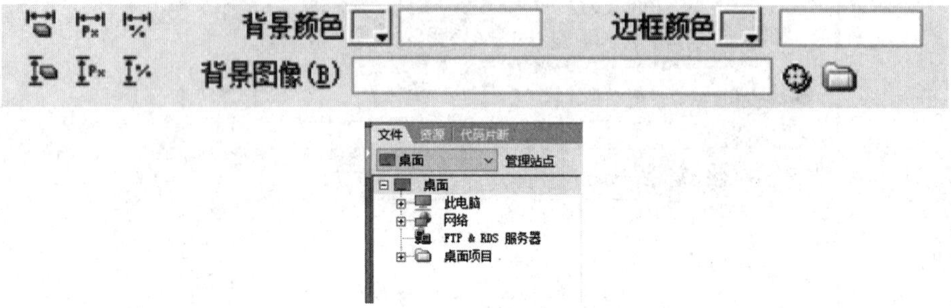

图 12-33

4）单元格属性

把光标移动到某个单元格内。可以利用单元格属性面板对这个单元格的属性进行设置，如图 12-34 所示。

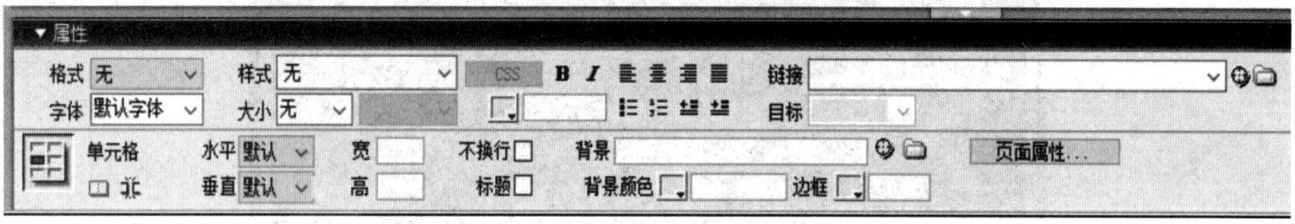

图 12-34

“水平”文本框用来设置单元格内元素的水平排版方式，分别是居左、居右或居中。

“垂直”文本框用来设置单元格内的垂直排版方式，分别是顶端对齐、底端对齐或居中对齐。

“高”“宽”文本框用来设置单元格的宽度和高度。

“不换行”复选框可以防止单元格中较长的文本自动换行。

“标题”复选框使选择的单元格成为标题单元格，单元格内的文字自动以标题格式显示出来。

“背景”文本框用来设置表格的背景图像。

“背景颜色”文本框用来设置表格的背景颜色。

5）表格的行和列

选中要插入行或列的单元格，单击鼠标右键，在弹出菜单中选择“插入行”或“插入列”

或“插入行或列”命令，如图 12-35 所示。

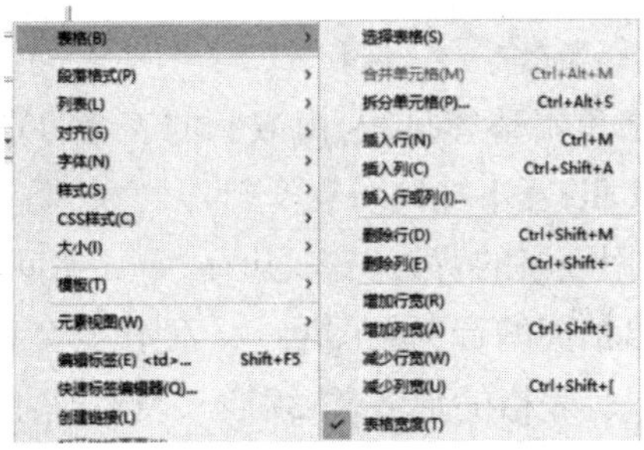

图 12-35

如果选择了“插入行”命令，在选择行的上方就插入了一个空白行；如果选择了“插入列”命令，就在选择列的左侧插入了一个空白列。

如果选择了“插入行或列”命令，会弹出“插入行或列”对话框，可以设置插入行还是列、插入的数量，以及是在当前选择的单元格的上方或下方、左侧还是右侧插入行或列，如图 12-36 所示。

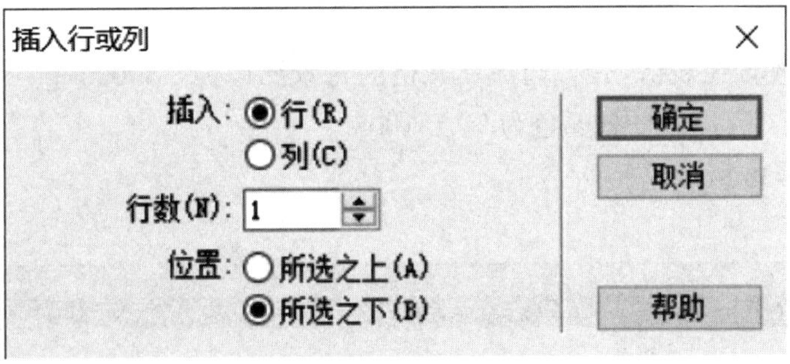

图 12-36

要删除行或列，先选择要删除的行或列，单击鼠标右键，在弹出菜单中选择“删除行”或“删除列”命令即可。

6)拆分与合并单元格

拆分单元格时，将光标放在待拆分的单元格内，单击属性面板上的“拆分”按钮，在弹出对话框中，按需要设置即可，如 12-37 所示。

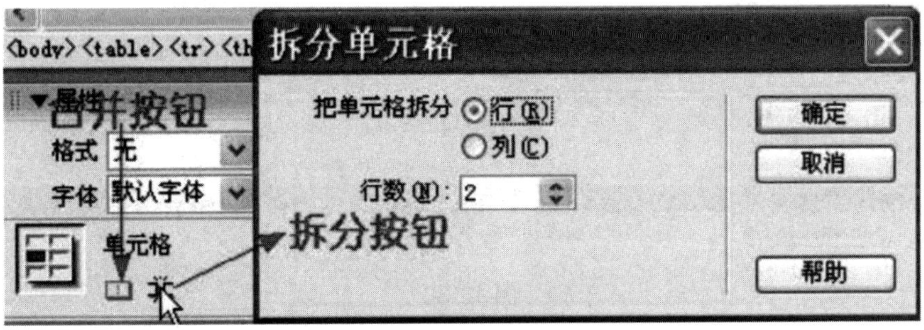

图 12-37

合并单元格时，选中要合并的单元格，单击属性面板中的“合并”按钮即可。

7)Dreamweaver 8.0 嵌套表格

表格之中还有表格即嵌套表格。

引入嵌套表格，由总表格负责整体排版，由嵌套的表格负责各个子栏目的排版，并插入总表格的相应位置中，各司其职，互不冲突。

另外，通过嵌套表格，利用表格的背景图像、边框、单元格间距和单元格边距等属性可以得到漂亮的边框效果，制作出精美的音画贴图网页。创建嵌套表格的操作方法，先插入总表格，然后将光标置于要插入嵌套表格的地方，继续插入表格即可。

（1）将光标放置在文档窗口要插入表格的位置，单击常用插入栏“表格”按钮，插入一个1行1列的表格一，宽度500像素，高度100%，边框为0，单元格间距为0，单元格边距为12像素。背景图像选择 beij/003. gif。

（2）将光标放置在表格一内，插入表格二，1行1列，宽度100%！高度100%！边框为0，单元格间距为0，单元格边距为12像素。背景图像选择 beij/002. gif。

（3）将光标放置在表格二内，插入表格二，1行1列，宽度100%，高度100%，单元格间距和单元格边距都为8像素，边框为10，边框颜色为%FEE4ED。背景图像 选择 beij/005. gif。

（4）将光标放置在表格三内，选择单元格的背景图像为 beij/006. gif。添加文字“恭贺新禧”，字号68px，字体为隶书，颜色为% A51008。

样式如图12-38所示。

图 12-38

2. 表格的格式化

做好的表格可以使用 DW 提供的预设外观，可以提高制作效率，保持表格外观的同一性，同时样式提供的色彩搭配也比较美观。

插入一个 5 行 6 列的表格，表格的宽为 500 像素，高为 300 像素，边框、单元格间距和边距全为 0。选择表格，居中对齐表格后，执行命令 / 格式化表格，弹出“格式化表格”对话框，我们选择 Alt Rowsred 格式，单击“确定”表格的样式就设定好了，如图 12-39 所示。

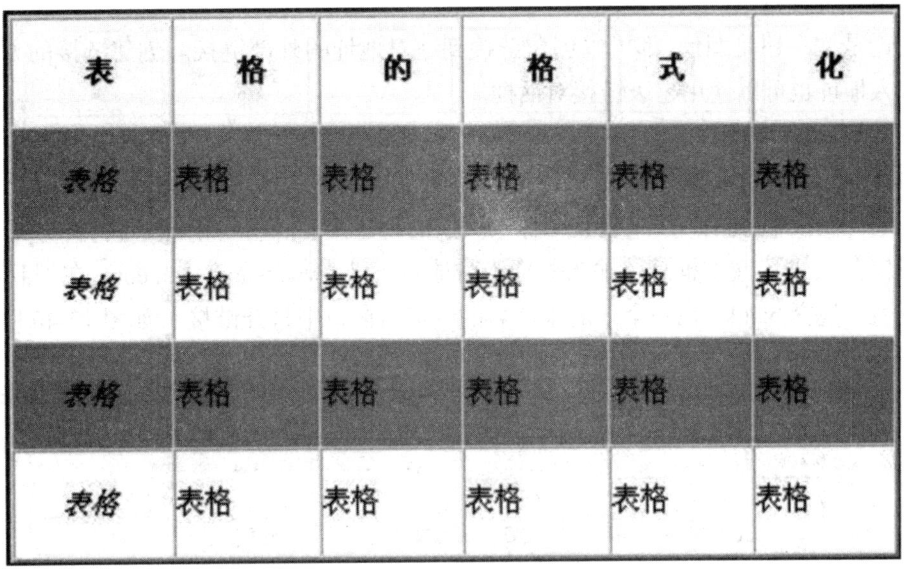

表	格	的	格	式	化
表格	表格	表格	表格	表格	表格
表格	表格	表格	表格	表格	表格
表格	表格	表格	表格	表格	表格
表格	表格	表格	表格	表格	表格

图 12-39

3. 创建链接关系

链接是一个网站的灵魂，一个网站是由多个页面组成的，而这些页面之间依据链接确定相互之间的导航关系。超级链接是指站点内不同网页之间、站点与 Web 之间的链接关系，它可以使站点内的网页成为有机的整体，还能够使不同站点之间建立联系。超级链接由两部分组成：链接载体和链接目标。

许多页面元素可以作为链接载体，如文本、图像、图像热区、动画等。而链接目标可以是任意网络资源，如页面、图像、声音、程序、其他网站、E-mail 甚至是页面中的某个位置——锚点。

如果按链接目标分类，可以将超级链接分为以下几种类型。

内部链接：同一网站文档之间的链接。

外部链接：不同网站文档之间的链接。

锚点链接：同一网页或不同网页中指定位置的链接。

*E-mail 链接：发送电子邮件的链接。

1）关于链接路径

（1）绝对路径：为文件提供完全的路径，包括适用的协议，如 http、ftp、rtsp 等。如：ftp:

//202.136.254.1/。

（2）相对路径：相对路径最适合网站的内部链接。如果链接到同一目录下，则只需要输入要链接文件的名称。要链接到下一级目录中的文件，只需要输入目录名。然后输入“/”，再输入文件名。如链接到上一级目录中的文件，则先输入”../”再输入目录名，文件名。

（3）根路径：是指从站点根文件夹到被链接文档经由的路径，以前斜杠开头，例如，/fy/maodian.html就是站点根文件夹下的fy子文件夹中的一个文件（maodian.html）的根路径。

2）创建外部链接

无论是文字还是图像，都可以创建链接到绝对地址的外部链接。创建链接的方法可以直接输入地址也可以使用超级链接对话框。

（1）直接输入地址。

打开02.html页面，输入并选中文字“闪客启航网页技术区”。

在属性面板中，链接”用来设置图像或文字的超链接，“目标”用来设置打开方式。

我们在“链接”文本框直接输入外部绝对地 http：//www. wangyeba. com，在“目标”项的下拉列表中选择blank（在一个新的未命名的浏览器窗口中打开链接），如图12-40所示。

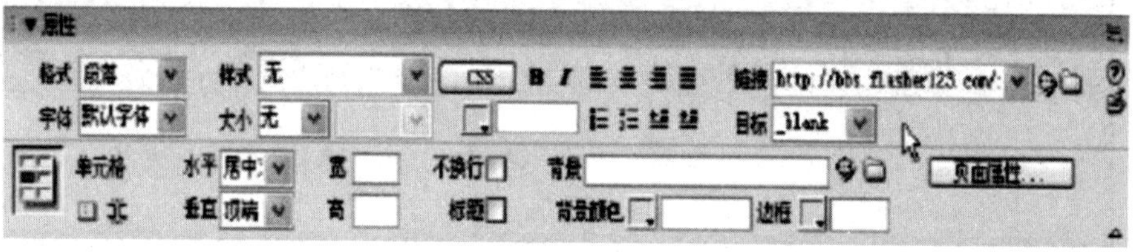

图 12-40

（2）使用超级链接对话框。

打开03.html页面，选中文字“闪客启航”。

单击常用快捷栏中的“超级链接”按钮，如图12-41所示。

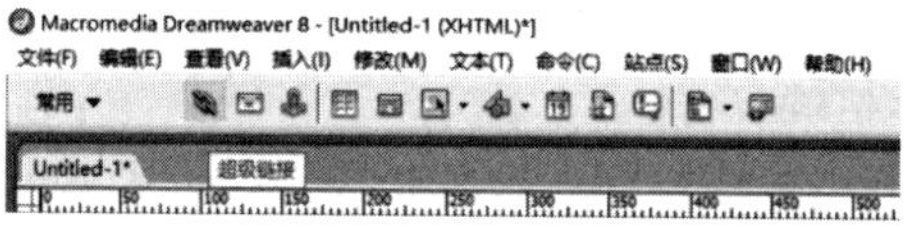

图 12-41

弹出“超级链接”对话框，我们进行以下各项的设置。

“文本”文本框用来设置超级链接显示的文本。

“链接”用来设置超链接连接到的路径。

“目标”下拉列表框用来设置超链接的打开方式，有四个选项。

“标题”文本框用来设置超链接的标题。

设置好后，单击“确定”按钮，向网页中插入超链接。

3）创建内部链接

在文档窗口选中文字，单击属性面板“链接”后的国按钮，弹出“选择文件”对话框，选择要链接到的网页文件,即可链接到这个网页。我们也可以拖动“链接”后的按钮到站点面板上的相应网页文件,则链接将指向这个网页文件。

此外,我们还可以直接将相对地址输入“链接”文本框里来链接一个页面。

4)创建 E-mail 链接

单击常用快捷栏中的“电子邮件链接”按钮,弹出“电子邮件链接”对话框,在对话框的文本框那输入要链接的文本,然后在 E-mail 文本框内输入邮箱地址即可。

5)创建锚点链接

所谓锚点链接,是指在同一个页面中的不同位置的链接。打开一个页面较长的网页,将光标放置于要插入锚点的地方,单击常用快捷栏的“命名锚记”按钮,插入锚点。再选中需要链接锚点的文字,再属性面板中拖动链接后地回到锚点上即可。

6)制作图像映射

打开 03.html 文件,选中 102.gif 图片,在属性面板中,有不同形状的图像热区按钮,选择一个热区按钮单击。

然后在图像上需要创建热区的位置拖动鼠标,即可创建热区。此时,选中的部分被称为图像热点。

选中这个图像热点,在属性面板上可以给这个图像热点设置超链接即可。现在, 请发挥你的想象力,巧妙运用各种页面元素来丰富你的网页,把它装扮得更加生动和精彩!

4. 创建 CSS 样式

层叠样式表(CSS)是一系列格式设置规则,它们控制 Web 页面内容的外观。使用 CSS 设置页面格式时,内容与表现形式是相互分开的。页面内容(HTML 代码)位于自身的 HTML 文件中,而定义代码表现形式的 CSS 规则位于另一个文件(外部样式表)或 HTML 文档的另一部分(通常为 Vhead* 部分)中。使用 CSS 可 以非常灵活并更好地控制页面的外观,从精确的布局定位到特定的字体和样式等。 术语“层叠”是指对同一个元素或 Web 页面应用多个样式的能力。例如,可以创建一个 CSS 规则来应用颜色,创建另一个规则来应用边距,然后将两者应用于一个页 面中的同一文本。所定义的样式“层叠”到您的 Web 页面上的元素,并最终创建您想要的设计。

CSS 样式表的创建,可以统一定制网页文字的大小、字体、颜色、边框、链接状态等效果。在 Dreamweavers 中 CSS 样式的设置方式有了很大的改进,更为方便、实用、快捷。

(1)选中菜单“窗口”>“CSS 样式。打开 CSS 样式面板,如图 12-42 所示。

图 12-42

(2)单击“CSS 样式”面板右下角的“新建 CSS 规则”按钮,打开“新建 CSS 规 则”对话框,如图 12-43 所示。

在“选择器类型”选项中，可以选择创建 CSS 样式的方法包括以下三种：类：我们可以在文档窗口的任何区域或文本中应用类样式，如果将类样式应用于一整段文字，那么会在相应的标签中出现 CLASS 属性，该属性侦即为类样式的名称。标签（重新定 义特定标签的外观）：重新定义 HTML 标记的默认格式。我们可以针对某一个标签来定义层叠样式表，也就是说定义的层叠样式表将只应用于选择的标签。例如，我们 为 Vbody * 和 V/body * 标签定义了层叠样式表，那么所有包含在 <body > 和 </body > 标签的内容将遵循定义的层叠样式表。

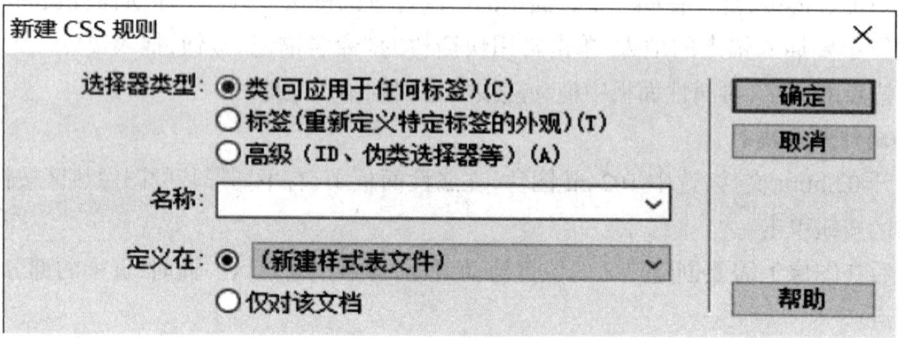

图 12-43

高级（ID、伪类选择器等）：为特定的组合标签定义层叠样式表，使用 ID 作为 属性，以保证文档具有唯一可用的值。高级样式是一种特殊类型的样式，常用的有 4 种。

①link 设定正常状态下链接文字的样式；

②active 设定鼠标单击时链接的外观；

③visited 设定访问过的链接的外观；

④hover 设定鼠标放置在链接文字之上时，文字的外观。

（3）为新建 CSS 样式输入或选择名称、标记或选择器，其中：对于自定义样式，其名称必须以点（.）开始，如果没有输入该点，则 DW 会自动添加上。自定义样式名可以是字母与数字的组合，但之后必须是字母。对于重新定义 HTML 标记，可以在“标签”下拉列表中输入或选择重新定义的标记。对于 CSS 选择器样式，可以在“选择器”下拉列表中输入或选择需要的选择器。

（4）在“定义在”区域选择定义的样式位置，可以是“新建样式表文件”或“仅对该文档”。单击“确定”按钮，如果选择了“新建样式表文件”选项，回弹出“保存样式表文件为”对话框，给样式表命名，保存后，回弹出“CSS 规则定义”对话框。如果选择了“仅对该文档”，则单击“确定”后，直接弹出“CSS 规则定义”，在其中设置 CSS 样式，如图 12-44 所示。

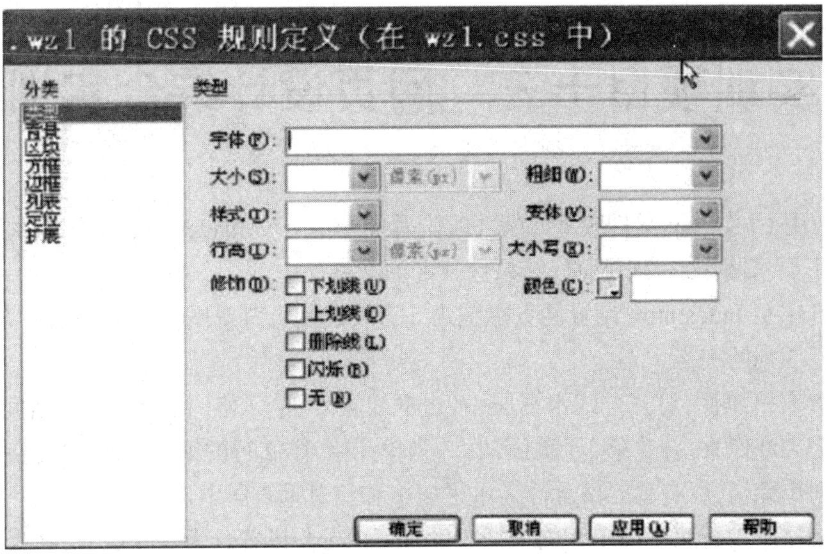

图 12-44

（5）“CSS 规则定义”对话框中设置 CSS 规则定义。主要分为类型、背景、区块、方框、边框、列表、定位和扩展 8 项。每个选项都可以对所选标签做不同方面的定义，可以根据需要设定。定义完毕后，单击“确定”按钮，完成创建 CSS 样式。

实训项目十三　网页设计综合实训

（1）利用 C:/KS/wy 文件夹中的素材（图片素材在 wy/images 中，动画素材在 wy/flash 中），按以下要求制作或编辑网页，结果保存在原文件夹中。

①打开主页 Index.htm，设置网页标题为 3G，设置网页背景图像为 bj.jpg，并在第 1 行插入一个 3 行 3 列的表格。

②设置表格属性：对齐方式水平居中，边框线宽度、单元格（衬）距、单元格间距均为 0，指定宽度为 800 像素，合并第 1 行的第 2、3 列单元格，第 2 行的第 1、2 列单元格，第 3 行的第 1、2、3 列单元格，所有单元格属性为水平居中和相对垂直居中。

③在表格第 1 行第 1 列单元格中插入图片 tu01.gif，设置宽为 250 像素，高为 100 像素，图片中包含“中国电信”四个字的热点区域链接到 dx.htm，并使该页面能在新窗口中打开；在表格的第 1 行第 2 列单元格中插入动画 3g.swf，设置宽为 650 像素，高为 120 像素。

④根据样张，在表格的第 2 行第 1 列单元格中插入文本文件 dx.txt 中的内容，字体设置为隶书、24 像素（或 18 磅）；第 2 列插入表单，添加相应的表单元素，在表单下方将两个按钮设置为“登录”和“重置”，并设置在表单下方居中。

⑤根据样张在表格的第 3 行插入“联系中国电信”和“版权所有 © 中国电信”，字体设置为隶书、24 像素（或 18 磅），颜色为蓝色（#0000FF），“联系中国电信”链接到邮箱地址 admin@sh.ctl0000.cn。

（2）利用 C:/KS/wy 文件夹中的素材（图片素材在 wy/images 中，动画素材在 wy/flash 中），按以下要求制作或编辑网页，结果保存在原文件夹中。

①打开主页 Index.htm，在第 1 行插入动画 3g. swf，居中，设置宽为 500 像素，高为 80 像素，设置背景颜色为 #0000FF，网页标题为 5G。

②按样张编辑字幕文字为“5G 通信-移动方向修改为向右（right），背景颜色为 #F8D490，字体颜色为 #FF0000。

③按样张在第 3 行分别插入图片 tu03.gif、tu04.jpg、tu05.jpg、tu06.jpg，居中，设置高为 36 像素，tu03.gif 与 tu03.txt 超链接，链接目标）在新窗口中打开。

④在第 4 行按样张插入文本文件“文字.txt”中的部分内容，并设置“常见问题”超链接到 t08.txt，链接颜色为 #FF0000，将 5g.doc 文件中的内容插入样张所示位置，设置字体为楷体、24 像素（或 18 磅），插入图片 tu07.jpg，并链接至 0so.wav。

⑤按样张插入表单，在表单中含有 4 项复选项，文字在“文字.txt”中，“我已使用”的初始状态为“已勾选”，其他项的初始状态为“未选中”，将两个按钮设置为“提交”和“重置”（注意：由于显示器分辨率或窗口大小的不同，以及所使用的网页制作工具的不同，网页效果可能与样张略有差异，因此网页样张仅供参考，最终效果以题目要求为准）

(3)利用 C:/KS/wy 文件夹中的素材(图片素材在 wy/images 中,动画素材在 wy/flash 中),按以下要求制作或编辑网页,结果保存在原文件夹中。

①打开主页 Index.htm,设置网页标题为“母亲节调查”,设置背景色为淡黄色 #FFFF-CC,并在第 1 行插入一个 3 行 2 列的表格。

②设置表格属性:对齐方式水平居中、指定宽度为浏览器窗口的 90%、框线宽度为 0、单元格(衬)距为 0、单元格间距为 0,设置表格背景颜色为黄色 #FFFF00;合并表格第 1 列的第 2 和第 3 行,合并后单元格水平垂直均居中。

③在表格的第 1 行第 1 列单元格中插入图片 mqj.jpg,并设置第 1 列列宽为 300 像素;在表格的第 3 行第 2 列单元格中插入水平线,设置其高为 4 像素,颜色为红色 #FF0000* 在表格的第 2 行第 2 列单元格中输入“与我联系”,并链接到邮箱 zy@hotmail.com,输入“更多信息请搜索 Google”,并链接到 Google 网站(http://www.google.cn/),能在新窗口中打开,所输入的文字位置与样张大致相同即可。

④根据样张在表格的第 2 行第 1 列单元格中插入“母亲节知识.txt”文件中的文本并编辑,字体设置为黑体、12 磅(或 18 像素),颜色为淡红色 #FF3366。

⑤根据样张在表格的第 1 行第 2 列单元格中插入表单并添加相应的表单元素,标题为“母亲节调查”,并将标题设置为宋体、18 磅(或 24 像素)、颜色为红色 #FF0000,居中。“您的年龄?”列表值为 25 岁以下、26~40 岁、41 岁以上,默认为 26~40 岁;在表单下方将两个按钮设置为“提交”和“重置”,并居中。

(4)利用 C:/KS/wy 文件夹中的素材(图片素材在 wy/images 中,动画素材在 wy/flash 中),按以下要求制作或编辑网页,结果保存在原文件夹中。

①打开主页 Index. htm,设置网页标题为“金鱼欣赏”,设置网页背景图像为 beijing.jpg,并在第 1 行插入一个 3 行 3 列的表格。

②设置表格属性:对齐方式水平居中、指定宽度为浏览器窗口的 90%、框线宽度为 0、元格(衬)距为 0、单元格间距为 0,合并第 1 行第 1、2 列、合并第 2 行所有单元格,设置表格内第 1 列所有单元格属性为水平和垂直均居中。

③在表格的第 2 行中插入水平线,设置高为 5 像素、蓝色(# 0000FF);在表格第 3 行第 1 列单元格中插入图片 yu1.jpg,在表格第 3 行第 3 列单元格中插入图片 yu2.jpg,并设置这两个单元格宽为 141 像素、高为 136 像素,图片中“金鱼喂养”四个字的热点区域链接到 jywy.htm,并使该页面能在新窗口中打开;在表格的第 1 行第 1 列单元格中插入动画 jinyu.swf,设置宽为 512 像素,高为 211 像素。

④根据样张在表格的第 1 行第 2 列单元格中插入“金鱼变异.txt”文件中的文本并编辑,字体设置为幼圆、16 像素(或 10 磅)、偏紫色(#993366)。

⑤根据样张在表格的第 3 行第 2 列单元格中插入表单,插入“金鱼欣赏.txt”文件中的内容并编辑,添加相应的表单元素,除表单标题外,表单中所有文字字体设置为 8 磅(或 12 像素);在表单下方将两个按钮设置为“提交”和“重置”,并居中。

(5)利用 C:/KS/wy 文件夹中的素材(图片素材在 wy/images 中,动画素材在 wy/flash

中)，按以下要求制作或编辑网页，结果保存在原文件夹中。

①打开主页 Index.htm，设置网页标题为“世博网”；按样张设置网页背景色为浅绿色(%E7 F8EF)；设置表格属性为对齐方式水平居中、边框线宽度、单元格边(衬)距和单元格间距都设置为 0。

②按样张设置表格第 1 行的背景色为白色(White)，并在该行最左侧“插入图片 logo.gif，图片大小设置为宽 118 像素，高 134 像素，在该行最右插入动画 title. swf，设置大小为宽 380 像素，高 134 像素。

③按样张在表格的第 2 行第 1 列的背景图上键入文字“吉祥物”设置字体为隶书、颜色 #5CAD37、大小 12 磅。

④设置“上海世博会吉祥物寓意……世博会的主题”。段落的行间距为 20 像素；将“世博会的由来”至“获奖万千差距明显”吴建中剖析早期中国世博获奖现象 [图 1 的每一个世博知识 A- 空行换成宽度为 350 磅(或 500 像素)的水平线，并设置水平线的高为 1 像素、浅灰(#CDD1CF)，设置这些文本及水平线的段前、段后距离为 0；设置“世博会的由来”链接到“世博会的由来.htm”，使该页面能在独立的窗口中打开。

⑤在表格下方增加一空白行，添加一行内容“关于我们丨联系我们丨网站地图 | 网站律师丨友情链接”，设置该行颜色为灰(#808080)、大小为 12 像素(或 9 磅)、对齐方式为居中，设置“联系我们”链接到邮箱地址：shibo@expo.sh.cno。

(6)利用 C:/KS/wy 文件夹中的素材(图片素材在 wy/images 中，动画素材在 wy/flash 中)，按以下要求制作或编辑网页，结果保存在原文件夹中。

①打开主页 Index.htm，设置网页标题为“上海世博会”；按样张设置网页背景色为浅绿色(%E7F8EF)；设置表格属性：对齐方式水平居中、边框线宽度为 0、单元格边(衬)距为 0、单元格间距为 0。

②按样张设置表格第 1 行的背景颜色为白色(White)，在已有的图片右边分别插入图片 word.gif 和动画 title.swf，设置图片宽为 210 像素，高为 134 像素；动画的宽为 380 像素，高为 134 像素。

③设置“世博知识问答”的字体为黑体、加粗、大小 12 磅(或 18 像素)、橙色(#FFCC66)。

④按样张在“上海世博会的主会场在哪个区?”的提问中添加复选项“徐汇区”“杨浦区”“虹口区”“闸北区”，添加按钮“提交”与“重置”。

⑤按样张在“世博会会徽”介绍的下面，添加水平线，并设置水平线的宽为 188 磅(或 250 像素)、浅灰(#CDD1CF)，设置“世博会的理念”段落的行间距为 20 像素，设置最后一行“关于我们”链接到“sbzt.htm”，使该页面能在新窗口打开，设置“友情链接”链接到世博网 http://www.expo2010.cn/。

(7)利用 C:/KS/wy 文件夹中的素材(图片素材在 wy/images 中，动画素材在 wy/flash 中)，按以下要求制作或编辑网页，结果保存在原文件夹中。

①打开主页 Index.htm，设置网页标题为“国花评选”；网页背景图像为 bj.jpg，并在第 3

行添加“国花评选”，字体为隶书、红色、居中、36磅（或54像素），从第4行开始插入一个4行3列、不指定宽度的表格。

②设置表格属性：对齐方式水平居中、边框线宽为1、单元格（衬）距为0、单元格间距为0，合并第I列所有单元格，根据样张在表格的第I列单元格中插入“国花评选.txt”文件中的内容，设置字体为楷体、12磅（或16像素）、绿色（#008000），设置表格第1列宽为200像素。

③表格第1行的第2~3列依次插入图片dujuan.gif、guihua.gif，第3行的第2~3列依次插入图片meihua.gif、mudan.gif；设置每个图片宽为100像素、高为99像素，指定第2~3列单元格宽为100像素；按样张在表格相应单元格中输入数字，并设置为居中。

④将牡丹图片中的花朵部分设置为热点区域并超级链接到http:// baike.baidu.com/ ，能在新窗口中打开链接目标。

⑤按样张插入表单，输入文字，并在文字前添加相应的表单元素，设置“杜鹃”为选中状态，在表单下方插入两个居中的按钮“提交”和“重置”。

（8）利用C:/KS/wy文件夹中的素材（图片素材在wy/images中，动画素材在wy/flash中），按以下要求制作或编辑网页，结果保存在原文件夹中。

①打开主页Index.htm，设置网页标题为“天文知识——日全食”，网页背景图像为bj.gif，网页上默认文字为白色，在第1行添加“天文知识——日全食”，字体为黑体、居中、大小为18磅（或24像素）。

②按样张在第行插入“日全食.tb”，文件中的文本并编辑，字体为楷体、大小为14磅（或18像素）、颜色为黄色。

③在文本下方插入一个1行2列的表格，设置表格属性：对齐方式水平居中、指定宽度为浏览器窗口的90%、边框线宽为0、单元格边（衬）距为0、单元格间距为0，表格内第1列单元格宽度为表格宽度的40%。

④在表格的第1行第1列单元格中插入rs.jpg，并设置图片宽为290像素，高为394像素；将图片中的日全食部分设置为热点区域并链接到http://baike.baidu.com/，并使该页面能在新窗口中打开。

⑤按样张在表格的第1行第2列单元格中插入表单，插入“天文知识.txt”文件中的文字并编辑，添加相应的表单元素（复选框与单选按钮），并设置“小熊”为选中状态，文字字体设置为隶书、大小为14磅（或18像素）、黄色、居中；在表单下方添加两个居中的按钮“提交”和“重置”。

第二部分　电子商务实训测试题

测试题一　申请电子邮箱和访问网站

一、测试步骤

（一）在网易（163）网站上申请免费电子邮箱

第一步：打开网站（www.163.com）。

第二步：注册（填入个人信息，提交）。

第三步：申请到账号。

第四步：利用账号和密码登录。

第五步：利用申请到的电子邮箱发送“电子商务的定义”给老师。

第六步：将老师的邮箱地址添加到地址簿中。

第七步：老师接收到电子邮件，测试结束。

（二）访问网站（淘宝网）

第一步：打开网站（www.taobao.com）。

第二步：浏览商品页面。

第三步：了解主页各个部分的内容及其排列位置。

第四步：了解网站提供的服务内容。

第五步：将访问到的网站服务内容通过电子邮件的方式发送给老师。

第六步：老师接收到电子邮件，测试结束。

二、考核测试

1. 测试评分要求（按百分制记分）

（1）老师是否接收到电子邮件。

（2）接收到的邮件是否符合规定要求。

2. 测试方法

每位同学将信息以电子邮件的形式发送给老师。

3. 测试要求

（1）每位同学申请一个电子邮箱。

（2）每位同学需浏览两个以上的网站。

（3）每位同学分别将拜访的网站网址和提供的服务内容发送给老师。

三、评分标准

1. 申请邮箱(50分)

(1)注册、申请到账号(10分)。

(2)利用账号和密码登录(10分)。

(3)利用申请到的电子邮箱发送“电子商务的定义”给老师(10分)。

(4)将老师的邮箱地址添加到地址簿中(10分)。

(5)老师接收到电子邮件(10分)。

2. 邮件内容(50分)

(1)收到的邮件中注明了各网站所提供的服务内容(30分)。

(2)邮件中注明的各网站的服务内容是真实的(10分)。

(3)邮件中注明的各网站的服务内容是相符的(10分)。

测试题二　B2C 电子商务

一、测试步骤

在京东商城网站购买商品。

第一步：打开网站（www.jd.com）。

第二步：选购商品。

第三步：核对购物清单。

第四步：注册、登录。

第五步：填写收货信息。

第六步：选择送货方式。

第七步：选择付款方式。

第八步：提交订单。

二、考核测试

1. 测试方法

每位同学简述在网络上购物的流程，并以电子邮件的形式发送给老师。

2. 测试评分要求（按百分制记分）

（1）老师是否接收到电子邮件。

（2）接收到的邮件是否符合规定要求。

3. 测试要求

（1）每位同学需拜访以上网站，并购物；

（2）每位同学将购物流程发送给老师。

三、评分标准

（1）选购商品、核对购物清单（20 分）。

（2）注册、登录（20 分）。

（3）填写收货信息（20 分）。

（4）选择送货方式、选择付款方式（20 分）。

（5）提交订单（10 分）。

（6）老师审核（10 分）：学生叙述是否清楚、完整、真实。

测试题三　B2B 电子商务

一、测试步骤

作为采购方，到阿里巴巴购买商品。

第一步：打开网站(china.alibaba.com)。

第二步：注册会员。

第三步：进入市场。

第四步：寻找客户。

第五步：找到客户，与客户联系。

第六步：马上进行洽谈，或跟客户留言。

二、考核测试

1. 测试方法

(1)将注册的用户名，购物流程以邮件的方式发送给老师；

(2)如果跟客户留言，采取现场检查的方式检查、评分。

2. 测试评分要求(按百分制记分)

(1)是否成功注册会员；

(2)是否找到相应的客户，与其取得联系或成功留言。

3. 测试要求

(1)每位同学需完成会员注册；

(2)找到自己满意的客户。

三、评分标准

(1)注册会员(20 分)。

(2)进入市场(10 分)。

(3)寻找客户(20 分)。

(4)与客户联系、洽谈或给客户留言(40 分)。

(5)老师审核(10 分)：叙述清楚、完整、真实。

测试题四　C2C 电子商务

一、测试步骤

(一)消费者——消费者的网上购物

第一步:打开网站(www.taobao.com)。

第二步:注册登记。

第三步:进入“买东西”栏目。

第四步:搜索商品。

第五步:比较商品。

第六步:查看价格。

第七步:将商品放入购物篮。

(二)查看“支付宝”的使用方法

第一步:打开网站(www.taobao.com)。

第二步:掌握“支付宝”的操作步骤。

二、考核测试

1. 测试方法

将在淘宝网中注册的用户名、购物的操作流程、选择到的商品名称和“支付宝”以电子邮件的形式发送给老师。

2. 测试评分要求(按百分制记分)

是否提供了注册用户名、购物流程以及所选商品名、“支付宝”的操作步骤。

3. 测试要求

每位同学需完成从用户注册到选择商品放入购物车和查询“支付宝”操作步骤两个过程。

三、评分标准

(1)注册用户名(20分)。

(2)确定购买商品(20分)。

(3)查看价格(10分)。

(4)将商品放入购物车(10分)。

(5)掌握“支付宝”的操作步骤(30分)。

(6)老师审核(10分):叙述清楚、完整、真实。

测试题五 收集网络信息

一、测试步骤

（一）信息的搜索和整理

第一步：分别打开搜索引擎（www.baidu.com.\www.google.com.cn\www. Yahoo.com.cn）。

第二步：检索“可口可乐”在中国地区（成都、重庆、北京、上海）的出厂报价。

第三步：将零散的报价信息用表格形式整理成为文档资料，保存在电脑里。

（二）辨别真伪信息

第一步：打开搜索引擎（www.baidu.com 或 www.google.com.cn）。

第二步：搜索“***”的关键字。

第三步：在列表中查看 2~3 个网站的广告。

第四步：对这 2~3 个网站提供的广告进行真伪的辨别。

二、考核测试

1. 测试方法

（1）检查保存在电脑里的“可口可乐”在中国地区（成都、重庆、北京、上海）的出厂报价单文档。

（2）口述查看的网站广告如何辨别真伪。

2. 测试评分要求（按百分制记分）

（1）是否成功地检索到规定信息。

（2）口述的理由是否得当，举例说明。

3. 测试要求

（1）每位同学需根据要求完成检索任务。

（2）口述要求：举例说明，理由充分、得当。

三、评分标准

（1）报价单（50 分）。

（2）口述（50 分）。

测试题六　网上支付

一、测试步骤

(一)申请招商银行的网上支付卡

第一步:打开网站(www.cmbchina.com)。

第二步:登录到招商银行“一网通”网站主页。

第三步:点击“个人银行大众版”,进入页面。

第四步:选择所在地区。

第五步:支付卡申请。

第六步:输入个人账户信息,完成申请。

(二)查询个人银行账户信息

第一步:打开网站(www.cmbchina.com)。

第二步:点击“个人网上银行”,进入页面。

第三步:输入账号等。

二、考核测试

1. 测试方法

每位同学将个人注册的用户名及操作步骤以电子邮件的方式发送到老师的邮箱中。

2. 测试评分要求(按百分制记分)

(1)是否成功申请招商银行网上支付卡。

(2)是否查询到资金账户信息。

3. 测试要求

每位同学需完成网上支付卡的申请和账户查询两个过程。

三、评分标准

(1)登录到招商银行“一网通”网站主页(10分)。

(2).点击“个人银行大众版”,进入页面(10分)。

(3)选择所在地区(10分)。

(4)支付卡申请(20分)。

(5)输入个人账户信息(20分)。

(6)查询个人银行账户信息(20分)。

(7)老师审核(10分):叙述清楚、完整、真实。

测试题七　网络广告

一、测试步骤

（一）广告浏览

第一步：进入网站（www. Pepsi-cola. com. cn）。

第二步：进入百事广告。

第三步：观看百事广告。

第四步：进入网站（www.sina.com.cn）。

第五步：查看各类广告。

第六步：将看到的广告类型整理起来，以表格的形式发送到老师的邮箱。

（二）文字广告的发布

第一步：在 3721 网站免费申请注册自己的站点。

第二步：注册网站域名。

第三步：域名注册成功。

第四步：在自己的站点上发布文字（如“欢迎来到 ××× 站点”）。

第五步：在站点上添加图片。

第六步：浏览站点。

二、考核测试

1. 测试方法（可采用当场检查评分的方式进行）

（1）每位同学将整理好的广告类型信息以邮件的方式发送给老师。

（2）每位同学将文字和图片发布到网站上，老师现场浏览并评分。

2. 测试评分要求（按百分制记分）

（1）总结自己所看到的网络广告的类型。

（2）是否成功地浏览到同学发布到网站上的文字和图片。

3. 测试要求

（1）每位同学需完成网络广告类型的浏览和总结。

（2）每位同学需完成免费站点的注册、文字和图片信息的发布。

三、评分标准

1. 网络广告类型（40分）

类型	站点地址	效果	备注
视频广告（影片）	www.pepsi-cola.com. cn		
旗帜广告	www.sina.com.cn		

2. 广告的发布（60分）

（1）在3721网站免费申请注册自己的站点（10分）。

（2）注册网站域名（10分）。

（3）在自己的站点上发布文字（10分）。

（4）在站点上添加图片（10分）。

（5）浏览站点（20分），广告语友好、图片选择及位置恰当。

测试题八 网上商店的创建与管理(一)

一、测试步骤

网上商店的申请与创建。

第一步:打开网站 www.769 5.com。

第二步:进入“永久免费网店申请”栏目。

第三步:点击“立即开店”。

第四步:选择店面。

第五步:填写域名以及创建资料。

第六步:录入多种虚拟商品。

第七步:在浏览器上浏览商店页面。

二、考核测试

1. 测试方法

在浏览器上浏览初建网站页面。

2. 测试评分要求(按百分制记分)

是否成功申请网站,在浏览器上浏览商店页面。

3. 测试要求

每位同学需完成网上商店的创建过程,并添加虚拟商品。

三、评分标准

(1)打开网站 www.7695.com,进入“永久免费网店申请”栏目(10 分)。

(2)点击“立即开店”(20 分)。

(3)选择店面(20 分)。

(4)填写域名以及创建资料(20 分)。

(5)录入多种虚拟商品(20 分)。

(6)在浏览器上浏览商店页面(10 分)。

测试题九　网上商店的创建与管理(二)

一、测试步骤

网上商店的管理。

第一步:进入商店管理页面。

第二步:添加商品。

第三步:删除商品。

第四步:选择支付方式。

第五步:选择配送方式。

第六步:添加友情链接。

第七步:设置商店推广方案,将方案编辑成文档形式发送给老师。

二、考核测试

1. 测试方法

在浏览器上浏览经过管理维护后的商店页面。

2. 测试评分要求(按百分制记分)

(1)在商品分类目录中是否有5种以上商品类型。

(2)是否设置支付方式。

(3)是否设置配送方式。

(4)是否添加友情链接,连接是否畅通。

(5)是否将商店推广方案编辑成文档发送给老师。

3. 测试要求

每位同学需完成商店的管理与维护操作,能够在浏览器上看到有丰富内容的商店页面。

三、评分标准

1. 商品类别的完善(20分);
2. 确定配送方式(20分);
3. 友情链接(20分);
4. 页面友好(20分);
5. 商店推广方案(20分)。

参考文献

[1] 赵颖,陈莉,刘德华. 电子商务概论 [M] . 北京:北京理工大学出版社,2009.
[2] 刘德华,吴会杰. 网络营销 [M]. 北京:西苑出版社,2019.
[3] 阿里巴巴商学院. 电商运营:第 2 版 [M]. 北京:电子工业出版社,2019.
[4] 张利,杨俊清. 电子商务设计师教程 [M]. 北京:清华大学出版社,2018.
[5] 冯英健. 网络营销基础与实践 [M]. 北京:清华大学出版社,2018.
[6] 罗斯. 商业银行管理:第 9 版 [M] . 北京:机械工业出版社,2018.
[7] 施奈德. 电子商务:第 10 版 [M]. 北京:机械工业出版社,2019.
[8] 李晓斌. PHP + MySQL + Dreamweave 网站建设全程揭秘 [M]. 北京:清华大学出版社,2019.
[9] 佟国金. 网店推广宝典 [M]. 北京:电子工业出版社,2019.
[10] 应武伶. 电子商务物流末端配送法律风险分析 [J]. 法制博览,2019(19):137-138.
[11] 余鸿飞. 电商物流末端配送模式研究 [J]. 物流工程与管理,2018,40(3):93-94,69.
[12] 张宇微. 新媒体运营实战 [M]. 北京:人民邮电出版社,2018.
[13] 马洛尼. 国际时尚营销推广与实践 [M]. 北京:中国青年出版社,2017.
[14] 杨路明. 网络营销 [M]. 北京:机械工业出版社,2017.
[15] 卢金钟,雅玲. 电子商务概论 [M]. 北京:清华大学出版社,2017.
[16] 张铭洪. 网络经济学教程 [M]. 北京:科学出版社,2018.
[17] 戴鑫. 新媒体营销:网络营销新视角 [M]. 北京:机械工业出版社,2017.
[18] 黄敏学. 电子商务:第六版 [M]. 北京:高等教育出版社,2022.
[19] 白东蕊. 电子商务概论:第 5 版 [M]. 北京:人民邮电出版社,2021.
[20] 李忠美. 新零售运营管理 [M]. 北京:人民邮电出版社,2020.
[21] 刘亚男,胡令. 新媒体营销:营销方法 + 平台工具 + 数据分析:微课版 [M]. 北京:人民邮电出版社,2021.
[22] 唐春林. 电子商务概论:第 5 版 [M]. 北京:科学出版社,2022.
[23] 刘涛. 淘宝、天猫电商运营百科全书:第 3 版 [M]. 北京:电子工业出版社,2022.
[24] 王玉珍. 电子商务概论:第 2 版 [M]. 北京:清华大学出版社,2020.
[25] 赵红. 宿恺电子商务概论 [M]. 北京:机械工业出版社,2021.